진로상담이론

한국 내담자에 대한 적용

김봉환 · 이제경 · 유현실 · 황매향 · 공윤정 · 손진희
강혜영 · 김지현 · 유정이 · 임은미 · 손은령 공저

학지사

머리말

최근 들어서 진로지도, 진로상담 및 직업상담 등에 관한 관심이 더욱 증대되고 있다. 이명박 정부에서는 2008년부터 전국의 모든 초·중등학교 교장들에게 진로지도의 중요성을 일깨우는 교육을 실시하고 있다. 정부 산하기관인 한국고용정보원과 한국직업능력개발원 등에서는 초·중등학교 교사들을 대상으로 진로지도와 상담에 대한 이론을 습득시키고 지도 방법을 체득시키는 연수를 진행하고 있다.

고용지원센터를 주축으로 이루어지고 있는 직업상담도 단순한 구인·구직 알선을 넘어서서 이제는 다양한 직업지도 프로그램 운영과 더불어 심층상담을 실시하기에 이르렀다. 많은 대학에 상담학과가 생겨나고 상담 관련 대학원 과정에서는 '진로상담'을 비중 있는 과목으로 개설하기 시작하였다. 또한 '진로'를 주제로 다룬 석사 및 박사학위 논문의 수도 급증하고 있다. 대부분의 대학에는 커리어센터가 설치되었고, 대학생을 위한 진로 및 취업상담을 학교 차원의 핵심 과제로 두고 다양한 방법으로 추진하고 있다.

이 책은 진로지도와 상담을 둘러싼 이상과 같은 계기가 동인(動因)이 되어 특별한 경로를 거쳐서 집필되었다. 즉, 진로상담에 대한 관심이 점점 더 커지고 수요층도 폭넓게 확대되어 가고 있는데, 이를 전문적으로 조력할 전문가의 수는 제한적이고, 무엇보다도 진로상담 전문가를 양성하기 위한 교육내용도 빈약하다는 문제의식에 많은 상담학자들이 공감대를 형성하였다.

그래서 이러한 고민 때문에 각자가 힘들어 하기보다는 여럿이 모여서 고민을 함께 나누고 공부하면서 해결책을 찾아보는 것이 좋겠다는 생각을 하게 되었다. 마침 서울대학교 교육종합연수원에서 실시하고 있는 '고용서비스 전문가과정'에 강사로 참여하고 있는 사람들의 상당수가 이러한 문제의식을 공유한 사람들이었기에 자연스럽게 이야기를 나누는 계기를 마련해 주었다.

그러다가 좀 더 체계적인 모임을 갖는 것이 좋겠다고 생각되어서 2006년 11월 20일 서울역사에 있는 T원에서의 만남을 제안했는데, 생각보다 훨씬 많은 12명의 교수가 참석하였다. 그때 자리를 함께했던 사람들은 강혜영 교수(한국기술교육대학교), 공윤정 교수(경인교육대학교), 김계현 교수(서울대학교), 김봉환 교수(숙명여자대학교), 김지현 교수(홍익대학교), 손은령 교수(충남대학교), 손진희 교수(선문대학교), 유정이 교수(안양대학교), 유현실 교수(단국대학교), 이제경 교수(한국기술교육대학교), 임은미 교수(전북대학교), 황매향 교수(경인교육대학교) 등이었다.

이 첫 만남에서 우리는 모임의 성격과 명칭을 논의하였다. 먼저 모임의 성격에 대해서 다양한 이야기가 오갔는데, 한국상담학회 산하 서울경기인천상담학회에 속하는 하나의 연구회로 하는 것이 좋겠다는 것으로 집약되었다. 이름에 대해서도 여러 가지 명칭이 추천되었는데, 대상과 방법의 다양성을 포괄할 수 있도록 '진로개발직업상담연구회'로 하는 것이 좋겠다는 의견에 모든 참석자들이 동의하였다. 그리고 초대회장에 대해서도 이야기를 나누던 끝에 여러 가지로 부족한 필자가 참석자들에 의해 추대되어 회장직을 맡기로 하였다.

이어서 논의된 사항은 우리 모임에서 먼저 시작해야 할 주제가 무엇인지에 대한 것이었다. 진로상담기법과 도구 탐색, 진로상담이론 탐색 등 여러 가지 주제가 논의 대상에 올랐다. 그러나 우선적으로 진로상담이론을 탐색하는 것이 중요하다는 것에 동의하였다. 진로상담 실제와 연구를 제대로 하기 위해서는 이론이 뒷받침되어야 하는데, 현재 우리가 활용하고 있는 이론들은 모두 서구에서 개발된 것이기 때문에 이것을 한국 상황에 적용하는 것의 가능성과 한계 등을 짚어 보자는 것이었다. 그래서 첫 번째 대주제를 '진로상담이론의 한국 내담자에 대한 적용 가능성 탐색'으로 확정하였다. 이에 따라 탐색할 이론들을 선별하고 발제자와 토론자도 대략적으로 정하였다. 그리고 1년에 4~5회 정도의 콜로키움 형태로 진행하되 한국상담학회 홈페이지를 통해서 홍보하기로 하였다. 아울러 석·박사학위 논문을 준비하는 대학원생들을 위해 모임에서 박사학위 및 석사학위 논문도 1편씩 발표하는 것을 원칙으로 하였다.

드디어 첫 번째 콜로키움이 2007년 4월 14일 숙명여자대학교 진리관에서 열렸다. 준비하는 측에서는 사람들이 많이 올 것으로 기대하지 않았고, 소규모 스터디그룹 정도의 규모로 생각하고 강의실을 예약하고 플래카드도 아주 조그만 크기로 마련하였다. 그러나 예상보다 훨씬 많은 80여 명의 사람들이 참석하였다. 우리는 생각보다 많은 사람들이 진로상담에 대해서 큰 관심을 가지고 있다는 사실을 깨달았다. 제1회 콜로키움에서 탐색된 진로상담이론은 'Parsons의 특성-요인이론' 이었고 주제발표는 필자가 담당하였다. 이렇게 해서 진로개발직업상담연구회의 콜로키움이 긴 여정의 막을 올리게 되었다.

제2회 콜로키움은 한국기술교육대학교에서 열렸고, 다루어진 주제는 'Holland의 성격이론' 이었으며 주제발표는 이제경 교수가 담당하였다. 제3회 콜로키움은 서울대학교에서 개최되었고, 'Super의 발달이론' 이 탐색되었으며 유현실 교수가 주제발표를 해 주었다. 그 이후부터는 개최 장소를 숙명여자대학교 제2창학관으로 고정하였다. 제4회에서는 'Gottfredson의 제한-타협이론' 을 황매향 교수가 발표하였다. 제5회에서는 공윤정 교수가 '직업적응이론' 을, 제6회에서는 손진희 교수가 '부모-자녀관계이론' 을, 제7회에서는 강혜영 교수가 'Krumboltz의 사회학습이론' 을, 제8회에서는 김지현 교수가 '사회인지이론' 을, 그리고 2008년 11월 8일에 열린 제

9회 콜로키움에서는 임은미 교수가 '다문화 진로상담'을 주제로 발제를 하였다.

아홉 번에 걸쳐서 여러 진로상담이론을 탐색하고 논의하면서 우리는 많은 것을 새롭게 공부하였고, 일부 희미하게 알고 있었던 이론의 핵심 사항을 보다 명료하게 깨달을 수 있는 기회를 갖게 되었다. 더불어 각 이론들이 한국 내담자들에게 보다 효과적으로 적용되려면 무엇을 더 연구하고 해결해야 하는가에 대해서도 머릿속에 그림을 그리게 되었다.

또한 우리 연구회의 콜로키움은 한국학술진흥재단 소규모연구회 지원사업의 2007년도와 2008년도 지원 대상 연구회로 연속 선정되었다. 학술진흥재단의 지원금은 매회 많은 사람들이 참여하는 콜로키움이 원활하게 운영할 수 있었던 데에 매우 긴요하게 사용되었다.

진로상담이론 탐색을 마친 이후에 무엇을 대주제로 콜로키움을 지속할 것인가를 논의하기 위해서 연구회 첫 모임에 함께했던 12명의 교수 전원이 2008년 7월에 한국기술교육대학교에서 1박 2일의 워크숍을 가졌다. 여기에서 지금까지 탐색된 이론들을 좀 더 정교하게 더듬어서 책으로 출판하여 보다 많은 사람들과 공유하자는 의견이 제안되었고, 모든 사람들이 이에 동의하여 이 책이 나오는 결정적인 계기가 되었다. 이어서 책의 전체적인 구성체제에 대해서 이야기를 나누었다. 모든 이론들을 일률적인 틀에 맞추어서 서술하기는 어렵지만 가급적 이론개관, 국내에서의 연구동향, 한국 내담자에 대한 적용 가능성, 요약, 참고문헌 등을 포함하기로 합의하고 집필을 시작하였다.

이 책이 나오기까지 많은 사람들의 수고가 있었다. 가장 큰 수고를 해 주신 분들은 그 누구보다도 콜로키움에서 주제발표를 선뜻 수락하고 발표와 집필을 해 주신 교수님들이다. 그리고 각 주제발표에 대해서 토론을 맡아 주셨던 여러분들께도 이 자리를 빌려 감사를 표한다. 아울러 콜로키움이 열릴 때마다 헌신적으로 준비에 만전을 기해 준 양진희 선생과 고은혜 선생을 비롯한 많은 대학원생 여러분께도 고마운 마음을 전하고 싶다.

그리고 우리 연구회의 사업을 기획하고 운영하며 아주 자잘한 수고까지 마다하지 않고 해 주시는 살림꾼인 유현실 교수에게도 깊은 감사를 드린다. 이 책의 탄생을 적극 지지해 주시고 선뜻 출판을 맡아 주신 학지사 김진환 사장님을 비롯한 관계자 여러분들의 수고에 대해서도 깊은 감사를 드린다.

2010년 2월

진로개발직업상담연구회 회장 김봉환

차 례

제1장

Parsons의 특성-요인이론

Parsons가 제안한 특성-요인이론은 진로상담과 관련된 초창기의 이론이며, 매우 원론적인 내용을 다루고 있다. 그렇지만 이 이론을 토대로 해서 다른 많은 이론들이 생겨나게 되었고, 진로상담 과정에서 활용되고 있는 수많은 검사들을 탄생시키는 계기가 되기도 하였다. 이 장에서는 특성-요인이론의 기본 사항을 살펴보고, 이것이 진로상담 장면에서 어떻게 적용되는가를 탐색해 볼 것이며, 이 이론이 갖는 한계도 함께 알아볼 것이다.

1. 특성-요인이론의 배경

Stephens는 『사회개혁과 직업지도의 기원』이라는 저서에서 20세기 말 미국의 산업, 사회, 경제적 분위기를 기술하고 있다. 그 당시의 시대적 동향 중 가장 잘 알려진 것은 미국 노동자를 중심으로 점차 증가하는 인본주의 경향이었다. 바로 이 움직임으로부터 노동관련 법규의 제정과 직업교육 및 직업지도 분야의 방대한 개혁이 이루어졌다.

Parsons는 직업지도 운동의 선두주자로 알려져 있는데, 다른 인본주의자들과 마찬가지로 산업 독점가들에 의한 노동자 착취에 관심을 가졌다. 그래서 노동착취를 방지할 산업개혁과 노동자들이 능력과 흥미에 맞는 직업을 선택할 수 있도록 교육과 사회제도를 개혁할 것을 제안하였다.

Parsons와 그의 동료들은 청소년들에게도 관심이 많았다. 이러한 관심의 일환으로 워싱턴과 보스턴의 중도탈락 학생들에 대한 연구를 수행하였고, 보스턴 사회복지관을 대신하는 '직업국' 을 신설하기도 했다. 그는 모든 고등학교가 학생들의 취업에 도움을 제공해야 한다고 믿고, 1908년 그가 사망할 때까지 보스턴의 교육이 이러한 서비스를 제공하도록 설득하였다.

Parsons는 개인분석, 직업분석, 과학적 조언을 통한 매칭(matching)을 주장하였다. 이는 자신의 강점과 약점을 포함한 개인적 성향을 충분히 이해하고, 주어진 직업에서의 성공조건 및 보상과 승진에 관한 정보를 알아야 하며, 입수한 정보를 바탕으로 선택과정에서 '진실한 추론' 을 해 나가야 한다는 것이다.

많은 상담자, 교육자, 심리학자들은 Parsons가 세상을 떠난 후에도 그의 개념을 옹호하고 확장시켰다. 개인차 심리학의 성장은 과학적 측정을 통한 특성 확인을 가능케 하여 Parsons의 모델에 추진력을 더했다. 특히 Patterson은 진로상담자들이 사용할 수 있는 여러 가지 심리검사도구를 개발하였다. 그 외에도 미네소타 고용안정연구소의 Darley의 업적은 미네소타 관점으로 알려지면서 특성-요인이론과 동의어로 쓰이게 되었으며, 미네소타 그룹의 Williamson은 특성-요인이론의 대변자로 떠올랐다.

미네소타 대학교의 직업심리학자들은 다양한 특수적성검사, 인성검사 등의 도구를 개발함으로써 특성-요인이론의 기초를 다졌다. 이들은 또한 상담기법, 진단전략, 적재적소 배치에 관한 정보를 담은 책들도 펴냈으며, 이들의 연구결과로 1977년 『직업사전』이 출판되었다.

2. 특성-요인이론의 내용

1) 이론의 개요

특성-요인이론은 개인의 특성과 직업 또는 직무를 구성하는 요인에 관심을 두고 있다. 특성-요인이론의 선구자로 지칭되는 Parsons는 개인의 이해, 직업세계의 이해 그리고 이들 정보에 기초한 합리적인 선택 등 세 가지 요소로 구성된 직업지도 모형을 제시하였다. 이후 개인차 심리학과 검사도구의 발달로 인해 특성-요인이론은 학문적으로나 실제적으로 커다란 성장을 하게 되었으며, 많은 진로상담 프로그램의 기초가 되기도 하였다. 특성-요인이론의 기본적인 가설은 다음과 같이 요약할 수 있다(Klein & Weiner, 1977).

① 사람들은 믿을 수 있고 타당하게 측정될 수 있는 독특한 특성을 지니고 있다.
② 비록 다양한 특성을 지닌 종사자들이 주어진 직무를 성공적으로 수행하는 경향이 있지만, 직업은 직업적 성공을 위해 필요한 매우 구체적인 특성을 종사자들이 지닐 것을 요구한다.
③ 직업선택은 직접적인 인지과정이며, 따라서 개인의 특성과 직업의 특성을 연결하는 것이 가능하다.
④ 개인의 특성과 직업의 요구사항이 서로 밀접하게 관련을 맺을수록 직업적 성공(생산성의 증가 또는 직무만족)의 가능성은 커진다.

2) 이론의 내용

특성-요인이론은 생의 어느 특정한 시기에 의사결정을 하려고 할 때 도움을 줄 수 있는 이론으로서 개인차 심리학과 응용심리학에 근거를 두고 있으며 대표적인 이론가로는 Parsons, Williamson, Hull 등이 있다. 이 이론은 고도로 개별적이고 과학적인 방법으로 개인과 직업을 연결시키는 것으로 과학적인 측정 방법을 통해 개인의 특성을 식별하여 직업특성에 연결시키는 것을 핵심으로 하고 있다.

진로지도의 선구자로 불리는 Parsons는 그의 저서 『직업의 선택』에서 현명한 직업선택에 관련되는 세 가지 주요 요인을 다음과 같이 제시하고 있다.

- 자신에 대한 명확한 이해, 즉 자신의 적성, 능력, 흥미, 포부, 환경 등의 이해
- 다양한 직업에 대한 자격요건, 장단점, 보수, 취업기회, 장래전망 등에 관한 지식
- 위의 두 요인 간의 합리적인 연결, 즉 내담자 자신의 개인적 요인에 관한 자료와 직업에 관한 자료를 중심으로 진로상담을 통해 내담자가 현명한 선택을 하도록 도와주는 활동

특성-요인이론에서는 개인의 특성에 대한 객관적 자료와 직업의 특성에 관한 자료를 중시하고 있다. 즉, 개인의 적성, 지능, 사회경제적 지위, 흥미, 가치관, 성격 등에 관한 과학적인 자료를 개인에게 제시해 주고 직업의 특성에 관한 자료를 제시해 주어 가장 합리적이고 현명한 선택과 결정을 하도록 조력하는 것을 중시하고 있다.

Miller(1974)에 의하면 특성-요인이론은 다음과 같은 다섯 가지 가정에 기초를 두고 있다.

- 직업발달은 개인과 직업특성 간의 관계를 합리적으로 추론하여 의사

결정을 도출해 가는 인지과정이다.
- 직업선택의 과정에서 발달보다는 선택 그 자체가 강조된다.
- 개인에게는 각기 자기에게 맞는 하나의 적절한 직업이 있다. 한 사람이 여러 가지 직업에 두루 적합하다고 볼 수는 없다.
- 각 직업에는 그 직업에 맞는 특정한 형태의 사람이 종사하고 있다. 따라서 어떤 특정한 직업에서 유능하게 일할 수 있는 사람의 특성에는 어떤 제한이 있다고 볼 수 있다.
- 누구나 자신의 특성에 알맞은 직업을 선택할 수 있다.

이 접근법은 주로 심리검사를 통해 개인의 특성을 평가하는데 이러한 측정도구에서 얻어진 정보의 예언타당도의 문제가 낮다는 문제점을 지니고 있다. 왜냐하면 개인이 가지고 있는 여러 가지 특성 중에서 어느 것을 우선적으로 고려하느냐에 따라 직업선택이 달라질 수 있기 때문이다. 따라서 검사를 통해 얻은 정보는 직업선택 시에 참고로 하는 정도에 그쳐야 한다.

3) 이론의 쟁점

특성-요인이론과 관련된 근원적인 쟁점에는 다음과 같은 것들이 있다. 특성이란 무엇인가? 특성은 직업행동을 예측하는 데 관심이 있는 사람들에게 유용할 만큼 안정적이고 지속적인 것인가? 특성을 효과적으로 측정할 수 있는가?

1930년대까지 특성은 '정신이나 신경조직에 있는 지속적인 정신적, 신경학적 구조' 라고 가정되어 왔다. 이러한 가정 때문에 심리학자들은 개인의 내면적 특성을 측정하는 도구가 개발될 수 있다고 믿었다. Thurstone부터 Jensen에 이르기까지 심리학자들은 지능과 같은 특성이 개인의 내적 특성을 반영하는 검사점수인 것처럼 말해 왔다. 그러나 Tryon, Anastasi

등의 관점은 특성이란 학습된 것이며 특정한 임무나 상황에 한해서만 타당하다고 본다. Anastasi(1983)는 "특성이란 숨어 있는 특질이나 원인이 아니라 기술적인 범주"라고 언급하였다.

특성이 학습되는 것이라고 가정하면 새로운 학습에 따라 특성도 분명 변화될 것이다. 이는 특성의 안정성과 지속성에 의문을 제기하며, 이 논쟁은 해결의 실마리가 보이지 않는다. 그럼에도 불구하고 진로상담자들과 직업심리학자들이 가정하고 있는 특성은 비교적 안정적인 것으로 간주되고 있다.

특성이 연구를 하거나 활용가치가 있을 만큼 정확하게 측정될 수 있는가? 이에 대해서 일부 연구자들은 그렇지 않다고 대답한다. 모든 특성-요인적 접근이 통계적 정교함과 검사의 발달에도 불구하고 개인의 특정 직업에서의 성공을 예언하는 것은 부정확하다는 것이다.

특성-요인 관점의 관심사가 성공의 예언에만 국한된 것은 아니다. 지난 30여 년간 관심의 초점은 구인타당도를 포함하게 되었고, 검사점수나 일련의 점수들을 근거로 피검자를 추론하는 데까지 나아가고 있다. 예를 들어, 내담자에게 직업흥미검사를 실시할 때, 상담자는 그 질문지가 직업의 선택과 후속되는 만족을 어느 정도 예언할 수 있는지(예언타당도) 궁금해하는 것은 물론, 내담자가 자신의 가치를 확인하고 일에 대한 선호와 의사결정 방식 등이 어떠한지에 대해서도 관심을 갖게 된다.

구인타당도와 예언타당도 중 어느 쪽에 더 관심이 있는가는 검사결과를 어떻게 사용하느냐에 달려 있다. 선발과 배치 프로그램을 설계하는 산업상담자들은 아마도 예언타당도에 가장 관심이 클 것이고, 자기인식을 촉진시키고자 하는 사람들은 구인타당도에 초점을 맞출 것이다.

특성-요인 관점을 채택하는 진로상담자들은 직업선택이 비교적 간단한 인지과정이라고 보았다. 그러나 Williamson(1939)은 정서 불안이 직업선택을 불확실하게 할 수 있다고 보고, 이런 경우 개인이 자신의 생각을 명료화하도록 도와야 한다고 제언하였다.

3. 진로상담에의 적용

1) 진단

특성-요인 진로상담의 기본은 변별진단(differential diagnosis)이다. Williamson(1939)은 이를 다음과 같이 정의하고 있다.

> "진단이란 일련의 관련이 있거나 관련이 없는 사실들로부터 일관된 형식이 갖는 의미를 논리적으로 사고하는 과정이다. 그리고 내담자의 미래에 대한 방향설정과 적응을 위하여 이와 같은 일관된 형식이 갖는 의미를 판단하고 예측해 주며, 내담자의 장점과 경향성을 이해하는 것이다."

진로의사결정에 나타나는 여러 문제를 진단하는 데 도움을 주기 위하여 Williamson(1939)은 다음과 같은 네 가지 범주를 제시하였다.

① 진로무선택: 공식적인 교육과 훈련을 끝마친 후에 어떤 직업을 갖고 싶으냐고 물었을 때, 내담자는 자신의 선택의사를 표현할 수 없고 또 자신이 무엇을 원하는지조차 모른다고 대답한다.
② 불확실한 선택: 내담자는 직업을 선택했고 또 그것을 직업 명칭으로 말할 수도 있지만, 자신의 결정에 대하여 의심을 나타낸다.
③ 현명하지 못한 선택: 한편으로는 내담자의 능력과 흥미 간의 불일치, 또 한편으로는 내담자의 능력과 직업이 요구하는 것들 간의 불일치로 정의되며, 이 범주는 이러한 변인들의 가능한 모든 결합들을 포함한다. 그렇지만 현명하지 못한 선택은 내담자가 충분한 적성(능력)을 가지고 있지 않은 직업을 결정함을 의미한다.
④ 흥미와 적성 간의 모순: 흥미를 느끼는 직업이 있으나 그 직업을 가

질 능력이 부족한 경우, 적성이 있는 직업에는 흥미가 적고 흥미가 있는 직업에는 적성이 낮은 경우 등이 여기에 속한다.

내담자가 가지고 있다고 생각되는 문제에 따라 적절한 진로상담과정이 선택된다. 이와 같이 특성-요인 진로상담에서 진단의 역할은 매우 중요하다. 의학모형에서의 진단의 역할과 아주 흡사하다. 즉, 변별적인 상담과정은 내담자가 '잘못되어 있는' 것에 대한 진단에 의해서 결정된다.

진단을 진로상담의 필수요건으로 한다는 것은, 내담자의 진로선택 문제를 분류하고 식별하는 데에 상당한 확신이 있음을 의미한다. 그러나 실제는 그렇지 못하였다. Williamson의 진단체계뿐 아니라 다른 진단체계에서도 결함이 발견되었다(Crites, 1969). 첫째, 진단들이 대체로 불확실하였다. Pepinsky(1948)의 연구를 비롯한 여러 연구에서 한 사람 이상의 평가자가 내담자의 문제를 평가할 때 그 일치도가 50%를 초과하지 못한다는 것이 밝혀졌다. 즉, 채점자 간의 신뢰도가 낮았다. 둘째, 진단체계에 있는 범주들이 종속적이며 상호의존적이다. 따라서 내담자가 하나 이상의 범주로 분류될 수 있다. 내담자가 자신이 가지고 있는 적성보다 높은 적성을 요구하는 직업을 선택하였을 때, 어떤 상담자는 이 내담자를 비현실적이라고 분류할 수도 있지만, 또 다른 상담자는 이 내담자가 적성과 흥미 사이에 모순을 빚고 있다고 범주화할지도 모른다. 진단체계가 정확하면 둘 다 옳을 수도 있으나, 범주들은 종속적이며 상호 개방적이므로 일치하지 않는다. 셋째, 직업문제를 진단하기 위한 대부분의 체계들이 철저하지 못했을 뿐 아니라, 또 다른 요소들이 이 체계에 대한 불신을 더해주고 있다. 내담자들에게서 일어날 수 있는 모든 문제들을 진단체계에 분류해 넣는 것이 불가능하여 상담자들이 기존의 범주에 내담자들의 문제를 적용시켰으므로, 상담자들이 똑같은 범주를 사용하지 않는 데서 오는 문제로 일치의 확률이 떨어지게 되었다.

이런 결함을 극복하기 위하여 Crites(1969)는 직업선택에서 내담자의

〈표 1-1〉 직업선택 문제에 대한 정의

적응 문제

1. 적응된(adjusted) 사람은 자신의 흥미 분야와 적절한 적성수준에서 직업을 선택한다. 그는 다양한 흥미유형을 갖고 있을지 모르나, 적어도 직업선택에서는 그런 유형 중의 하나와 일치시킨다. 그가 '확신이 없이' 상담하러 올지라도 실제로 그에게는 '문제가 없다.'
2. 부적응된(maladjusted) 사람의 직업선택은 그의 흥미 분야나 적성수준과 일치하지 않는다. 여기서의 문제는 의사결정과정에 관련된 변인들 사이의 완전한 불일치다.

우유부단의 문제

1. 가능성이 많은(multipotential) 사람은 두 번 또는 그 이상의 선택을 하기도 하지만 이런 선택의 각각은 그의 흥미 분야나 적성수준에서 일치한다. 그는 흥미유형이 다양할 수 있지만 직업선택 시에는 자신의 흥미유형 중 하나와 일치되는 것을 선택한다. 그의 문제는 그가 이런 여러 대안들 중에서 하나를 결정할 수 없다는 것이다.
2. 우유부단한(undecided) 사람은 선택을 하지 못한다. 그는 또한 여러 흥미유형을 갖고 있을 수 있고, 적성수준이 높거나 보통이거나 또는 낮을 수 있다. 그러나 이런 변인들의 수준에 관계없이, 그의 문제는 미래에 그가 갖고자 하는 직업에 확신을 갖고 말할 수 없다는 것이다.

비현실성의 문제

1. 비현실적인(unrealistic) 사람은 그의 흥미 분야와 일치하거나 또는 일치하지 않는 분야를 선택한다. 그러나 그는 그의 측정된 적성수준보다 높은 적성을 요구하는 직업을 선택한다.
2. 수행불가능한(unfulfilled) 사람은 그의 흥미 분야와는 일치하지만 측정된 적성수준보다 낮은 적성을 요구하는 직업을 선택한다.
3. 강요된(coerced) 사람은 적절한 적성수준에서 선택을 하지만 그의 흥미 분야와는 일치하지 않는 직업을 선택한다. 그의 문제가 비록 적응이나 우유부단의 문제로 보이지만 선택이 이루어졌기 때문에 여기에 해당된다. 내담자의 선택이 비현실적이 되는 이유는 그것이 적절하지 못한 흥미 영역에서 이루어지기 때문이다. Strong은 개인이 적절한 흥미를 갖지 못하는 직업을 갖게 될 때, 그가 다른 직업으로 전환할 가능성이 약 5 대 1이라는 것을 발견했다.

출처: Crites, 1969, pp. 298-299.

여러 가지 문제를 해결하기 위하여 독립성이 있고 상호 배타적인 진단체계를 고안하여 〈표 1-1〉과 같이 제시하였다.

이 체계의 기본 원리는 내담자의 적성 · 흥미 · 선택 사이의 일치 원리다. 만약 상담자가 이러한 변인들에 대한 객관적 자료를 가지고 있으면, 이 체계들의 범주가 독립적이고 상호 관련성이 없으므로, 내담자의 문제를 체계 속에 정확히 분류해 넣을 수 있다. 그러나 이 체계는 분류기준으로 사용한 변인들로 제한되어 있다. 내담자들이 나타내는 문제들 중에는 이 체계에 있는 것들과는 다른 준거로 진단되어야 할 것들이 있다. 이런 것들 중에 가장 분명한 것은 진로의사결정에서의 우유부단성이다. 내담자가 선택을 하지 않는다고 해서 그를 우유부단하다고 분류한다면, 이는 단순한 우유부단과 만성적인 미결정을 구분하지 못하는 것이다(Crites, 1969). 진단체계는 내담자가 우유부단인지 아니면 만성적인 미결정의 문제인지를 결정하기 위하여 이 기본 분류에 추가정보를 보충하여야 한다. 이런 상황은 직업선택에 영향을 주는 다른 변인들의 영향의 경우에도 마찬가지다. 적성과 흥미에 기초를 둔 초기의 진단이 끝난 후에 이러한 변인들에 대한 설명이 있어야 한다.

2) 과정

특성-요인 접근법에서 진로상담의 과정은 합리적이라고 특징지을 수 있다. 이 접근법은 잘 알려진 문제해결의 과학적 방법을 따르고 있다. Williamson(1939)은 이 과정을 다음의 여섯 단계로 기술하고 있다.

① 분석: 여러 자료로부터 태도, 흥미, 가정환경, 지식, 교육적인 능력, 적성들에 대한 자료들을 주관적, 객관적 방법으로 수집한다.
② 종합: 내담자의 독특성이나 개별성을 강조하기 위하여, 사례연구 기술과 검사목록에 의하여 자료를 수집하고 요약한다.

③ 진단: 내담자의 문제들과 뚜렷한 특징들을 묘사하고 개인목록과 학문적 · 직업적 능력의 목록을 비교하여 문제의 원인들을 탐색한다.
④ 예측: 조정 가능성, 문제들의 결과의 다양한 가능성을 판단한다. 이에 의하여 내담자가 고려해야 할 문제를 위한 대안적 조치와 중점사항을 예측한다.
⑤ 상담: 미래에 혹은 현재에 바람직하게 적응하기 위하여 무엇을 해야 하는가에 대해서 내담자와 함께 협동적으로 이야기한다.
⑥ 추수지도: 새로운 문제가 야기되었을 때 위의 단계를 반복한다. 그리고 내담자가 바람직한 행동계획을 실행하도록 계속적으로 돕는다.

이 과정의 처음 네 단계는 상담자가 일방적으로 주도한다. 나머지 두 단계에서는 내담자가 능동적으로 참여한다. 그러므로 상담과정의 대부분이 내담자에 대한 자료를 수집하고 분석하고 평가하는 데 있어서 상담자의 전문성을 요구한다.

특성-요인 상담에 있어서 상담자는 주로 교육자의 역할을 수행한다. 중재과정은 내담자를 교육하고 설득하며, 그들에게 상담자의 축적된 자료로부터의 추론이 합리적이라는 것을 확신시킬 것을 강조한다. 상담자는 내담자에게 상당한 영향력을 행사하며, 상담자의 특성에 대하여 Strong과 Schmidt(1970)는 여러 차원에서 상담자의 '전문성(expertness)' 이 가장 중요하고, '신뢰(trustworthiness)' 가 두 번째로, '매력(attractiveness)' 이 세 번째로 중요하다고 보았다. 이는 특성-요인 상담자에게 매력이 필요 없다는 것이 아니라 전문성과 신뢰가 무엇보다 더 중시되어야 한다는 것을 의미한다.

특성-요인이론에 입각한 진로상담의 과정은 크게 3단계로 대별될 수 있다. 제1단계는 초기면담이라고 부르며, 이 단계에서 가장 중요한 것은 촉진적 관계의 형성이다. 상담자는 내담자가 말하는 문제를 경청하며 개인의 배경과 교육문제를 통하여 내담자를 알게 되며, 내담자에게 필요한 검사가 무엇인지 탐색하게 된다.

제2단계는 주로 검사실시에 할당되는데 이때 내담자를 이해하기 위한 면담을 병행하게 된다. 내담자는 상세하고 종합적인 정신측정학적 · 인구통계학적 자료와 모아진 사례들에서 추론한 자료들을 기초로 해서 상담자의 진단을 받게 된다. 상담자는 능동적인 역할을 하고 내담자는 수동적인 역할을 한다. 이 단계에서 상담자는 대부분의 시간을 적성검사나 흥미검사 등을 실시하고 검사결과를 해석하는 데 활용한다.

마지막 단계는 직업정보를 주는 단계다. 상담자는 내담자의 특성과 요인에 알맞은 직업에 대하여 그에게 직접 알려 주거나, 직업전망서, 팸플릿, 직업안내에 관한 소책자 등의 관련정보 책자를 제시해 준다.

3) 기법

특성-요인 진로상담에서는 합리적이고 인지적인 모형을 활용하고 있다. 면담기법이나 검사의 해석절차, 직업정보의 이용 등이 함께 엮어져 내담자의 의사결정 문제에 대한 탐색의 내용을 구성한다. 이것들은 내담자가 양자택일적인 행동과정에서 선택에 직면했을 때 있음직한 방법들이다. 이 방법들은 대개 행동 지향적이며 상담자는 이런 방법들을 사용할 때 상당히 능동적이 된다. 상담자의 활동은 대개 내담자에 대한 정보처리이며 또한 면담에서도 주도적인 역할을 한다. 그러나 이런 역할이 내담자의 감정과 정서 그리고 태도에 무반응하고 무감각적이라고 해석되어서는 안 된다. Darley(1950)가 내담자의 수용에 관하여 언급할 때 특히 강조해서 말한 것처럼 오히려 정반대다. "상담자는 내담자들의 감정이나 태도를 수용하였을 뿐, 그것에 대한 판단은 내리지 않았음을 알려야 한다."

감정을 다루든 내용을 다루든 간에 역시 특성-요인 상담자들은 비난을 받는 듯하다. 이 접근법에서 상담자의 역할은 반응적이고 사려 깊은 것과는 대조적으로, 자기주장적이고 지배적이라는 이 특징들이, 1950년대

Rogers학파의 비지시적 상담이 한창일 때에 '지시적' 이라고 불렸다. 이런 방법들을 효과적으로 사용한다는 것은 곧 그 방법이 상담자의 성격과 일치한다는 것이다.

(1) 면담기법

Williamson(1939)은 특성-요인 진로상담을 위한 일반적 기법을 다음과 같이 다섯 가지로 분류하여 설명하고 있다.

① 촉진적 관계형성: 상담자는 내담자의 신임을 얻기 위하여 전문가로서 인식되기를 기대하며, 내담자로 하여금 상담자를 신뢰하고 문제를 맡기도록 하는 수준에서 관계를 유지하려 한다.

② 자기 이해의 신장: 상담자는 내담자가 자신의 장점이나 특징들에 대하여 개방된 평가를 하도록 도우며, 이런 장점이나 특징들이 문제해결에 어떻게 관련되는지에 대한 통찰력을 갖도록 격려한다. 유능한 상담자는 '내담자로 하여금 그의 장점을 성공과 만족을 가져오는 방법으로 이용하도록 하는' 사람이다.

③ 행동계획의 권고나 설계: 상담자는 내담자가 이해하는 관점에서 권고(상담)를 하여야 한다. 또 상담자는 내담자가 표현한 학문적 · 직업적 선택 또는 감정, 습관, 행동, 태도에 반대되는 또는 일치하는 증거를 언어로 정리해 준다. 상담은 내담자가 그들의 성격에 알맞은 행동들이 이루어질 수 있다는 생각을 하도록 돕는 데 있어, 임기응변의 재치를 요한다는 것을 상담자는 알게 된다. 내담자가 시도해 볼 수 있는 풍부하고 가능한 다음 단계들을 생산함에 있어, 내담자의 개방된 마음과 한계성 사이에 균형(조화)을 이루게 하는 것이 쉬운 일은 아니다.

④ 계획의 수행: 일단 행동의 계획이 일치했다면 상담자는 진로선택을 하는 데 있어 직접적인 도움이 되는 여러 가지 제안을 함으로써 내

담자가 직업을 잘 선택하도록 돕는다.

⑤ 위임: 모든 상담자가 모든 내담자를 상담할 수는 없다. 이는 너무도 자명한 사실이다. Williamson(1939)은 "상담자가 내담자에게 하는 가장 적절한 충고는, 너의 문제를 이해하는 데 도움을 얻으려면 다른 상담자를 만나 보라."라고 말하는 것이라고 언급한 바 있다.

Darley(1950)는 상담자가 마땅히 따라야 하는 네 가지 면담의 원칙을 다음과 같이 설명하고 있다.

① 내담자에게 강의하거나 고자세로 말하지 말라.
② 간략한 어휘를 사용하고 내담자에게 제공하는 정보를 상대적으로 적은 범위에 국한시켜라.
③ 어떤 정보나 해답을 제공하기 전에 내담자가 정말로 이야기하기를 원하는지 확인하라.
④ 내담자가 지니고 있는 여러 가지 태도를 상담자가 지각하고 있는지 확인하라. 왜냐하면 이러한 것이 논의를 방해하거나 주요한 문제를 보지 못하게 하기 때문이다.

특성-요인 접근법에 공통되는 주제는 내담자에 대한 내면적 수용(implicit regard)이다. 초기에 이 접근법이 지시적이고 간섭적으로 보였을 때에도 상담자의 내담자에 대한 수용은 포함되어 있었다. 아마도 이것은 상담자의 말하는 내용에 관한 것이라기보다는 방법에 관한 것인 듯하다. 내담자를 수용하는 것은 그의 독특성을 인정한다는 것이다. 때로는 이러한 수용이 이 접근법에서 과도한 관심으로 잘못 나타나기도 한다. 문제의 본질을 이해하지 않고 상담자들은 계속 '내담자가 가장 흥미를 갖는 것은 무엇인가' 에 기계적으로 관심을 집중한다.

만약 상담자가 기법보다는 내담자에게 초점을 맞춘다고 가정하면 특성-요인 진로상담에서 내담자의 진로의사결정을 돕기 위하여 사용될 수 있는 상담기술은 무엇일까? Darley(1950)는 초기 내담자와의 접촉에서부터 상담과정을 마치기까지의 전 과정에 대한 다양한 면담기법을 제시하고 있다. 상담자가 전문가적인 의견에 기초하여 짧고 명료하고 효과적으로 의사소통하는가를 알게 해 주는 지표는, 내담자와 상담자 간의 이야기 비율(talk ratio)이다. 면담의 과정이 진행되는 동안 그 비율은 상담자가 50%를 초과해서는 안 된다. 만약 초과한다면, 상담자가 과장하고 내담자의 침묵을 부적절하게 파괴할 가능성이 높아지게 된다.

(2) 검사의 해석

특성-요인 진로상담의 이 단계는 Williamson(1939)이 '행동계획의 권고나 설계' 라고 일컫는 부분의 면담기술에 적용되고 있으며 구체적인 면담기술은 다음과 같다.

① 직접충고(direct advising): 이 방법은 내담자들이 탐색하고 따를 수 있는 가장 만족할 만한 선택, 행동 또는 계획에 관해 자신의 견해를 솔직히 표명하는 것을 말한다. Williamson은 이 방법을 내담자의 문제와 개성에 따라 다르게 사용한다. 그는 내담자가 '고집스럽고 또 솔직한 견해' 를 요구할 때, 그리고 내담자가 '심각한 실패와 좌절을 가져올 충분한 이유가 있는 그런 행동이나 선택' 을 고집할 때 상담자가 이 방법을 쓸 것을 권고한다.

② 설득(persuasion): 상담자는 내담자가 결과적으로 대안적인 행동을 도출할 수 있도록 합리적이고 논리적인 방법으로 증거(자료)를 정리한다. 상담자는 내담자에게 다음 단계의 진단과 결과의 암시를 이해하도록 설득한다. 그는 내담자의 선택을 좌우하지 않지만 새로운 문제를 피할 수 있도록 설득한다.

③ 설명(explanation): 상담자의 진단과 검사자료뿐 아니라 비검사자료

들을 해석하여, 내담자가 의미를 이해하고 가능한 선택을 하며 선택한 결과에 대한 이해를 도울 수 있도록 해석하고 설명한다.

Williamson(1939)의 견해에 의하면 설명은 "확실히, 가장 완전하고 만족스러운 상담방법"이라고 했으며, 그 사용의 예로 의학을 선택하고자 하는 내담자의 검사해석에서 다음과 같이 보여 주고 있다.

> "당신의 적성검사 결과로 제가 말씀드릴 수 있는 것은 당신이 의과대학에 가서 성공할 확률이 낮다는 것입니다. 그러나 기업 분야에서의 성공 가능성은 낙관적입니다. 그 이유는 당신이 의사로서 성공할 수 있는 흥미유형을 갖고 있지 않기 때문입니다. 반면에 수학에 뛰어나고 일반적인 능력이 높으며 회계사에 대한 흥미가 높습니다. 이 점으로 보아 회계사를 직업으로 선택하는 것이 어떨까 생각합니다. 검사결과와 저의 조언을 생각하시고 부모님과 상의하시고 회계학을 가르치시는 Blank 교수도 찾아뵙고 나서, 다음 주 화요일 10시에 당신이 내린 결론을 제게 말씀해 주십시오. 저는 당신이 적성에 맞는 직업을 선택하기를 바라기 때문에 당신에게 영향을 줄 의도는 없습니다. 그러나 양쪽의 득실을 비교해 보고 결정하시기 바랍니다. 우리는 성공할 수 있는 적성의 증거를 찾아야 하며, 성공하고자 하는 단순한 바람은 충분한 증거가 아니라는 것을 기억하시기 바랍니다."

이와 같이 상담자는 자신의 전문성에 의거해서 검사결과에 대하여 권위 있는 해석을 하고, 그 해석에서 결론을 이끌어 오고 권유를 하여 내담자의 탐색을 도와야 한다.

좀 더 도식적으로 개괄하자면, 특성-요인 진로상담에서 검사해석 과정은 전형적으로(예외도 있지만) 다음과 같다. 상담자는 검사결과를 소개하면서 상담을 시작한다는 것이다. 검사결과는 대부분 프로파일로 나타나며 상담자는 다음과 같은 말로 운을 뗄 수 있다. "당신이 실시한 검사결과가 여기에 있습니다. 오늘은 그것을 살펴보았으면 합니다." 어떤 상담자는 흥미검사를 먼저 시작하는 것이 좋다고 한다. 왜냐하면 그것이 능력검사보다는 내담자에게 위협을 덜 주기 때문이라고 한다. 흥미양식(interest pattern)은 지능 · 적성 · 학력(성취력)검사 점수와 관련이 있으며, 그 밑에 깔려 있는 원칙은 어떤 흥미가 능력과 일치하는가를 밝혀 주며, 따라서 진로선택에 실질적인 기초가 됨을 보여 주고 있다. 성격검사도 실시되었다면 흥미 및 능력검사자료와 통합하여 해석과정에 활용될 수 있다.

일단 검사결과가 내담자의 진로선택에 이용 가능하게 되면 상담자는 면담의 초점을 의사결정에 맞추게 된다. 내담자는 어느 대안을 고를 것인가? 이 결정이야말로 특성-요인 진로상담의 핵심이다.

(3) 직업정보

직업정보에 대하여 가장 널리 인용되는 진술은 Brayfield(1950)의 견해인데, 그는 이에 대하여 다음과 같은 세 가지 기능을 제시하고 있다.

① 정보제공 기능: 상담자가 내담자에게 직업에 관한 정보를 제공하는 목적은 이미 선택한 바를 확인시켜 주거나, 두 가지 방법이 똑같이 매력적이며 합당할 때 망설임을 해결해 주거나, 다른 면에서 실질적인 선택에 대하여 내담자의 지식을 증가시키기 위한 것이다.

② 재조정 기능: 내담자가 현실에 비추어 부적당한 선택을 점검해 보는 기초를 마련해 준다. 예컨대, 다음과 같은 경우다. 상담자는 내담자가 이미 선택한 직업에 대하여 질문한다. 그런 후에 내담자가 자신의 관점이 객관적 사실과 어긋난다는 것을 알게 될 때 내담자의 환상적 생각을 불식시킬 수 있도록 상담자는 정확한 정보를 제공해 준다. 이런 관점에서 상담자는 언제나 면담의 방향을 건전한 직업선택의 기초가 되는 현실적 토대를 생각해 보도록 바꿀 수 있어야 한다.

③ 동기화 기능: 상담자가 직업정보를 제공하는 이유는 내담자를 의사결정과정에 적극적으로 참여시키기 위해서다. 의존적인 내담자가

스스로 한 선택에 대하여 보다 큰 책임감을 가질 때까지 내담자와 접촉하고, 내담자의 현재 활동이 장기적인 진로목표와 무관할 때는 선택에 대한 동기를 지속시켜 준다.

Baer와 Roeber(1951)는 직업정보를 제시하는 또 다른 전략을 제안하였다. 이것은 Brayfield의 전략에 다음 네 가지를 추가시킨 것이다.

① 탐색(exploration): 상담자는 내담자가 선정한 직업 분야에 해당하는 일의 세계에 대하여 광범위하게 탐색하도록 도와주기 위해 직업정보를 이용한다.
② 확신(assurance): 상담자는 직업정보를 제공함으로써 내담자의 진로 선택이 합당하며 부당한 것은 배제되었음을 확신시켜 준다.
③ 평가(evaluation): 직업군과 직업의 이해에 대한 내담자의 지식과 이해가 믿을 수 있는지 또는 관련이 있는지를 점검해 보기 위하여 직업정보를 이용한다.
④ 놀람(startle): 상담자는 직업정보를 제공함으로써 내담자가 특정 직업을 선택한 후에 그 직업에 대하여 확실성이나 불확실성을 보여 주는지에 대해 결정을 내릴 수 있도록 직업정보를 이용한다.

Baer와 Roeber(1951)는 다음과 같이 말하고 있다. "이들 범주는 직업정보의 이용에 대한 목적과 강조점이 다르다. 그러나 상호 배타적인 것은 아니다. 각 범주는 다른 범주를 암시하고 있다는 면에서 중복되어 있다."

검사해석에서와 같이 특성-요인 진로상담에서 직업정보 제공방법은 매우 다양하다. 몇 사람의 상담자는 일의 세계에 대하여 충분히 알고 있기 때문에, 내담자와 상호작용하면서 직업정보를 구두로 소개해 줄 수 있고 팸플릿이나 안내서를 선정하여 정보자료로 사용할 수도 있다. 한편, 다른 상담자는 면담 중에 인쇄된 자료를 가지고 와서 내담자와 실제로 자세히 살펴볼 수도 있다. 이러한 과정은 상담자의 역할이 협력자나 촉진자에서 전문가나 교사로 바뀌고, 따라서 내담자는 초심자나 학생으로 행동하게 된다.

4. 이론에 대한 평가

직업선택 시 개인의 특성을 고려하도록 한 것이 이 이론의 큰 공헌이다. 특히, 특성-요인이론에 의해서 강조된 표준화 검사도구와 직업세계의 분석과정은 진로상담에 매우 유용하다. 그러나 특성-요인이론은 다음과 같은 몇 가지의 단점을 내포하고 있다.

첫째, 특성-요인이론에서는 객관적인 절차, 특히 심리검사를 통해서 개인의 특성을 타당하고 믿을 수 있게 측정할 수 있다고 가정하는데, 이러한 검사도구에서 밝혀진 결과가 어떤 직업에서의 성공여부를 정확하게 예언해 주지 못한다는 예언타당도의 문제가 제기되고 있다. 이는 특히 인사선발이나 배치의 상황에서 심각한 문제를 야기할 수 있다. 이와 함께 검사도구를 통해서 측정된 개인의 검사결과가 그의 특성을 정확하게 설명하느냐 하는 구인타당도의 문제도 자기 자신을 이해하려는 장면에서 문제로 제기되었다. 비록 특성-요인이론의 주창자 중 한 사람인 Williamson(1939)이 검사도구는 내담자의 장단점을 파악하기 위하여 상담자가 활용할 수 있는 도구의 한 유형일 뿐이라고 주장하였지만, 내담자의 일의 경험이나 일반적인 배경 등과 같은 다른 다양한 자료들이 도외시되고 개인의 특성을 측정하기 위한 검사도구가 지나치게 강조되는 특성-요인이론은 문제점을 갖고 있다고 할 수 있다.

둘째, 특성-요인이론은 직업선택을 1회적인 행위로 간주하여 장기간에 걸친 인간의 직업발달을 도외시하고 있으며, 개인이 소지하고 있는 제특성 간의 역동성 및 개인이 그 많은 요인 중에서 어느 것을 우선적으로 고려하느냐에 따라 직업선택이 달라질 수 있다는 점을 고려하지 못하고 있다.

셋째, 특성-요인이론은 개인의 특성과 직업 간의 관계를 기술하지만, 개인의 특성이 어떻게 발달하였는가, 개인이 왜 그러한 특성을 가지게 되었는가에 대한 설명이 부족하다. 이 이론에서 관심을 두는 것은 흥미나 적성과 같은 내담자의 특성을 확인하는 것이다. 따라서 개인이 직면하는 진로문제를 분석·진단하기 위해 상담자는 내담자와 반드시 진단결과에 대한 논의를 가져야 한다.

넷째, 특성-요인이론은 개념적인 단순함으로 인해 많은 상담가나 상담 프로그램에서 활용되고 있지만, 이론 자체적으로는 효율적인 진로상담을 위한 지침을 제공하고 있지 못하다. 즉, 수많은 검사도구 중에서 어떤 것을 선택해야 하고, 또 어떻게 그 검사결과를 활용해야 하는지는 전적으로 상담가의 몫으로 남겨져 있을 뿐이다.

❑❑ 요 약

Parsons가 제안한 특성-요인이론은 진로상담과 관련된 초창기의 이론이며, 매우 원론적인 내용을 다루고 있다. 그렇지만 이 이론을 토대로 해서 다른 많은 이론들이 생겨나게 되었고, 진로상담과정에서 활용되고 있는 수많은 검사들을 탄생시키는 계기가 되기도 하였다.

특성-요인이론에서는 개인의 특성에 대한 객관적 자료와 직업의 특성에 관한 자료를 중시하고 있다. 즉, 개인의 적성, 지능, 사회경제적 지위, 흥미, 가치관, 성격 등에 관한 과학적인 자료를 개인에게 제시해 주고 직업의 특성에 관한 자료를 제시해 주어 가장 합리적이고 현명한 선택과 결정을 하도록 조력하는 것을 중시하고 있다.

특성-요인이론과 관련된 근원적인 쟁점에는 다음과 같은 것들이 있다. 특성이란 무엇인가? 특성은 직업행동을 예측하는 데 관심이 있는 사람들에게 유용할 만큼 안정적이고 지속적인 것인가? 특성을 효과적으로 측정할 수 있는가?

특성-요인 진로상담의 기본은 변별진단이다. 진로의사결정에 나타나는 여러 문제를 진단하는 데 도움을 주기 위하여 Williamson(1939)은 다음과 같은 네 가지 범주를 제시하였다. ① 진로 무선택, ② 불확실한 선택, ③ 현명하지 못한 선택, ④ 흥미와 적성 간의 모순.

특성-요인 접근법에서 진로상담의 과정은 잘 알려진 문제해결의 과학적 방법을 따르고 있다. Williamson은 이 과정은 다음의 여섯 단계로 기술하고 있다. ① 분석 → ② 종합 → ③ 진단 → ④ 예측 → ⑤ 상담 → ⑥ 추수지도. Williamson은 특성-요인 진로상담을 위한 일반적 기법을 ① 촉진적 관계형성, ② 자기 이해의 신장, ③ 행동계획의 권고나 설계, ④ 계획의 수행, ⑤ 위임 등의 다섯 가지로 분류하여 설명하고 있다. 이 이론에서는 직업정보를 매우 중요시하는데, Brayfield(1950)는 직업정보의 기능을 ① 정보제공 기능, ② 재조정 기능, ③ 동기화 기능 등 세 가지로 제시하고 있다.

직업선택 시 개인의 특성을 고려하도록 한 것이 이 이론의 큰 공헌이다. 특히, 특성-요인이론에 의해서 강조된 표준화 검사도구와 직업세계의 분석과정은 진로상담에 매우 유용하다. 그러나 특성-요인이론은 심리검사가 지니고 있는 예언타당도의 부족, 장기간에 걸친 인간의 직업발달 도외시, 개인의 특성 발달에 대한 설명 부족, 효율적인 진로상담을 위한 지침 부족 등이 단점으로 지적되고 있다.

참고문헌

Anastasi, A. (1983). Evolving trait concepts. *American Psychologist, 38*, 175-184.

Baer, M. F., & Roeber, E. C. (1951). *Occupaitonal information: Its nature and use.* Chicago: Science Research Associates.

Brayfield, A. H. (1950). Putting occupational information across. In A. H. Brayfield (Ed.), *Readings in modern methods of counseling*. New York: Appleton-Century-Crofts, 212-220.

Crites, J. O. (1969). *Vocational Psychology*. New York: McGraw-Hill.

Darley, J. G. (1950). Conduct of the interview. In A. H. Brayfield (Ed.),

Reading in modern methods of counseling. New York: Appleton-Century-Crofts, 265-272.

Klein, K. L., & Weiner, Y. (1977). Interest congruency as a moderator of the relationship between job tenure and job satisfaction and mental health. *Journal of Vocational Behavior, 10*, 91-98.

Miller, D. C. (1974). *Industrial sociology*. New York: Harper & Row.

Pepinsky, H. B. (1948). The selection and use of diagnostic categories in clinical counseling. *Applied Psychology Monographs, 8*(15), 12-20.

Strong, S. R., & Schmidt, L. D. (1970). Expertness and influence in counseling. *Journal of Counseling Psychology, 17*(2), 81-87.

Williamson, E. G. (1939). *How to counsel students*. New York: McGraw-Hill.

제2장

Holland의 성격이론

이 장에서는 Holland 성격이론의 주요 기본 가정 및 특징을 살펴보고, 지금까지 한국에서 진행된 주요 연구결과를 중심으로 국내 연구동향을 살펴보고자 한다. 뿐만 아니라, 이에 근거하여 Holland의 성격이론이 국내 상담 장면에서 어떠한 활용점과 한계를 지니는지를 알아봄으로써 우리나라 상담자들에게 주는 실제적 의미를 파악하고자 한다.

1. Holland 성격이론의 개관

우리가 RIASEC 이론 혹은 Holland 이론이라고 부르는 성격이론은 J. L. Holland(1919~2008)에 의해 주창된 이론으로서, 지금까지 직업심리학과 진로상담 분야에 가장 큰 영향을 미친 이론으로 평가된다. 여기서는 이론의 기원을 토대로 주요 원리와 기본 가정 등을 포함해 Holland 성격이론의 특성을 개괄적으로 살펴보기로 한다.

1) Holland 이론의 기원

Holland는 제2차 세계 대전 동안 군대(Army)에서 3년 5개월을 복무하면서 군인들의 직업 특성을 몇 개의 유형으로 설명할 수 있다는 생각을 하였다. 전쟁이 끝난 후 그는 연구를 통해서 분류체계를 개발하였고, 미네소타 대학교에서 서로 다른 흥미(different interests)를 가진 대학생들은 서로 다른 성격적 특성(different personalities)을 갖는다는 확신을 하게 되었다. 그는 스트롱 흥미검사(Strong Interest Inventory)를 이용해 다양한 직업을 가진 사람들의 성격적 특성에 대한 밑그림을 그려 나가면서 어떤 성격이 어떤 직업과 적합한지(fit)를 연구하기 시작하였다(Gottfredson, 1999). 1959년 최초로 자신의 이론적 가설을 「상담심리학(*Journal of Counseling Psychology*)」(6권 1호) 저널에 발표하면서, 기존의 직업선택 이론들에 두 가지의 심각한 결점이 있다고 보았다. Ginzberg나 Super의 진로발달이론은 너무 일반적이고, 대조적으로 Bordin이나 Roe의 이론은 너무 제한적인 측면에 초점을 둔다는 것이다. 이에 보다 포괄적인 이론이 필요하다고 보았다. 즉, 직업선택은 그의 특정한 유전적 특질과, 동료, 부모, 중요한 성인, 사회적 계층, 미국적 문화, 물리적 환경 등의 상호작용의 산물이라는 것이다(Holland, 1959, p. 35).

Holland 이론이 발표된 당시에는 주요 분류를 실제적인, 탐구적인, 사회적인, 관습적인, 기업가적인, 예술적인의 6가지로 하였고(Holland, 1973), 1960년대에는 Holland와 그의 동료들이 이론에 기초한 일련의 연구 프로젝트를 진행하면서 거듭 수정하였다. 이 이론은 그 후 『직업선택의 심리: 성격유형과 모델 환경 이론(*The Psychology of Vocational Choice: A Theory of Personality Type and Model Environments*)』이라는 제목으로 1966년에 개정되어 발표되었고, 환경의 역할과 환경 측정에 대한 구체적인 설명이 보다 분명하게 다루어졌다. 이후 10개의 주요 이론에 근거한 연구들을 수행하면서 1973년에 이론은 다시금 개정되었다. 이때 가장 주요하게 개정된 것은 일치성 정도를 측정하기 위해서 유형을 육각형 모형에 배열한 작업이다. 또한 『직업의 선택: 진로 이론(*Making Vocational Choices: A Theory of Career*)』(Holland, 1973)에서 다룬 이론적 기술은 보다 명료하고 보다 체계화되었다. 사람과 환경의 유형론이 이루어졌고, 증거에 따라 개정되었으며, 성격유형과 환경유형 간의 유사한 정도를 구체화하기 위해서 육각형 모형을 사용하였다. 또한 발달적 측면을 다루었고, 이론적 구인들을 측정하는 구체적인 방법을 제시하였다(Gottfredson, 1999).

이어서 1970년대에는 여러 학자들에 의해서 수많은 논문들이 발표되었고, Holland와 Gottfredson(1976)은 이론을 확장하고 명료화하였다. SDS와 VPI 검사도구가 1978년에 개정되었고, 1970년대에 이루어진 Holland의 연구는 적극적으로 핵심적인 가설들을 검증해 나갔다. 그는 1973년 그의 책에서 말한 주요 아이디어들의 타당성을 검증하기 위해 야심찬 연구들을 수행하였는데, 이러한 연구들을 통해서 의사결정의 어려움을 나타내는 새로운 정체감 척도의 유용성을 보여 주었다. 또한 Holland와 동료들의 연구는 직업정체감 척도(Vocational Identity Scale)의 유용함을 보여 주었다(Holland, Gottfredson, & Power, 1980). 1985년에는 1970년대까지의 연구에 기초하여 Holland 이론의 개정판이 다시 나오게 된다. 여기서는 이론의 영역을 좀 더 명확하게 하였고, 흥미의 발달과정에서 학습의 역할과 행동적 특성 등을 포함한 부가적인 생각들을 소개하였다. 이후 1997년에 Holland 이론이 최종적으로 개정되어 출판되었는데, 여기서는 용어상의 변화가 있었다. 즉, 심리적인 유형을 특징짓기 위해서 믿음과 직업적 성격에 대한 가능한 증거를 제시하는 차원에서 '신념(beliefs)'이라는 용어를 사용하였다. 이는 각각의 성격유형이 자신과 행동의 결과에 대해서 다른 신념을 가지고 있고, 각 환경모형이 다른 신념체계를 만든다는 것이다. 그 밖에도 직업정체성을 강조하였으며, 유형론적인 측면에서 직업환경을 측정하는 분류도구(Position Classification

Inventory)는 환경 분류를 시행하는 구체적인 방법으로 사용되었다 (Gottfredson, 1999).

2) 주요 원리와 가정

Holland 이론의 핵심은 4가지의 주요 가정과 5가지의 부가적 가정이다. 따라서 Holland가 가지고 있던 진로에 대한 기본적 질문 3가지를 바탕으로, 주요 가정과 여섯 가지 유형의 특징, 부가적 가정을 소개하고자 한다.

(1) 이론의 3가지 기본적 질문

Holland는 다음의 세 가지 질문을 통해서 진로관련 현상들을 설명하고자 하였다(Holland, 1992, 1997).

첫째, 어떤 개인적 또는 환경적 특성이 진로선택과 진로참여에 대해 만족할 수 있게끔 이끄는가? 어떤 특성이 진로를 결정하는 데 있어 방해를 하고, 진로에 대한 의사결정에 만족하지 못하게 하며, 직업을 성취할 수 없도록 하는가?

둘째, 어떤 개인적 또는 환경적 특성이 직업의 안정 및 변화를 가져오며, 평생 동안 계속해서 직업에 종사하도록 하는가?

셋째, 진로문제에 있어서 개인을 도와주는 가장 효과적인 방법은 무엇인가?

(2) 4가지 주요 가정

다음의 4가지 가정은 본 이론의 핵심적 내용들로서, 성격유형과 환경모형의 특성을 말하며, 어떻게 유형과 모형이 결정되며, 또 어떻게 성격유형과 모형이 직업적, 교육적, 사회적 현상들 속에서 상호작용하는지를 보여 준다.

첫째, 우리의 문화에서 대부분의 사람은 6가지 성격유형(실제적, 탐구적, 예술적, 사회적, 기업가적, 관습적 유형) 중의 하나로 분류될 수 있다. 그러나 여기서 말하는 유형은 이론적이거나 혹은 이상적인 유형으로, 우리가 실제 사람을 측정해서 얻는 것과는 다를 수 있는 일종의 모형이다.

둘째, 환경에도 6가지 직업 환경유형(실제적, 탐구적, 예술적, 사회적, 기업가적, 관습적인 유형)이 있다. 각 환경유형은 주어진 성격유형에 의해 결정되며, 환경은 특정한 문제와 기회를 포함한 물리적인 환경에 의해서 특징지어진다. 예를 들어, 실제적인(R) 환경은 실제적인(R) 성격유형의 사람들에 의해서 지배된다. 즉, 실제적인(R) 환경에 있는 대다수의 사람들은 실제적인(R) 성격유형과 유사하다. 그리고 관습적인(C) 환경은 관습형(C)의 사람에 의해서 지배된다.

셋째, 사람들은 자신의 기술과 능력을 발휘하고 태도와 가치를 표현하며, 이런 특징들에 부합되는 문제와 역할을 수행할 수 있는 환경을 찾는다. 즉, 실제적인(R) 성격유형을 가진 사람은 실제적인(R) 환경을 찾으려 하고, 사회적인(S) 성격유형을 가진 사람은 사회적인(S) 환경을 찾으려고 한다. 또한 어떤 유형의 환경은 그 환경에 적당한 성격유형을 가진 사람들을 찾기도 한다.

넷째, 행동은 성격과 환경의 상호작용에 의해 결정된다. 따라서 만약 사람과 환경의 성격유형을 안다면 그 둘 간의 성과, 즉 직업선택, 직업전환, 직업적 성취, 역량, 교육적 혹은 사회적 행동 등에 대해서 예측할 수 있다.

(3) 6가지 유형의 특징

Holland가 제시한 6가지 유형의 특징은 다음과 같다(Holland, 1992, 김봉환 외, 2006에서 재인용).

첫째, 실제적 유형은 기계, 도구, 동물에 관한 체계적인 조작활동을 좋아한다. 이 유형의 사람은 사회적 기술이 부족하다. 실제적인 유형에 속하는 전형적인 직업은 기술자다.

둘째, 탐구적 유형은 분석적이고 호기심이 많고 조직적이며 정확하다. 그러나 이들은 흔히 리더십 기술이 부족하다. 대표적인 직업은 과학자다.

셋째, 예술가적 유형은 표현이 풍부하고 독창적이며 비순응적이다. 이들은 규범적인 기술이 부족하다. 음악가와 미술가는 예술적인 유형이다.

넷째, 사회적 유형은 다른 사람과 함께 일하거나 다른 사람을 돕는 것을 즐기지만 도구와 기계를 포함하는 질서정연하고 조직적인 활동을 싫어한다. 사회적인 유형은 기계적이고 과학적인 능력이 부족하다. 사회복지가, 교육자, 상담가는 사회적인 유형이다.

다섯째, 기업가적 유형은 조직 목표나 경제적 목표를 달성하기 위해 타인을 조작하는 활동을 즐긴다. 그러나 상징적이고 체계적인 활동을 싫어하며 과학적 능력이 부족하다. 기업경영인, 정치가는 설득적 유형이다.

여섯째, 관습적 유형은 체계적으로 자료를 잘 처리하고 기록을 정리하거나 자료를 재생산하는 것을 좋아한다. 그 대신 심미적 활동은 피한다. 경리사원, 사서 등이 이에 속하는 유형이다.

(4) 5가지 부가적 가정

Holland(1997)는 위에서 제시한 4가지의 주요 가정 외에도 아래의 5가지 이차적 가정을 제시함으로써 이론을 설명하고 있다. 이러한 5가지 가정은 사람과 환경 모두에 적용될 수 있는 것으로서 1차적 개념으로부터 나온 설명이나 예측을 타당화하고자 하는 데 목적이 있다.

일관성(consistency) 성격유형과 환경모형을 연결 지을 때, 어떤 쌍은 다른 쌍보다 더 가깝게 관련될 수 있다. 예컨대, 실제적(R)이면서 탐구적인(I) 성격유형을 가진 사람은 관습적(C)이면서 예술적인(A) 성격유형을 가진 사람보다 일관성이 높다. 즉, 일관성이란 성격유형과 환경모형 간의 관련 정도를 의미하는 것으로 정육각형 모형상의 두 유형 간 근접성에 따라 설명된다. 또한 이 개념은 흥미유형에서뿐만 아니라 환경유형에서도 적용된다. 〈표 2-1〉은 일관성의 정도에 따른 유형 간의 관계를 보여준다. 이때 높은 일관성 수준은 긍정적 특징이며, 경력이나 진로결정의 방향 면에서 안정성을 가진다. 일관성과 관련하여 최근에 Holland (1997)는 포부의 일관성(coherence)과 경력(work history)의 일관성을 더 추가적으로 제시하였다(Reardon & Lenz, 1999).

〈표 2-1〉 일관성의 정도

일관성의 수준	성격유형
높음	RI, RC IR, IA, AI, AS, SA, SE, ES, EC, CE, CR
중간	RA, RE, IS, IC, AR, AE, SI, SC, EA, ER, CS, CI
낮음	RS, IE, AC, SR, EI, CA

출처: Holland, 1997.

변별성(differentiation) 변별성은 사람이나 환경이 얼마나 잘 구별되는지를 의미한다. 예를 들어, 어떤 사람은 특정 직업흥미유형과 유사하면서 다른 유형과는 유사하지 않을 수 있고, 환경도 마찬가지로 어떤 한 가지 유형에만 지배되는 경우가 있다. 이와는 반대로 여러 가지 흥미유형과 골고루 유사한 사람이나 6가지 흥미유형과 비슷한 특징을 가진 환경은 잘 구분되지 않게 된다. 이 변별성은 직업적 흥미 특성이 얼마나 뚜렷하게 나타나는가를 나타낼 수 있다. 변별성이 높은 사람은 일에서 경쟁력이 높고, 만족도도 높을 것이며, 사회적이고 교육적 행동에도 적절히 개입할 것이라는 것이다. 그러나 이 변별성을 측정하고 그 가치를 구인으로 인정하는 데 있어서 여러 논의가 있어 왔는데, 연구를 통한 지지가 가장 낮고, 다른 가정에 비해서 취약하다. 그럼에도 불구하고, 변별성은 현장에서 중요하게 사용되고 있는데, 상담자와 내담자 모두가 모든 것에 흥미가 있거나 혹은 어떤 것에도 흥미가 없는 경우, 내담자의 진로결정이 왜 어려움을 겪는지를 보여 줌으로써 도움이 된다(Reardon & Lenz, 1999).

정체성(identity) 개인의 정체성은 분명하고 안정된 인생의 목표, 흥미, 재능을 가짐으로써 얻어지며, 환경적 정체성은 환경이나 조직이 분명하고 통합된 목표, 일, 보상이 일관되게 주어질 때 생긴다. 즉, 자신에게 갖는 정체성 또는 환경에 대해 갖는 정체성이 얼마나 분명하고 안정되어 있는가를 평가하는 것이다. Holland 이론의 가장 핵심 과정은 한 개인의 성격이 직업명에 투사된다는 것이다. 그 투사과정은 내적·외적 요인들에 따라 나타나는데, 성격의 명확성과 관련된다. 1997년 가장 최근 버전에서 정체성의 역할이 주요하게 다루어졌고, 이는 문화, 성역할, 자기효능감 등이 투사과정이나 그 과정에 있는 개인에게 다시 영향을 줄 수 있다고 보았다. 따라서 결정이 되고 나서라도 지속적으로 개인의 진로결정을 명료히 하고 확인할 필요가 있다.

일치성(congruence) 일치성은 개인과 직업 환경 간의 적합성 정도에 대한 것으로서 사람의 직업적 흥미가 직업 환경과 어느 정도 맞는지를 의미한다. 예를 들어, 실제적인(R) 성격유형을 가진 사람은 실제적인(R) 환경에서 활발하게 활동한다. 즉, 환경은 그 환경에 맞는 흥미유형을 가진 사람들에게 더 많은 기회와 보상을 주기 때문에 서로 다른 흥미유형의 사람들은 각기 다른 환경을 필요로 한다. 일치도에 있어서는 육각형 모형을 사용하여 4가지 수준(예: R-R의 완전일치에서 R-I 혹은 R-C, RA 혹은 RE, 끝으로 R-S의 가장 낮은 일치도 순으로)으로 제시하였다. 그러나 이러한 가정 역시 논란이 제기되고 있다. 즉, 일치성과 만족도 사이의 관련이 적다거나 혹은 연구 설계에 따라 광범위하게 차이가 있을 수 있으며(Spokane, Luchetta, & Richwine, 2002), Chartrand와 Walsh(1999) 또한 일치성의 타당도와 측정문제에 대한 비판을 제기한 바 있다.

계측성(calculus) 계측성은 흥미유형과 환경유형 간의 관계가 육각형 모형에 따라 결정할 수 있으며, 육각형 모형에서의 흥미유형 또는 환경유형 간의 거리는 그들의 이론적 관계와 반비례한다는 것을 시사하며 계측성을 통해 육각형은 개인 흥미들에 대한 일관성의 정도를 나타내 주는 모형으로 활용될 수 있다([그림 2-1] 참조).

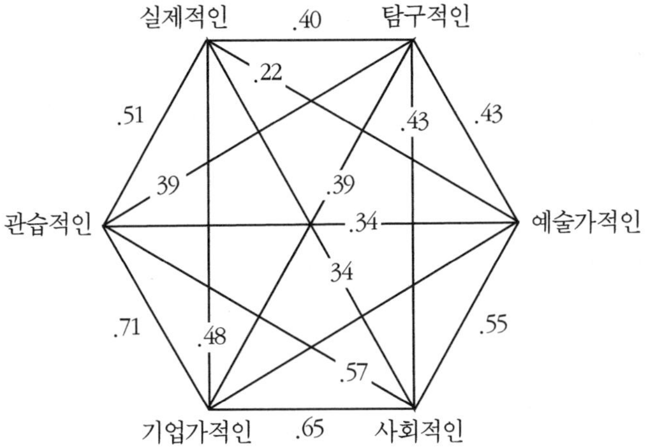

[그림 2-1] 유형 관계해석을 위한 육각형 모형

출처: Holland, 1994.

3) 유형의 발달과 주요 원리

Holland(1997)의 진로이론은 '구조적 상호작용이론' 또는 '유형론적 상호작용이론' 이라 불리기도 한다. 왜냐하면 이 이론에서는 사람들과 직업에 관련된 수많은 정보들을 조직화하려고 시도하기 때문에 '구조적' 또는 '유형론적' 이라는 용어를 사용하는 것이다. 또한 진로와 사회행동은 개인과 환경 간 상호작용의 결과물이라고 가정하기 때문에 '상호작용' 이라는 용어를 사용한다. 즉, 진로란 한쪽 방향으로만 움직이는 것이 아니라, 직업이 사람을 변하게 하기도 하고 사람이 직업을 변하게 하기도 한다는 것이다. 또한 Holland(1997)는 사람들이 각기 다른 생물학적 능력과 인생의 역사를 갖고 있기 때문에 서로 다른 재능이 발달되는데, 개인과 환경 간의 상호작용을 통해 발달된 개인의 재능은 결과적으로 성격유형을 나타내며, 특히 18~30세 사이에 가장 잘 드러난다고 보았다. 즉, 각 성격유형은 동료, 생물학적인 유전, 부모, 사회계층, 문화, 물리적 환경을 포함한 개인적인 요인과 다양한 문화 간의 독특한 상호작용의 결과라는 것이다. 사실, 사람들이 각기 선호하는 활동들은 서로 다른데, 그 활동은 나중에 보다 강한 흥미로 변하게 되고, 이런 특별한 흥미와 능력을 요구하는 집단에 속하게 된다는 것이다. 마침내 개인의 특별한 흥미와 능력은 특별한 재능을 가질 수 있도록 유도하고 독특한 방식으로 생각하고 지각하며 행동하게끔 유도한다는 것이다(Holland, 1992, p. 2). [그림 2-2]는 성격유형의 발달과정을 보여 준다. 대개 성격은 활동에서 시작하여 기질의 순서로 발달한다. 개인이 선호하는 활동은 생애 초기의 전체적이면서도 특징적인 행동에서 발달한다. 거기에 유전상의 차이는 어떤 행동을 선택할 것이며 어떤 강화를 받을 것인지에 영향을 주는 것 같다. 즉, 아이들의 초기 활동(Activities)은 장기적으로 흥미와 역량(competencies)을 만들어 간다. 그런 경험을 통해서 독특한 자아개념, 외모, 기질을 갖게 된다.

그 밖에도 성격의 안정성과 변화에 대하여 다음과 같이 언급한 바 있다. 즉, 일반적으로 진로는 안정적이다. 왜냐하면 직업인들은 직업의 정해진 범위 내에서 자신과 직업을 조화시키려고 노력하며, 연령, 외모, 성, 기술, 경력 등을 무시한 채 새로운 진로를 찾는 것을 두려워하기 때문이다. 물론 Holland의 진로이론이 6가지의 폐쇄된 체계 속에서 성격과 환경모형 간의 상호작용을 이해하고자 하지만, 어떤 측면에서는 유동적인 체계임을 밝히고 있다. 즉, 여성의 자유권 확대로 인한 여성의 흥미가 미국문화에 반영되듯이, 이렇게 사람들의 흥미변화는 직업 환경의 특징도 변화시킨다는 것이다. 특히, 사람의 흥미는 일생 동안 조금씩 달라지는데, 일생 동안 겪는 경험들은 사람들의 흥미를 더 분명하게 해 준다고 보

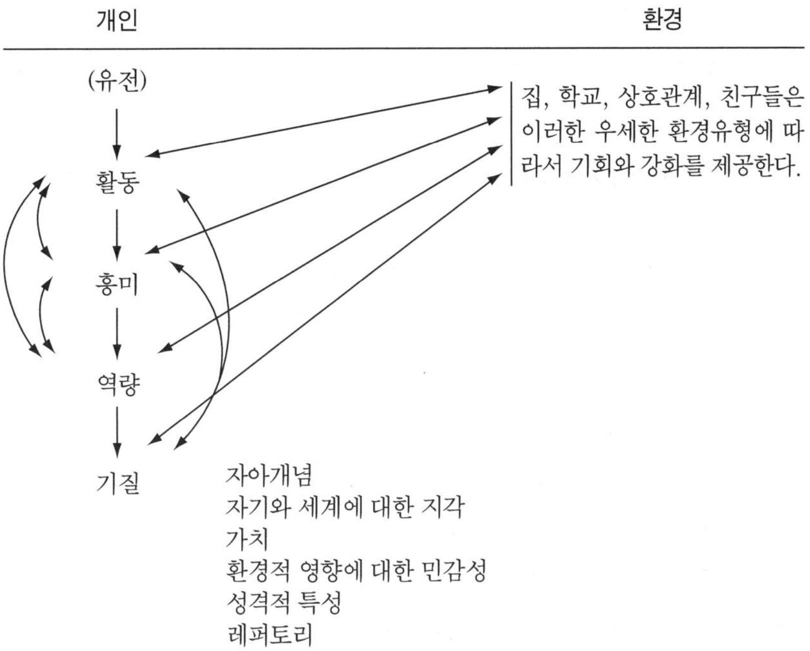

[그림 2-2] 성격유형의 발달

출처: Holland, 1992.

았다. 흥미와 성격의 변별성이 점차 높아진다는 것은 나이가 들수록 직업에 대한 포부가 점차 일관적이고 지속적으로 변해 가고, 선호하는 직업과 분명한 신념들을 점차 갖게 된다는 것을 의미한다.

즉, 직업적 정체성은 나이가 들어감에 따라 점차 증가한다(Holland et al., 1980). 왜냐하면 직업적 정체성은 변별성과 일관성도 모두와 관련되어 있기 때문인데, 10년마다 직업경력의 일관성을 측정해 보았을 때, 그 일관성은 증가하는 추세를 나타낸다(Holland, 2004, p. 88). 뿐만 아니라, 어느 정도는 유형이 유형을 낳는다고 보았다. 부모의 태도가 아이들의 흥미발달에 영향을 미치기는 하지만, 각 부모의 유형은 환경적 기회라는 측면에서 큰 범주를 제공한다는 것이다. 예를 들어, 실제적인(R)의 부모는 실제적 활동에 많이 참여하고 다른 활동은 피하거나 관심이 없어서, 결과적으로 부모는 환경적인 경험뿐 아니라 태도를 포함한 특징적 환경을 제공하게 된다는 것이다(Holland, 1997, p. 16).

4) 이론에 대한 평가

1973년 Holland가 『직업의 선택(*Making Vocational Choices*)』을 출판한 이래로 지금까지 직업심리학 분야에서 가장 많이 인용되어 왔고, Holland의 RIASEC 육각형 모형은 직업심리에서의 아이콘이 되었다. 또한 6가지의 성격유형을 육각형(hexagon)의 구조로 배열한 것은 직업심리학의 역사상 가장 잘 검증된 결과물로 평가받고 있다(Rounds, 1995). 그밖에도 Holland 이론은 성격유형과 직업환경을 대응적인 구인(constructs)과 분류를 이용해서 직업을 심리적인 특징에서 기술하였다는 것이다. 이러한 공헌은 직무의 내용이 빨리 변하는 현대 사회에서 더욱 중요하다(Dawis, 1996). 특히, 직무내용에 따른 직업정보시스템은 지속적인 업데이트와 개정이 필요한데, Holland의 심리적 특성에 근거한 직업기술방법은 다소 안정적이고 일의 세계가 변화함에 따라 약간의 수정만 요구된다는 것이다. 그 밖에도 Holland 이론은 흥미검사도구의 제작에도 영향을 미쳤는데, 심지어 유서 깊은 스트롱 흥미검사도 수정하게 만들었다. Borgen(1991)은 Holland의 이론을 스트롱의 자료에 적용한 것은 흥미측정의 발전에 주목할 만한 일 중 하나였고, 이는 두 개의 다른 패러다임—스트롱의 경험주의적인 입장(dustbowl empiricism)과 Holland의 개념적인 추출물(conceptual abstraction)을 통합한 것이기 때문이다. 물론 Holland와 그의 동료들이 개발한 SDS(Self-Directed Search)와 VPI(Vocational Preference Inventory)는 지속적으로 진로상담자들이 가장 많이 사용하는 검사다.

이렇듯 Holland의 업적은 오늘날의 거의 모든 흥미검사에 영향을 강력히 미쳐 왔다. Holland 이론의 강력하면서도 단순화되어 있는 육각형 모형은 흥미측정에 있어서 조직, 구조, 단순화, 발전된 해석이 이루어지도록 하는 데 크게 영향을 미쳤다. 따라서 Holland의 육각형 모형은 복잡한 직업세계를 단순화하고 해석하는 데 매우 유용한 방식이라고 할 수 있다. 그 어떤 이론이나 형태도 지금까지 이론적 연구자들과 응용적 입장에 서 있는 현장의 상담가들에게 Holland보다 더 유용하게 기여하지는 못했을 것이다(Campbell & Borgen, 1999). 특히, Rayman과 Atanasoff(1999)는 Holland 이론이 왜 현장실무자들에게 그렇게 유용한지에 대해 간결성과 안면타당도 등 몇 가지 측면에서 언급하였다. 즉, 6가지의 단순한 성격유형과 6가지의 단순한 직업환경, 유전적 기질과 환경적 영향을 통해서 개인의 성격적 특성이 발달한다는 Holland 이론의 기본적인 아이디어는 이해하기 쉽다는 점에서 간결성(simplicity)이 그 특징이다. 즉, 유유상종의 원리와 마찬가지로 성격적 특성과 환경적 특성이 잘 맞아떨어지면(good fit), 그 사람은 보다 성공적이고, 만족스러우며, 생산적인 직업생활을 하게 될 것이다. 또한 많은 상담 장면에서 검사해석결과에 대해서 내담자들은 "네, 그럴듯하네요(Yes, that makes sense)."라는 반응에 대해서는 안면타당도(face validity)를, Holland 이론이 지난 30년 넘게 지속적으로 다듬어져 온 SDS 검사도구를 통해서 현장에 바로 적용될 수 있다는 점에서는 그 적용가치를 높게 평가할 수 있다.

이론의 제한점에 대해서는 Holland(1997) 스스로가 다음과 같이 기술한 바 있다. 즉, 유형론의 개인과 환경 간의 상호작용에 관한 가설들은 지지를 받지만 보다 많은 검증이 필요하다. 또한 개인적인 발달과 변화에 관한 설명도 어느 정도 지지를 받고는 있지만, 보다 종합적인 검증이 필요하다고 보았다. 또한 직업분류는 유형을 평가하고자 하는 도구들에 따라 조금씩 차이가 난다. 특히, 교육, 성, 지능, 사회계층, 기타 다른 중요한 변인들을 포함하여 개인적이고 환경적인 관련성을 예측하려고 하지만, 진로이론이 이를 포괄하는 데에는 아직 한계가 있다. 끝으로 과거에 발표된 연구뿐 아니라, 앞으로 발표될 연구 및 이론들까지도 포함하여 이론적 수정이 이루어져야 한다는 것이다. 또한 비판적 관점에서 Krumboltz(1996)와 Savickas(1997)는 오래된 질서가 변화하고 고용자들이 주어진 일을 무엇이든 잘 해내야 하는 요즘 상황에서, Holland 이론의 일치성에 대해 한계를 지적하였다. 즉, 같은 깃털을 가진 새라고 해서 반드시 함께 모일 필요는 없으며(Savickas, 1997), 서로 다른 특성을 가진 사람들 또한 주어진 환경에서 성공적으로 잘 지낸다라는 사실을 간과하고 있다는 것이다(Krumboltz, 1996). 직업에서의 이질성은 오늘날 더욱 중요하게 여겨지며, 일치성은 더 이상 과거처럼 그렇게 가치로운 개념이 아니라는 것이다(Chartrand & Walsh, 1999).

2. 국내에서의 연구동향

Holland 이론에 관한 연구는 국내에서도 방대하게 이루어져 왔기 때문에 본 지면에서 이를 모두 다룰 수는 없다. 따라서 이 장에서는 한국교육학술정보원(KERIS)과 (주) 한국학술정보(KISS), 국회도서관 등의 학술정보검색시스템을 활용하여 검색된 국내 주요 연구물을 중심으로 다루었으며, 학위논문은 분석에서 제외하였다. 특히, Holland 이론의 기초적 고찰연구(이종승, 2003; 이현림, 김영숙, 1997) 혹은 Holland 이론을 타 이론과 비교, 통합하고자 하는 시도(이희영, 2008; 임은경, 1997; 정철영, 1991; 천석준, 이기학, 2008)로서 이루어진 문헌들은 재검토에서 생략하였음을 밝힌다.

1) 관련 검사도구의 표준화 및 타당화 연구

검사도구와 관련된 연구는 대표적으로 「한국 스트롱 직업흥미검사의 표준화 연구」(김정택, 김명준, 심혜숙, 2004), 「Holland와 Prediger의 직업

홍미이론에 근거한 고등학생용 직업선호도 검사개발과 양호도 검증」(성태제, 시기자, 2001), 「Holland식 흥미검사의 하위척도인 직업선호 척도의 타당성 연구」(김완석, 이성준, 2005)가 이루어졌다.

우선, 김정택 외(2004)의 연구는 흥미 특성을 측정하는 검사 가운데 가장 활용도가 높은 스트롱 직업흥미검사를 한국적 상황에 맞게 표준화하기 위해 고등학생 3,618명, 대학생 이상 일반인 12,932명을 규준집단으로 하였다. GOT, BIS, PSS 척도의 규준을 제작하고, 안정적인 신뢰도 계수와 척도 간의 신뢰도에 있어 미국자료와 유사한 상관관계를 산출하였으며, GOT 척도의 이론적인 구조에 적합한 공간상의 배열과 구조를 확인하였다. 결론적으로, RIASEC 코드 간의 신뢰도를 분석한 결과, Holland의 이론적 주장과 일치하는 결과가 나왔는데, 인접한 코드와의 상관이 높고, 마주 보고 있는 코드 간에는 .06에서 .14로 낮은 상관을 보고하였다. 한국의 규준 자료가 Holland 육각형 모형에 적합한 것으로 판단하였으며, 다차원 척도법에 의해 RIASEC의 위치와 거리를 확인한 결과, 순서는 동일하게 나타났으며 완벽하지는 않지만 육각형 모형을 이루었다. 거리 역시 고등학생의 경우 44개(81%), 일반인의 경우 46개(85%)가 Holland 모형이 예측하는 방향과 일치하는 것으로 나타났다. 완벽하지는 않지만, 한국판 스트롱 직업흥미검사의 GOT 척도는 배열과 거리 면에서 육각형 모형을 부분적으로 충족하는 것으로 판단하였다. 다만, BIS 척도들이 동일 요인으로 묶이지 않고 GOT 척도와 BIS 척도 간의 상관 역시 불일치하는 경우가 있었다.

두 번째로 성태제, 시기자(2001)는 Holland와 Prediger의 직업흥미이론에 근거한 고등학생용 직업선호도 검사(UNIACT; Revised Unisex Edition of the ACT Interest Inventory, 1995) 개발과 양호도 검증을 하였다. 총 90문항을 개발하여 두 차례의 예비검사를 거쳐, 수정 · 보완 후 전국 고등학생 1,445명을 대상으로 본 검사를 실시하였는데, 탐구형(I)과 진취형(E), 관습형(C)과 사회형(S)의 관계를 제외한 나머지 인접 유형 간 상관이 높게 나타났다. 또한 Prediger의 4가지 유형 중, 사고형과 자료형의 관계를 제외하고 인접 유형 간의 상관이 높게 나타났으며, 요인분석을 통한 구인타당도 검증결과, 6유형의 진취형과 4유형의 사물형에 해당하는 문항의 일부를 제외하고는 해당 유형의 특성을 잘 반영하는 것으로 나타났다. 따라서 개별적으로 학생들에게 적합한 직업흥미유형과 관련 직업군을 제시하는 데 있어서 신중한 해석이 필요하며, 특히 UNIACT(1995)의 직업흥미 구조가 우리나라의 직업흥미 구조와 다를 수 있음을 이해하고, 추후 연구의 필요성을 제기하였다.

끝으로 김완석, 이성준(2005)의 연구에서는 스트롱 직업흥미검사의 317문항 중 137문항, Holland 진로탐색 검사의 258문항 중 72문항에 해당하는 직업선호 척도의 타당성을 연구하였다. 연구결과, 직업선호 척도를 제거했을 때의 신뢰도가 증가하였으며, 이 척도가 전체 흥미검사의 내적 합치도를 감소시키고 있음을 발견하였다. 또한 직업선호 척도의 직업명이 가지는 사회적 명성점수(prestige)와의 유의미한 상관은 직업선호 척도의 직업명이 사회적 명성과 관계있음을 보여 줌으로써, 즉 순수한 흥미만을 반영하는 척도가 아니라는 견해를 나타냈다.

2) Holland 직업흥미유형과 성격검사 관련 연구

여기서는 Holland의 직업흥미유형과 다른 성격특성과의 비교연구를 통하여 6가지 유형의 특성들을 이해하고 그 관련성을 검증한 몇몇 연구들을 중심으로 살펴보고자 한다.

개인의 성격은 크게 특성과 유형, 두 범주로 구분할 수 있다. 첫 번째 특성 접근은 외향성, 개방성, 성실성, 호감성 및 정서적 불안을 측정하는 성격의 5요인과 두 번째 유형적 접근은 MBTI에 의한 것이다(탁진국, 2003). 국내 연구 역시 이와 같은 맥락에 속하는데, 크게 두 가지로 나누어 볼 수 있다. 즉, ① 그 하나는 5요인 성격모형과의 관계를 토대로 이루어진 연구(문승태, 강남규, 2005; 박동건, 김성훈, 허영운, 1999 등)와 ② MBTI 성격유형과의 관계를 중심으로 한 연구(김정신, 정민자, 1999; 박경, 강문희, 2000; 박명순, 2002; 이병임, 정순례, 2003; 이종승, 박재조, 2002; 탁진국, 2003 등)로 대별된다.

(1) 5요인 성격모형과의 관계 연구

지난 30년간의 가장 대표적인 성격, 흥미 분야 연구는 5요인 이론과 Holland의 직업흥미 모형에 대한 연구다(박동건 외, 1999). 많은 경험적 연구를 통해서 확인된 성격의 5요인은 외향성, 호감성, 성실성, 정서적 불안정성 및 경험에 대한 개방성으로 요약될 수 있다. Gottfredson, Jones와 Holland(1993), Tokar와 Swanson(1995), Schinka, Dye와 Crutiss(1997) 등은 성격과 흥미의 관계를 연구하였고, 서로 다른 것을 측정하고 있는 요인은 무엇이며, 서로 중복적으로 예측하고 있는 요인은 무엇인가 확인코자 하였다. 즉, 그간 성격과 흥미가 거의 동일한 개념이라는 논의와 서로 다른 것이라는 주장에 대해서 명확히 결론 내리기는 어렵다. 하지만 어느 정도는 유사한 측면을 발견할 수 있는데, 예를 들어 S, E 유형은 외향성과, I, A 유형은 개방성과 관련이 있다거나(예: Gottfredson, Jones, & Holland, 1993; Costa, McCrae, & Holland, 1984), C 유형은 성실성과 관련된다는 점(예: Gottfredson, Jones, & Holland, 1993) 등이다.

국내에서도 NEO-PI 5요인 성격이론과의 관계분석을 통해 직무수행 예측에 성격검사의 유용성이 확인됨에 따라(민병모, 이경임, 정재창, 1997; 박동건 외, 1999; 유태용, 이도형, 1997), 두 검사를 함께 사용하는 것의 유용성이 언급되었다. 우선, 성인과 대학생을 대상으로 한 연구가 박동건 외(1999)에 의해서 이루어졌다. Holland 흥미 모형(SDS, VPI, SVIB에 따라 구성한 192문항)과 5요인 성격모형(NEO-PI-R)과 HPI(Hogan Personality Inventory), PRF(Personality Research Form), 16PF(16 Personality Factor Questionnaire)를 참고하여 우리나라 정서 및 문화에 맞도록 수정 제작하여 사용하였고, 대학생 집단에는 NEO-PI-R를 번안한 NEO 인성검사(민병모 외, 1997)를 사용하였다. 연구결과, 성격의 5요인은 6개의 홍미유형 모두를 반영하지는 않는 것으로 나타났는데, 5요인 검사는 직업흥미, 가치관, 신념과 같은 측면을 주된 측정 영역으로 삼고 있는 흥미검사와는 다른 영역을 측정하며, 개념적 유사성에도 불구하고 충분히 상보적으로 사용될 수 있음을 확인하였다. 즉, 흥미검사는 직업의 선택과 관계된 예측을 하는 데 효과적이며, 성격검사는 직업선택 후 수행수준을 예측함에 있어서 타당하다는 점은 여러 연구(민병모 외, 1997; 유태용, 김명언, 이도형, 1997; 유태용, 이도형, 1997)에서 입증된 바, 직업흥미검사와 더불어 성격검사를 함께 사용하는 것이 바람직할 것으로 보았다.

그 밖에도 중학생 420명을 대상으로 한 문승태, 강남규(2005)의 연구에서는 NEO-PI와 안창규(1996)의 '진로탐색검사' 를 사용하였는데, 성격이 직업흥미유형의 하위변인인 실제형(R)에는 설명력이 없었으나, 탐구형(I), 예술형(A), 사회형(S), 기업가형(E), 관습형(C)에서는 설명력을 가지는 것으로 나타났다. 즉, 중학생들은 개방성이 높으면, 탐구, 예술, 기업가적인 직업을 선호하고, 외향성이 높으면 예술, 사회, 기업가적인 직업을 선호하며, 성실성이 높으면 탐구, 기업, 관습적인 직업을 선호하는 것으로 나타났다. 따라서 직업정보를 제공할 때, 성격 등의 적성검사를 한 후 다양한 직업정보를 제공해 주어야 한다고 보았다. 그러나 이러한 연구결과는 부분적으로만 기존의 연구결과들과 일치되고 있는데, 분석 방법 및 해석에 있어서 좀 더 타당성 있는 접근이 필요해 보인다.

(2) MBTI 성격유형과의 관계 연구

국내에서 이루어진 Holland 이론과 MBTI 비교연구는 비교적 활발히 진행되어 왔다. 주로 고등학생(이종승, 박재조, 2000)과 대학생(김정신, 정민자, 1999; 탁진국, 2003), 여자대학생(박경, 강문희, 2000; 박명순, 2002; 이병임, 정순례, 2003)을 대상으로 하였다.

탁진국(2003)은 서울 2개 대학 518명을 대상으로 스트롱 흥미검사와 MBTI가 어떻게 관련되어 있으며, 남녀별로 어떻게 다르게 나타나는지 알아봄으로써 개인에게 보다 적합한 직업정보를 제공하기 위한 기본 모형을 제시하고자 하였다. 유의한 관계를 확인하였으며 남녀 성별에 따라 유사점과 차이점이 있는 것으로 나타났고, 이에 따른 상담방법을 제시하였다. 그러나 이러한 탁진국(2003)의 연구결과는 박경과 강문희(2000)의 연구결과와는 다소 차이점이 많은 것으로 나타났는데, 박경과 강문희(2000)의 연구에서는 내향적일수록 관습적인 경향이 증가하고, 예술적이고 기업적인 경향은 감소하였으며, 감각적인 성향일수록 관습적인 경향이 높고 예술적 경향은 감소하였다. 또한 사고적인 성향일수록 실제적, 탐구적, 관습적 성향 높고, 사회적이고 기업적인 면은 감소하였으며, MBTI의 사고형일수록 사회형에 속할 가능성이 감소하였고, 감정적인 사람일수록 실제적인 경향이 감소하였다. 탁진국(2003)의 연구에서는 실제형과 탐구형, 관습형이 MBTI의 T지표와 정적으로, 사회형과 기업형과는 역상관이 있는 것으로 나타났다.

또한 김정신과 정민자(1999)의 연구는 남녀 대학생 219명을 대상으로 하였는데, 가장 높은 정적 상관은 직관형과 예술형, 판단형과 관습형, 감각형과 관습형으로, 부적 상관은 감각형과 예술형, 내향형과 사회형, 인식형과 관습형인 것으로 나타났고, 이종승과 박재조(2002)의 연구에서는 외향 선호 경향은 사업형이 가장 높고 사무형이 가장 낮았으며, 내향 및 감각 선호 경향은 사무형이 가장 높고 예술형이 가장 낮게, 사고 선호 경향성은 탐구형이 가장 높고 사회형이 가장 낮게, 판단 선호 경향은 사무형이 가장 높고 실제형이 가장 낮은 것으로 나타났다. 박명순(2002)은 전문대 여대생 548명을 대상으로 한 연구에서 감각형과 직관형의 차이가 두드러진 결과를 제시하였다. 즉, 외향형은 예술형, 사회형, 기업형과 상관이 있으며, 직관형은 탐구형, 예술형, 관습형과 상관, 사고형은 실제형, 탐구형, 기업형, 관습형과 상관, 감정형은 사회형과 상관이 있는 것으로 나타났다.

전반적으로 볼 때, MBTI의 외향은 Holland의 예술형, 기업형과(박경, 강문희, 2000; 김정신, 정민자, 1999; 이종승, 2002; 박명순, 2002), 감각은 관습형과(박경, 강문희, 2000; 김정신, 정민자, 1999; 이종승, 2002), 사고는 탐구형과(박경, 강문희, 2000; 김정신, 정민자, 1999; 이종승, 2002; 박명순, 2002; 탁진국, 2003), 감정은 사회형과(박경, 강문희, 2000; 김정신, 정민자, 1999; 이종승, 2002; 박명순, 2002; 탁진국, 2003) 정적 상관이 있는 것으로 볼 수 있다.

끝으로 이병임, 정순례(2003)는 전문대 여학생 125명 대상으로 MBTI 및 Holland 유형과 학업성취도 관계를 검토하였다. 결과에 따르면, I, S, C 유형이 학업성취도와 정적 상관을, 실제형과는 부적 상관을 나타냈다. 이는 관습적, 사회적 유형이 학업성취도에 영향을 미친다는 최동선(1997)의 연구와 불일치한다.

3) 주요 개념의 타당성 연구

Holland(1997)는 변별성이 높은 사람이 변별성이 높은 직업과 상호작용할 때 개인의 직업만족도나 성취도 등을 잘 예언할 수 있으나, 변별성이 낮은 사람이 낮은 직업과 상호작용할 때는 이에 대한 예측력이 떨어진다고 가정하였다. 이러한 가정은 많은 연구에 의해 검증되어 왔는데, Holland, Gottfredson과 Nafziger(1975)는 일관성과 변별성이 진로결정을 보다 자율적으로 만들고 진로선택의 안정성과 관련이 있다고 결론지었다. 또한 Gottfredson과 Holland(1990)는 일치성이 직업만족도와 의미있는 관련이 있음을 보여 주었다. 이러한 일치성, 일관성, 변별성 등과 관련된 국내 연구는 주로 고등학생(구남희, 1998; 안창규, 최태진, 홍준자, 2005; 최동선, 정철영; 1996, 1997), 대학생(김지현, 박관성, 2007), 성인(곽필순, 김봉환, 2005)을 대상으로 이루어졌으며, 관련변인 역시 직무만족 및 진로만족(곽필순, 김봉환, 2005; 김지현, 박관성, 2007), 진로결정수준(김지현, 박관성, 2007), 직업가치관(최동선, 정철영, 1996), 교육적 행동(최동선, 정철영, 1997), 의사결정(구남희, 1998; 안창규 외, 2005) 등으로 다양하다.

위의 국내 연구결과에 따르면, 일치성, 일관성, 변별성에 대한 가정은 서로 혼재되어 있다. 즉, 대학생을 대상으로 한 김지현, 박관성(2007)의 연구에서는 일치성과 진로만족도 및 결정수준의 단순 상관관계는 만족스럽지 못한 것으로 나타났고, 다만 변별성이 진로만족도나 진로결정을 더 의미 있게 설명하는 것으로 나타났다. 이는 일치성이 학과만족도와 더 큰 상관이 있다는 연구(황매향, 2004)와는 또 불일치하지만, 성인들의 일치성과 직무만족도를 다룬 곽필순, 김봉환(2005)의 연구결과와는 일치한다. 그 밖에도 최동선, 정철영(1996, 1997)의 연구에서는 고등학생의 직업가치관이나 학업성취와 같은 교육적 행동에 있어서 일관성이나 변별성 가설을 입증하지 못하였다. 하지만 의사결정을 다룬 두 연구(구남희, 1998; 안창규 외, 2005)에서는 일관성, 변별성의 타당성을 각각 확인하였다. 결과적으로, 가설이 지지된 몇몇 연구에서는 변별성에 따른 개입방법의 차별화나 각기 다른 특성에 대한 이해의 필요성을 언급하고 있지만, 여전히 많은 연구들은 이러한 혼재된 결과에 대해 문화적 차이나 측정의 문제 등을 제기하고 있는 실정이다.

4) 문화적 타당도 및 구성타당도 검증 연구

Holland(1997)가 자신의 기본 가정에 대한 다양한 문화적 타당도 연구결과를 제시하고 있지만, 많은 다른 연구자들에 의해 Holland 이론의 문화 간 타당도에 대한 의문은 지속적으로 제기되어 왔다. 과연 미국의 백인, 즉 표준집단이 아닌 다른 문화집단에서도 Holland가 제시한 6가지 성격유형(RIASEC)이 과연 동일하게 존재하는지와 그 순서는 어떠한지, 정육각형의 형태인지 아닌지, 성별에 따른 차이는 없는지 등에 대한 연구다. 이에 대한 가정은 주로, 원형순서 모형(Circular-order model)과 육각형 모형 혹은 주변 관계가설(equdistance hexagonal model 혹은 circumplex model)에 근거한다. 이때 원형순서 모형은 6가지 유형이 RIASEC의 순서로 나타나는지와 인접한 유형이 덜 인접한 유형보다 또는 반대편 유형보다 상관이 높다는 가정이며, 육각형 모형 혹은 주변 관계가설은 6가지 흥미유형들이 각각 같은 거리를 두고 위치하는 정육각형의 관계에 있다는 것이다(Rounds, Tracy, & Hubett, 1992). 많은 연구결과에 따르면 이러한 가정은 다른 문화권에서는 일치하지 않거나 혹은 덜 지지되는 것으로 나타나 성별, 인종, 문화에 따른 구분 없이 적용되는 것에 한계를 지적하고 있다(Gati, 1991; Hanse, 1987; Hansen et al., 1993; Rouns & Tracey, 1996). 특히, Holland(1992, 1997)가 제시한 "우리 문화에서(in our culture) 대부분의 사람은 6가지 유형 중 하나로 분류될 수 있다."라는 첫 번째 가정에서 알 수 있듯이, 흥미의 발달에 문화적 영향이 얼마나 지대한지에 대해 주의를 기울일 필요가 있다.

국내에서도 최근 이와 관련하여 연구가 활발하다. 공윤정(2005)은 Holland 이론의 직업흥미 구조, 흥미와 직업행동과의 관련성을 경험적으로 검증한 1991~2005년까지의 국내 논문들을 중심으로 총 11편을 분석하였는데, 한 연구를 제외하고는(서민희, 성태제, 2001) 유형들 간의 상관에 대한 가정(예: RI>RA>RS)이 평균적으로 지지되는 것으로 나타났다(김정택, 김명준, 심혜숙, 2004; 성태제, 시기자, 2001; 안창규, 1996; 이종승, 2002; 임언, 진미석, 2001). 또한 Holland의 6가지 유형에 관한 요인분석결과 비교적 분명히 드러나는 요인은 R, I, A, S이며 E와 C가 한 요인으로 묶여 나타나는 것으로 보았다. 그 밖에도 직업흥미의 유형과 구조에 관하여는 대체적으로 흥미의 순서는 지지받지만, 흥미유형 간의 동일한 거리, 즉 정육각형의 구조는 대상 집단에 따라 다르게 나타났다. 즉, 중·고등학생을 대상으로 한 연구(예: 김정택 외, 2004; 서민희, 성태제, 2001; 성태제, 시기자, 2001; 안창규, 1996; 이현림, 최창식, 박인숙, 2004; 임언, 진미석,

2001; 최동선, 정철영, 1997)에서 흥미는 순환 순서가설에 따르지 않는 결과가 많지만, 대학생의 흥미구조(김정택 외, 2004; 안창규, 1996; 이종승, 2002; 탁진국, 1995; 황매향, 2004)는 Holland가 제안한 흥미의 순서와 일치하는 순서를 나타낸다고 보았다. 즉, 가설은 아시아계 미국인, 일본의 대학생, 우리나라 중 · 고등학생들에게는 지지되지 않았고, 다만 우리나라 대학생들의 경우는 흥미구조가 육각형으로 나타난다는 증거가 두 연구에서 제시되었다.

그 밖에도 김완석, 허창구(2005)에 의하면, 탐구형과 실제형이 근접하고 사무형과 진취형이 근접함으로써 육각형 모형과 일치하지 않거나, 김희정(2007)의 연구에서는 순서는 지지되었으나 같은 거리를 두고 배치되었을 것이라는 가정, 즉 정육각형은 아닌 것으로 나타났다. 또한 대학생을 대상으로 한 이상희, 이제경(2008)의 연구에서는 전체적으로 IRASEC의 순서로 나타났으나, 직업흥미구조는 정육각형이 아닌 육각형 모형으로 나타났다. 또한 국내외 많은 연구에서 성별에 따른 차이가 확인되고 있는데, 이는 두 가지 관점에서 확인할 수 있다. 하나는 남여에 따른 선호유형의 차이이다. 즉, 국내외 많은 연구에서 남자는 R과 I, 여자는 S와 A를 주로 선호하는 것으로 나타나는데(김정택 외, 2004; 안창규, 1996; 최동선, 정철영, 1997; 황매향, 2004), 이는 성역할 사회화에 따른 결과라고 볼 수 있다. 다른 하나는, 순환 순서나 육각형 모양에 관한 차이인데, 이상희, 이제경(2008)의 연구에서 보면, 남자는 RIASEC로 나타났지만, 여자의 경우 IRASEC로 나타나 성별에 따른 차이가 확인되었다. 이를 통해 남학생은 비교적 Holland의 모형에 가깝게는 나타났으나 완벽히 육각형 모형을 나타내지는 못하였고, 여학생은 더 이탈된 모습을 보인 김희정(2007)의 연구와 어느 정도 일치하며, 탁진국(1995)의 "여자의 직업흥미구조가 정육각형에 근접한다."는 연구결과와는 다르지만, 오히려 Holland(1985)가 "여성에 대한 자료는 남성의 자료보다 더 기이해질 수 있다."는 주장과 일치하는 것으로 볼 수 있다. 그 밖에도 성별에 따라 남자는 SE를, 여자는 RI

를 유사하게 인식하는 것으로 나타나는데(김완석, 허창구, 2005; 김희정, 2007; 허창구, 2002; Fouad et al., 1997), 특히 몇몇 연구(예: 김희정, 2007; 이상희 외, 2008)에서 보면, 여학생의 경우는 R과 I가 매우 가깝게 모여 나타난다. 이는 한국 사회에서 남녀가 가지는 직업에 대한 인식의 차이를 보여주는 것으로서 각자 사회문화적으로 기대되는 성역할과 직업에 대한 이해가 다르게 형성되는 것으로 볼 수 있다.

끝으로, 우리나라의 경우 이론을 무조건 받아들여 이를 응용한 연구가 주를 이루며, 이론연구는 3편에 불과하다(공윤정, 2005). 특히, 프로그램 개발이나 효과연구는 학위논문 위주로 활발히 이루어지고 있는데, 이 장에서는 다루지 않았으나 무엇보다 이론의 기본 가정과 측정도구에 대한 타당성 검토가 우선적으로 필요할 것으로 보인다.

3. 한국 내담자에 대한 적용 가능성

지금까지 Holland 성격특성 이론의 주요 가정 및 원리를 살펴보고, 국내에서 이루어진 연구동향을 정리해 보았다. Holland 이론은 우리나라에서도 매우 다양한 상담현장에서 활용되고 있다. 상담 및 진로지도 현장에서의 검사해석은 물론, 각종 진로 집단 프로그램의 개발에서 기초 이론으로서 그 어떤 이론보다도 많이 활용되고 있다. 특히, 1999년부터 2000년 1/4분기까지 전국 16개 시 · 도 청소년종합상담실에서는 Holland 이론에 기초한 적성탐색검사 및 진로탐색검사(1,169건)와 노동부 직업흥미검사(714건)를 많이 사용한 것으로 나타났으며(김영빈, 2000), 전국 고용지원센터에서는 1998년부터 구직자와 청소년에 대한 직업선택과 진로지도를 위하여 직업선호도검사 및 청소년용 직업흥미검사가 개발 · 보급되어, 2001년 507,879건 및 2002년 642,103건의 검사가 실시되었다(노동부, 2003). 그 밖에도 대부분의 대학에 설치된 학생상담센터와 진로 · 취업관련 센터에서는 Holland 이론에 근거한 검사와 각종 집단 프로그램을 실시해 오고 있다.

여기서는 궁극적으로 Holland 이론이 한국의 내담자에게 올바르게 적용되고 유용하게 활용될 수 있는 적용 가능성과 추후 연구에서 시도해야 할 측면들을 제시하고자 한다.

1) 검사해석에서의 적용

우선, 일치성을 해석하는 데 있어서는 일차적으로 개인의 흥미유형과 직업유형이 일치하는가에 적용할 수 있지만, 또 다른 하나는 표현된 흥미, 즉 희망직업들의 성격특성 유형과 측정된(assessed) 흥미 간의 일치여부에 적용할 수 있다. 즉, 내담자의 희망직업 코드가 SDS 검사 종합 코드와 일치한다면 아마도 이 내담자는 안정적이고 체계적인 방식으로 자신의 흥미와 가능성에 대해서 생각하고 있다고 볼 수 있는데, Holland 등(1994)은 내담자의 현재 포부와 SDS 검사결과 첫 코드가 일치하면, 자신의 포부를 지속적으로 유지하기 쉽다고 보았다.

하지만 많은 연구자들이 직업적 성격유형을 이해하는 데 있어서 그 나라의 문화적 특성을 이해하는 것이 얼마나 중요하고 필요한지에 대한 언급하고 있고(최태진, 2006; Osipow & Fitzgerald, 1996; Spokane et al., 2001), Holland(2004)가 제시한 첫 번째 가정 역시 사람을 6가지 성격유형 중 하나로 분류하는 데 있어서 함께 언급된 것이 바로 '문화적 측면(in our culture)' 이라는 점에서 직업적 성격유형은 사람들이 그들의 문화 속에서 성장해 오면서 익힌 익숙한 방법으로 정해지며, 문화가 다르다면 그 직업적 성격유형 또한 달라질 수 있음에 유의해야 한다.

즉, Holland 이론은 유럽계 백인남성의 흥미구조를 반영한 것이며, 우리나라의 중고생이나 대학생, 성인의 경우 연구결과가 모두 상이하였다는 점에서 이론을 적용하는 데 주의할 필요가 있다. 이러한 점을 고려할 때, 우리는 검사해석 과정에서 일치성, 일관성, 변별성 등의 주요 가정이 여러 연구에서 입증에 실패하는 등 일관된 결과를 보이지 않는다는 점에서 우리나라의 상담현장에서는 좀 더 주의 깊은 접근이 필요하다. 특히, Holland, Powell과 Fritzsche(1994)는 고등학생, 대학생, 성인 표집에서 다양한 코드를 보고했는데, 어떤 조합(예: AC, CA)은 드물게 나타났다. 이는 어떤 사람이 드문 코드 조합을 보일 수도 있다는 점에서, 이렇게 SDS 검사결과 '흔하지 않은 코드(rare code)'는 흥미유형의 발달과정이나 특성에 대한 이해를 위한 보다 깊은 탐색이 이루어질 필요가 있다(Reardon & Lenz, 1999).

많은 연구자들이 제기한 바와 같이, 우리나라의 상담현장에서도 대각선 유형의 해석에서 주의가 필요하다. 이는 일관도가 낮은 것을 미성숙으로 보거나 혹은 흥미의 미분화로 해석하는 데 있어서 신중할 필요가 있다는 것이다. 사실, 일관성이 낮은 유형은 상담의 실제에서 많이 볼 수 있는데, 무조건적으로 부정적인 해석을 하기보다는 그러한 흥미유형의 발달과정에 대한 이해를 돕는 탐색적 해석을 통해 내담자의 자기 이해를 돕는 것이 도움이 될 수 있다. 특히, 일관성에 대한 설명은 우리나라 중 · 고등학생 대상의 진로상담에서는 적용하기 어렵다(공윤정, 2005). 이는 Holland가 언급하였듯이, 흥미의 발달과정은 개인의 재능이 발달된 결과이며, 성격유형은 18세에서 30세 사이에 가장 잘 드러난다. 따라서 청소년들을 대상으로 한 상담현장에서 검사결과를 단정적으로 적용하거나 부정적으로만 해석하는 것은 바람직하지 못한 결과를 초래할 수 있다.

2) 상담전략 및 개입방법으로서의 Holland 이론 활용

Rayman과 Atanasoff(1999)는 Holland 이론에 기초한 개입이 효과가 있는 이유를 전 세계적으로 가장 폭넓게 사용된 SDS 검사와 관련하여 언급하였다. 즉, Holland 이론에 근거한 SDS는 측정뿐 아니라, 치료도구로 사용된다는 것이다. 스스로 검사를 실시하고, 채점하며, 스스로 해석하는 과정(Holland & Rayman, 1986)이 치료 효과를 낳는다. 또한 이러한 과정 특성상 내담자에게 검사결과에 대한 철저한 비밀보장이 되며, 그 밖에도 Holland 유형에 따른 진로개입의 방식도 결정될 수 있다. 예를 들어, 개인상담, 집단상담, 컴퓨터 보조상담, 자조(self-help) 자료로의 활용, 워크숍, 수업 등 Holland 이론은 특정 유형의 내담자에게 어떤 개입이 적합할지를 선택하는 데 근거가 된다.

또한 Reardon과 Lenz(1999)는 어떻게 상담자들이 Holland 모형과 방법을 진로사정 장면에서 사용하는지 보여 준다. 특히, Holland(1997)가 제안했듯이, 대부분의 사람들은 자신의 진로나 직업에 대해서 '각자의 진로이론(Personal career theory: PCT)' 을 가지고 있다. 즉, PCT는 개인이 직업을 정하거나 혹은 학업분야를 선택할 때 개인을 안내하는 일종의 믿음, 생각, 가정, 지식이다. 이는 왜 그들이 그 분야에서 머무는지를 설명해 주며, 혹은 의사결정을 내리는 데 사용되기도 한다. Holland는 진로선택문제는 바로 이 PCT의 세 가지로부터 나온다고 보았다. 첫째가 개인적인 특성(personal characteristics), 둘째는 직업관련 지식, 셋째는 한 개인의 의사결정 기술(translation units)이 취약하거나 혹은 만성적인 취약함(많은 부정적인 진로 관련 생각이나 낮은 직업적 정체성)을 보이는 경우, 보다 진로조력이 필요하다고 보았다.

특히, 대부분의 상담자들은 내담자의 성격유형을 이해하는 데 있어서 3개의 높은 코드와 직업에만 초점을 맞추는데, 하지만 SDS를 해석하는 데 있어서 상담자는 내담자의 성격특성을 고려해야 할 것이다. 특히, 내담자의 PCT를 중심으로 이것이 어떻게 진로문제를 해결하고 혹은 의사결정과정에서 도움이 되거나 방해가 되는지 살펴보아야 한다. 즉, 코드가 의미하는 홍미, 특질, 다른 특성들을 고려할 필요가 있다. 즉, S나 I 코드의 점수가 높은 내담자의 경우, 진로결정과 관련된 과제들을 타협해 나가는 능력 면에서 어떻게 작용하는지 혹은 상담자는 RIASEC 코드를 성격이론으로 이용함으로써 내담자를 더 많이 알게 되고, SDS를 풍부히 해석할 수 있다.

그 밖에도 상담 장면에서 내담자의 일관성을 높이는 것이 상담의 목표는 아니다. 오히려 내담자가 자신의 특성을 자각하도록 돕는 데 있다. 즉, 일관성이 낮은 내담자들의 경우 자신의 다양한 성격적 특성을 나타낼 수 있는 직업적 환경을 찾는 게 어려울 수도 있음을 아는 것이 중요하다. 일관성이 낮은 내담자의 경우, 취미활동과 같은 직업 외적인 활동을 통해서 일에서 표현하지 못하는 성격적 특성을 나타낼 기회를 갖도록 할 수 있다. 예를 들어, RS의 사회사업가에게는 R과 관련된 취미나 부업을 하도록 권할 수 있다(Niles & Bowlsbey, 2005, p. 66). 또한 일관성이 낮은 내담자와는 내담자의 종합 코드를 가지고 논의를 하는 게 중요한다. 예를 들어, RSA(기술적인 능력이 높게 요구되면서도 사회적 기술이 높아야 하는 직업은 거의 없다.) 유형의 경우, 내담자는 이 직업에서 저 직업을 왔다 갔다 할 수 있는데, 즉 처음에는 실제형(R) 직업군에서 일하게 되면서 실제형 활동을 하고, 보상을 받다가 시간이 지나면서 사회적 활동의 기회가 없다는 것 때문에 점점 사회적 환경의 직업 쪽으로 옮겨가게 된다. 이때 직업을 바꾸게 되면, 처음에는 만족하게 되지만 점차 시간이 지나면서, 또 지나치게 사회적인 활동과 실제적 활동이 충족되지 못하면서 다시금 실제형 직업 쪽으로 옮겨가게 된다. 이러한 경우는 적절한 레저 활동을 통해서 해결하는 것이 필요하다(Holmberg, Rosen, & Holland, 1998).

또한 변별성을 높이기 위해서는 상담과정에서의 깊이 있는 대화와 탐색작업을 통해, 내담자가 자신의 흥미, 가치, 경험에 대해 이해하고, 6가지 유형의 다양한 가치를 분명히 하도록 하는 것이 필요하다. 모든 유형에 흥미가 없거나 자신의 능력을 낮게 평가하는 경우 의기소침함과 낮은 자존감을 다룰 필요가 있으며, 그간 내담자의 취미, 직업관련 경험, 여가 시간 등에 대한 이야기를 통해서 Holland의 성격유형에 맞추어 내담자를 개념화할 수 있다. 특히, 각 유형 간의 변별이 잘 안 되는 내담자의 경우

종종 몇 가지 이유에서 검토가 가능한데, 이는 Holland 환경에 따른 다양한 활동을 경험해 볼 기회가 없었던 경우, 의사결정에 어려움이 있는 경우, 너무 다방면에 재능이 뛰어난 경우, 혹은 우울한 경우 등에 검토해 볼 수 있다(Niles & Bowlsbey, 2005, p. 68-69).

Rosenberg와 Smith(1985)는 Holland 유형에 따른 진로상담 전략에 대해서 말했는데, 예를 들면 탐구형 내담자의 경우 상담자는 내담자로 하여금 컴퓨터를 이용한 안내시스템이나 워크북 같은 개입을 함으로써 그들의 진로문제해결이나 의사결정을 도울 수 있다고 제안하였다(Reardon & Lenz, 1999). 혹은 Holland 유형에 따라 장애를 만나거나 혹은 스트레스 상황에서 각 유형의 반응이 다를 수 있다는 점에서, 내담자에 대한 이해를 깊이 할 수 있다. 즉, R유형은 신체적인 반응을 하기 쉽고, 탐구형은 부인이나 합리화, 예술형은 기이한 경험, 사회적 유형은 우울증, 기업가형은 조종(manipulate), 관습형은 강박적인 반응을 나타낼 수 있다는 것이다(Spokane, Luchetta, & Richwine, 2002).

지금까지 살펴본 바와 같이, 상담 장면에서는 Holland 검사의 결과에 대한 해석도 중요하겠지만 검사에서 측정하고자 하는 바 혹은 이론에서 가정하는 바에 근거하여 내담자 자신의 이해를 돕고 진로발달을 촉진하는 개입이 더 중요하다. 즉, 어느 어느 유형으로 나왔느냐와 같은 결과 중심적 접근보다는 흥미와 성격적 특성을 중심으로 한 자신에 대한 이해(환경의 이해, 발달과정, 가치, 효능감 등)를 높이는 것이 더 중요하다.

3) Holland 이론 전문가 교육과 훈련의 필요성

Holland(Holland, Powell, & Fritzsche, 1994)는 내담자에게 검사해석을 할 때 혹은 관련된 도구를 사용할 때, 상담자가 절대 자신의 고유한 전문가적 판단과 관찰력을 잃어서는 안 된다고 누누이 강조하였다. 또한 SDS 범주 밖의 요인이기는 하지만, 그럼에도 불구하고 사회학적, 생물학적,

경제적 요인들을 함께 고려해서 해석해야 한다고 보았다(Reardon & Lenz, 1999). 즉, 이론을 내담자에게 적용하고 활용하는 주체는 상담자다. 따라서 검사 및 집단 활동 전문가의 이론에 대한 깊이 있는 이해는 필수적이다. 하지만 현재는 유형론에 입각하여 지나치게 단순히 해석되거나 적용되는 측면이 강하며, 이로 인한 부작용이나 이론의 왜곡이 있을 수 있다는 점에서 우려의 목소리가 높다.

우리나라의 경우도 Holland 이론이 간결하고도 쉽게 이해된다는 점에서 상담 장면은 물론, 학교, 기업체, 공공기관, 사설기관 등 다양한 장면에서 사용되고 있다. 하지만 이론에 대한 정확하고 깊이 있는 이해와 적용을 위한 교육이나 훈련은 상대적으로 취약하다. 특히, 스트롱 검사를 제외한 나머지 관련 검사도구의 보급과정도 크게 자격에 제한을 두고 있지 않으며, 전문가로서의 훈련에 필수적인 이론과 검사해석에 대한 표준화된 교육이나 훈련이 부재한 실정에서 추후 슈퍼비전이나 보수교육 등이 필요하다. 그럴 때만이, 전문가로서의 판단(professional Judgement)이나 견해가 의미 있게 작용할 것이다.

4) 추후 연구를 위한 제언

지금까지 Holland 이론과 관련하여 사용할 수 있는 많은 도구들이 개발되어 왔다. 하지만 우리나라에서 현재 사용되고 있는 검사도구들은 매우 제한적이다. 더 많은 검사도구의 도입 및 타당화 작업이 필요하다. 또한 다른 흥미유형을 가진 사람들의 직업행동이 실제로 구분되는지에 대한 타당성 연구에 대한 필요성이 제기되었다. 즉, 실제로 직업을 갖고 있는 성인들 대상의 연구가 많이 필요하다는 것이다.

특히, 성격발달에 대한 종단적 연구가 필요하다. 지금까지 Holland 이론의 일치성 연구는 대부분 한 시점을 기준으로 이루어졌는데, Holland가 말한 대로 사람이 자신과 일치되는 환경을 추구하고, 환경 역시 일치하는 사람을 끌어들인다는 점에서, 이러한 가정은 과정을 의미하며, 고정된 시점이 아니다. 하지만 그 어떤 연구도 이러한 관점에서 시간에 따라 연구 설계한 것을 찾아볼 수가 없다(Chartrand & Walsh, 1999). 따라서 횡단적인 연구뿐 아니라, 시간에 따른 일치성을 측정하는 다양한 방법의 연구가 시행될 필요가 있고, 환경을 보다 정확히 측정해야 할 필요성이 제기된다.

끝으로 이 장에서는 다루지 않았으나 국내 학위논문의 경우 Holland 이론에 따른 진로상담 프로그램 개발과 효과성 연구가 많다. 대부분의 연구에서 그 효과를 관련 요인별로 확인하고 있는데, 이에 앞서 6가지 구인의 타당성과 모형에 대한 문화적 타당성에 대한 이해가 우선시되어야 할 것으로 보인다. 특히 대학생을 포함한 청소년들을 대상으로 한 상담 장면에서 집단상담 프로그램을 적용하는 경우가 많기 때문에 연구자 및 진행자의 이론에 대한 더욱 깊이 있는 이해와 활용이 필수적이다.

❏❏ 요 약

Holland의 성격이론은 가장 대표적인 진로이론 중의 하나로 국내외적으로 그 어떤 이론보다도 상담 연구와 실제에서 폭넓게 활용되고 있다. 무엇보다 대부분의 사람은 6가지의 성격유형(R, I, A, S, E, C)으로 나눌 수 있고, 직업 환경 또한 6가지(R, I, A, S, E, C)로 분류할 수 있다는 가정하에 일관성, 변별성, 정체성, 일치성, 계측성 등의 부가적 가정들은 개인의 흥미와 직업환경과의 관계를 보다 체계적으로 설명하고 있다. 이에 국내에서도 Holland 이론과 관련된 검사도구의 표준화 및 타당화 연구, 흥미유형과 성격검사 관련연구, 주요 개념(일치성, 일관성, 변별성)의 타당성 연구, 문화적 타당도 및 구성타당도 검증 연구 등 다양한 연구가 시도되고 있다. 이 장에서는 이러한 이론의 기본 가정과 국내 연구동향에 대한 소개를 토대로, 한국 내담자에 대한 실제적 적용 가능성에 대해

검사해석에서의 적용, 상담전략 및 개입방법으로서의 활용, Holland 이론 전문가 교육과 훈련, 추후 연구를 위한 제언이라는 측면에서 다루었다.

참고문헌

공윤정(2005). Holland 이론의 문화적 적합성에 관한 이론적 고찰. 상담학연구, 6(4), 1225-1244.

곽필순, 김봉환(2005). Holland의 직업성격과 직업환경의 일치도 및 직무만족도와의 관계 연구. 상담학연구, 6(3), 837-848.

구남희(1998). Holland의 진로유형에 따른 진로의사결정 특징에 관한 연구. 한국진로상담학회지, 3(1), 123-139.

김봉환, 정철영, 김병석(2006). 학교진로상담(2판). 서울: 학지사.

김영빈(2000). 청소년 상담에서 심리검사 활용실태에 관한 연구. 서울대학교 석사학위 청구논문.

김완석, 이성준(2005). Holland식 흥미검사의 하위척도인 직업선호 척도의 타당성 연구. 한국심리학회 연차학술대회발표논문집, 218-219.

김완석, 허창구(2005). Holland 육각형 모형의 구성타당성 검증. 한국심리학회 연차학술대회발표논문집, 216-217.

김정신, 정민자(1999). MBTI에 의한 심리유형과 Holland의 직업적 성격유형과의 관계. 한국여성교양학회지, 6, 25-54.

김정택, 김명준, 심혜숙(2004). 한국 스트롱 직업흥미 검사 표준화 연구. 한국심리학회지: 상담 및 심리치료, 16(3), 383-405.

김지현, 박관성(2007). 교직진출 희망자의 진로만족 및 결정수준과 Holland 직업흥미 이론에서의 일치성, 일관성, 변별성. 진로교육연구, 20(3), 43-53.

김희정(2007). 한국대학생을 위한 Holland 직업흥미 모델의 적용성에 관한 연구. 상담학연구, 8(2), 603-619.

노동백서(2003). 경기도: 노동부.

노동부(2003). 노동백서(2003). 경기도: 노동부.

문승태, 강남규(2005). 중학생의 성격과 Holland의 직업흥미유형과의 관계. 진로교육연구, 86-97.

민병모, 이경임, 정재창(1997). NEO 인성검사. 서울: PSI 컨설팅.
박경, 강문희(2000). MBTI 성격유형과 Holland의 직업적 유형과의 관계. 한국심리학회지: 상담 및 심리치료, 12(1), 109-125.
박동건, 김성훈, 허영운(1999). Holland 흥미모형과 5요인 성격 모형 간의 관계에 대한 경험적 연구. 한국심리학회지: 산업 및 조직, 12(1), 95-112.
박명순(2002). 여대생의 성격유형과 직업선호의 관계에 관한 연구. 교육심리연구, 16(4), 105-122.
서민희, 성태제(2001). 한국 고등학생에 대한 Holland 직업흥미이론의 문화적 타당도 평가. 교육평가연구, 14(1), 237-262.
성태제, 시기자(2001). Holland와 Prediger의 직업흥미이론에 근거한 고등학생용 직업선호도 검사 개발과 양호도 검증. 교육심리연구, 15(4), 269-295.
신영옥(1998). Holland의 직업적 성격유형과 MBTI에 의한 심리유형 간의 관계. 부산대학교 석사학위 청구논문.
안창규(1996). 진로 및 적성탐색검사의 해석과 활용. 서울: 한국가이던스.
안창규, 안현의(2004). 홀랜드 직업선택이론. 서울: 한국가이던스.
안창규, 최태진, 홍준자(2005). Holland의 직업적 성격유형에 따른 고등학생의 의사결정방식. 상담학연구, 6(2), 449-468.
유태용, 이도형(1997). 다양한 직군에서의 성격의 5요인과 직무수행과의 관계. 기업경영연구, 5, 69-94. 광운대학교 기업경영연구소.
이병임, 정순례(2003). 전문대 여학생의 MBTI 성격유형 및 Holland 직업선호도 유형과 학업성취도의 관계. 교육심리연구, 17(2), 127-145.
이상희, 이제경(2008). 한국사회에서의 Holland 이론에 대한 문화적 타당도 연구. 아시아교육연구, 9(2), 229-250.
이종승(2002). 대학생용 진로탐색 개발연구. 교육학연구, 40(4), 1-29.
이종승(2003). Holland의 직업적 성격유형론 탐구. 교육학연구, 41(3), 1-18.
이종승, 박재조(2002). 직업성격 유형 및 직업환경 유형과 MBTI 선호경향성의 관계분석. 교육심리연구, 16(3), 161-179.
이현림, 김영숙(1997). 진로선택에 있어서 Holland의 성격이론에 대한 고찰. 한국교육, 24(1), 59-85.
이현림, 최창식, 박인숙(2004). 일반계 고등학교 학생의 인성유형과 진로선택 경향의 분석. 상담학연구, 5(4), 1081-1094.
이희영(2008). 진로선택 및 발달이론의 통합에 관한 소고. 수산해양교육연구, 20(2),

201-208.

임언, 진미석(2001). 홀랜드 모형의 적합성에 대한 실증적 연구. 진로교육연구, 107-119.

임은경(1997). 진로상담을 위한 Super와 Holland 이론의 통합. 한국진로상담학회지, 2(1), 87-107.

정철영(1991). Holland와 Dawis-Lofquist의 진로발달이론: 비교 및 대조. 한국직업교육연구, 98-105.

천석준, 이기학(2008). 대학생의 진로결정과정에서의 Hollan 흥미유형별 내적·맥락적 장벽 요인의 효과모형 검증 연구. 한국심리학회지: 상담 및 심리치료, 20(2), 407-430.

최동선, 정철영(1996). 고등학생의 직업적 성격과 직업가치관과의 관계분석. 직업교육연구, 15(2), 1-18.

최동선, 정철영(1997). Holland의 직업적 성격과 교육적 행동양식과의 관계분석. 진로교육연구, 7, 187-203.

최태진(2006). Holland의 RIASEC 직업선택 유형과 문화가치 성향. 상담학연구, 7, 467-484.

탁진국(1995). 한국 대학생을 대상으로 한 Holland 직업흥미 모형의 구성타당도 검증. 광운대학교 인문사회과학대학 논문집, 24, 9-19.

탁진국(2003). 직업안내를 위한 흥미와 성격의 통합: Strong 흥미검사와 MBTI를 중심으로. 한국심리학회지: 산업 및 조직, 16(3), 59-74.

황매향(2004). 대학생의 진로선택을 중심으로 한 Holland 이론의 문화간 타당화 연구. 한국심리학회지: 상담 및 심리치료, 16(4), 653-666.

Borgen, F. (1991). Megatrends and milestones in vocational behavior: A 20-year counseling psychology retrospectives. *Journal of Vocational Behavior, 39,* 263-290.

Brown, D. (2002). *Career Choice and Development* (4th ed.). Jossey-Bass. A Wiley Company, CA.

Campbell, D. P., & Borgen, F. H. (1999). Holland' s theory and the development of interest inventories. *Journal of Vocational Behavior, 55,* 86-101.

Costa, P. T., Jr., McCrae, R. R., & Holland, J. L. (1984). Personality and vocational interests in adulthood. *Journal of Applied Psychology, 69,* 390–400.

Dawis, R. W. (1996). Vocational psychology, vocational adjustment, and the workforce: Some familiar and unanticipated consequences. *Psychology, Public Policy, and Law, 2,* 229–248.

Fouad, N. A., Harmon, L. W., & Borgen, F. H. (1997). Structure of interests in employed male and female members of U. S. racial-ethic minority and nonminority groups. *Journal of Counseling Psychology, 44*(4), 339–345.

Gati, I. (1991). The structure of vocational interests. *Psychological Bulletin, 109,* 309–324.

Gottfredson, G. D., & Holland, J. L. (1990). A longitudinal test of the influence of congruence: Job satisfaction, competency utilization, and conterproductive behavior. *Journal of Counseling Psychology, 37,* 389–398.

Gottfredson, G. D. (1999). John. L. Holland' s contribution to vocational psychology: A review and evaluation. *Journal of Vocational Behavior, 55,* 15–40.

Gottfredson, G. D., & Holland, J. L. (1991). *The Position Classification Inventory: Professional manual.* Odessa, FL: Psychological Assessment Resources.

Hansen, J. C. (1987). Cross-cultural research on vocational interests. *Measurement and Evaluation in Counseling and Development, 19,* 163–193.

Hansen, J. C., Collins, R. C., Swanson, J. L., & Fouad, N. A. (1993). Gender differences in the structure of interests. *Journal of Vocational Behavior, 42,* 200–211.

Holland, J. L. (1959). A theory of vocational choices. *Journal of Counseling Psychology, 6*(1), 35–45.

Holland, J. L. (1973). *Making Vocational Choices. A theory of Careers.* Englewood Cliffs, New jersey Prentice-Hall.

Holland, J. L. (1985). *Making vocational choices. A theory of vocational personalities and work environment* (2nd ed.). Englewood Cliffs, New Jersey Prentice-Hall.

Holland, J. L. (1992). *Making Vocational Choices. A theory of vocational personalities and work environment* (2nd ed.). Psychological Assessment Resources, Inc., Odessa, FL.

Holland, J. L. (1994). *The Self-Directed Search.* Odessa, FL: Psychological Assessment Resources, Inc.

Holland, J. L. (1997). *Making Vocational Choices. A theory of vocational personalities and work environment* (3rd ed.). Psychological Assessment Resources, Inc., Odessa, F.L.

Holland, J. L. (2004). *Making vocational choices: A theory of vocational personalities and work environments* (4th ed.). Odessa, FL: Psychological Assessment Resources.

Holland, J. L., & Gottfredson, G. D. (1976). Using a typology of persons and environments to explain careers: Some extensions and clarifications. *Counseling Psychologist, 6,* 20-29.

Holland, J. L., & Rayman, J. R. (1986). *The Self-Directed Search.* In Walsh, W. B., & Osipow, S. H. (Eds.), *Advances in vocational psychology: The assessment of interests* (pp. 55-82). Hillsdale, NJ: Erlbaum.

Holland, J. L., Gottfredson, G. D., & Nafziger, D. H. (1975). Testing the validity of some theoretical signs of vocational decision-making ability. *Journal of Counseling Psychology, 22,* 411-422.

Holland, J. L., Gottfredson, D. C., & Power, P. G. (1980). Some diagnostic scales for research in decision making and personality: Identity, information, and barriers. *Journal of Personality and Social Psychology, 22,* 1191-1200.

Holland, J. L., Powell, A., & Fritzsche, B. (1994). *SDS professional user' s guide.* Odessa, FL: Psychologycal Assessment Resources, Inc.

Holmberg, K., Rosen, D., & Holland, J. L. (1998). *The Leisure Activities Finder TM(LAF).* Odessa, FL: Psychological Assessment Resources, Inc.

Krumboltz, J. D. (1996). A learning theory of career counseling. In M. L.

Savickas & W. B. Walsh (Eds.), *Handbook of Career Counseling Theory and Practice*. Palo Alto, CA: Davies-Black Publishing.

Niles, S. G., & Bowlsbey, J. H. (2005). *Career Development Interventions in the 21st Century* (2nd ed.). Pearson Merrill Prentice Hall. New Jersey.

Osipow, S. H., & Fitzgerald, L. F. (1996). *Theories of Career Development* (4th ed.). Bostot: Allyn and Bacon.

Rayman, J., & Atanasoff, L. (1999). Holland's theory and career intervention; The power of hexagon. *Journal of Vocational Behavior, 55,* 114-126.

Reardon, R. C., & Lenz, J. G. (1999). Holland' s Theory and Career Assessment. *Journal of Vocational Behavior, 55,* 102-113.

Rosenberg, H. G., Smith, S. S. (1985, Spring). Six strategies for career counseling. *Journal of College Placement,* 42-46.

Rounds, J. B. (1995). Vocational Interest: Evaluating structural hypotheses. In D. Lubinski & R. V. Dawis (Eds.), *Assessing Individual Differences.* Palo Alto, CA. Davis-Black Publishing.

Rounds, J., & Tracey, T. J. (1996). Cross-cultural structural equivalence of RIASEC model and measures. *Journal of Counseling Psychology, 43,* 310-329.

Rounds, J., Tracy, T. J., & Hubett, L. (1992). Methods for evaluating vocational interest structural hypothesis. *Journal of Vocational Behavior, 40,* 239-259.

Savickas, M. L. (1997). Career adaptability: An integrative construct for life-span, life-space theory. *The Career Development Quarterly, 45,* 247-259.

Schinka, J. A., Dye, D. A., & Crutiss, G. (1997). Correspondence between Five-Factor and RIASEC Model of personality. *Journal of Personality Assessment, 68,* 355-368.

Sharf, R. S. (2006). *Applying Career Development Theory to Counseling.* Thomson Wadsworth. Brooks Cole.

Spokane, A. R., Fouad, N. A., & Swanson, J. E. (2001). *Culture-centered career intervention.* Paper presented at a symposium on career intervention (S. Whiston, Chair). San Francisco: American Psychological

Association.

Spokane, A. R., Luchetta, E. J., & Richwine, M. H. (2002). Holland's theory of personalitis in work environments. In D. Brown, & Associates (Eds.), *Career choice and development* (4rd ed., pp. 373–426). San Francisco: Jossey-Bass Publishers.

Tokar, D. M., & Swanson, J. L. (1995). Evaluation of the correspondence between Holland's vocational personality typology and the five-factor model personality. *Journal of Vocational Behavior, 46,* 89–108.

제3장

Super의 진로발달이론

이 장은 Super의 진로발달이론과 관련하여 다음과 같은 내용들에 대하여 살펴볼 것이다. 먼저 Super 이론의 주요 개념들을 탐색해 보고, 지금까지 국내에서 수행되었던 관련 연구결과들에 대하여 검토해 봄과 더불어 이러한 이해를 바탕으로 Super 이론을 한국의 진로상담 현장에 어떻게 적용할 수 있는지에 대해서 고찰해 볼 것이다.

1. Super의 진로발달이론 개관

Super의 진로발달이론은 현재까지 나온 진로이론 중에서 가장 포괄적이고 종합적인 이론이라고 할 수 있다. Super의 이론은 Ginzberg 등 종전 진로발달이론가들의 한계를 극복하고자 하는 노력에서 시작되었다. Ginzberg 등은 진로선택이란 단일한 의사결정 사건이 아니며 오히려 일종의 발달과정으로서 개인의 희망과 직업 가능성 간의 타협으로 보았다. 또한 진로발달과정을 3단계, 즉 환상기, 잠정기, 현실기에 이르는 20대까지로 파악하였으며, 개인의 진로의사결정에 관한 요인으로서 개인적 가치, 정서적 요인, 교육수준, 환경의 영향 등 4가지 요인을 제시하였다. 이에 대하여 Super는 Ginzberg의 이론이 진로의사결정과정에서 흥미의 역할을 충분히 고려하지 않았고 선택과 적응의 개념을 구분하지 못하고 있으며 진로선택과 관련된 타협의 과정을 설명하지 못한다고 지적하였다. Super는 이와 같이 동시대의 진로선택발달 이론가들의 이론을 반박하며 진로발달과정의 다양하고 복합적인 현상들을 아우를 수 있는 종합적인 이론을 만들고자 하였다. 이러한 그의 시도는 '전생애-생애공간이론(life-span life-space theory)'이라는 모든 진로이론 중 가장 포괄적인 이론을 만들기에 이르렀다. Super의 이론은 진로발달을 전생애(life-span), 생애역할(life role), 자아개념(self-concept) 등 크게 세 가지 개념으로 이론화하였고, C-DAC 모형을 통해 이론과 상담현장을 접목하려 하였다. 이하에서는 이와 같은 Super 이론의 주요 개념들에 대하여 살펴보고자 한다.

1) Super 이론의 14가지 가정

전생애-생애공간이론은 Super(1990)가 제안한 다음의 14가지 가정을 토대로 한다.

① 각 개인은 능력, 성격, 필요, 가치, 흥미, 특질, 자아개념이 서로 다르다.
② 사람들은 각기 이러한 특징들의 조합을 통해 다양한 직업에 어울리는 자격을 갖추게 된다.
③ 각 직업은 특정한 능력과 성격특성을 요구한다.
④ 직업선호, 역량, 여건, 자아개념 등은 시간의 흐름과 경험의 정도에 따라 변한다. 다만, 사회학습의 산물인 자아개념은 청소년 후기부터 성인기에 이르기까지 연속적인 선택과 적응선상에서 점차 안정적이

게 된다.

⑤ 이러한 자아개념의 변화과정은 성장, 탐색, 확립, 유지, 쇠퇴 등 일련의 대순환 생애 단계를 거친다. 이러한 단계는 또한 탐색기 내의 환상, 잠정, 현실기로, 확립기 내의 시도기와 안정기 등으로 다시 세분화되어 나누어진다. 소순환은 각 단계 사이의 전환기에 발생한다. 개인은 이 전환기 중에 힘의 감소, 인력 수요 유형의 변화, 질병이나 사고, 또는 기타 사회경제적 및 개인적 사건 등으로 불안정한 시기를 겪는다. 이러한 불안정한 진로 전환기에는 신성장, 재탐색, 재확립기가 포함된다.

⑥ 진로유형의 특성은 부모의 사회경제적 수준, 지적 능력, 교육, 기술, 성격특성, 진로성숙도, 기회 등에 의해 결정된다.

⑦ 특정 생애진로 단계의 맥락에서 환경의 요구에 대처하는 능력은 개인이 이들 요구에 대처하는 준비도에 달려 있다. 진로성숙도(career maturity)는 '신체적 · 심리적 · 사회적 특성의 집합체' 로서 이전 단계와 하위 단계의 요구에 대응하는 능력의 정도를 의미한다.

⑧ 진로성숙도는 가설적인 구인이며 단일한 특질이 아니다. 진로성숙도의 조작적 정의는 지능처럼 세밀하게 개념화되기는 어렵지만, 이에 대한 정의는 지능보다는 간결하면서도 포괄적인 방식으로 개념화될 수 있다.

⑨ 생애 단계를 통한 진로발달은 능력과 흥미를 성숙시킴으로써 그리고 현실검증과 자아개념의 발달을 촉진함으로써 지도될 수 있다.

⑩ 진로발달과정은 직업적 자아개념의 발달과 실행과정이다. 자아개념은 타고난 적성과 신체적 특징, 여러 역할을 관찰하고 수행하는 기회, 역할수행에 대한 평가 간의 상호작용을 통한 산물로서 통합적이고 타협적인 과정이다.

⑪ 개인과 사회적 요인, 자아개념과 현실 간의 통합과 타협의 과정은 역할수행과 피드백을 통한 학습의 과정이다.

⑫ 직업만족과 생애만족은 개인의 능력, 필요, 가치, 흥미, 성격특성, 자아개념에 따라 다르다.
⑬ 직업만족도는 자아개념을 실행할 수 있는 정도에 비례한다.
⑭ 직업은 대부분의 남녀에게 삶의 중심이다. 하지만 어떤 사람들은 특정한 직업이 없거나 직업 자체가 그들에게 주변적인 기능을 할 수 있는데, 이들에게는 여가활동과 집안일 등이 중심이 될 수 있다. (성역할 고정관념, 역할 모형, 인종적 편견, 기회구조 등은 개인차와 마찬가지로 직업인, 학생, 여가인, 집안일 등의 역할에 대한 선호에 중요한 결정요인이 된다.)

이상의 가정은 진로와 관련된 여러 요인들을 통합한 것들로 Super의 이론이 단순히 발달이론 이상임을 시사한다. Super의 이론에서 다중적인 생애역할의 발달은 진로발달에서 중요하게 다루어지고 있다. 자아개념은 시간의 흐름에 따라 진화하며 이는 진로선택과정이 연속적인 과정임을 의미한다. 따라서 진로이론의 역사적 측면에서 볼 때 Super의 이론은 '직업(vocation)'에서 '진로(career)'로의 패러다임 전환을 이루었다고 평가할 수 있다. 즉, Super의 진로이론은 일과 관련한 경험을 진로선택의 내용에서 생애 전반에 걸친 진로발달의 과정으로 보고 있다.

2) 전생애 발달이론

Super 이론의 가장 큰 특징은 진로를 전생애적 측면에서 바라보고 있다는 점이다. 그에 따르면, 진로는 심리사회적 발달과 사회적 기대의 맥락, 직업기회구조의 배경과 관련하여 발달한다. 생애발달의 초기에는 진로의 형태가 사람들마다 서로 비슷한 형태로 발달하고 진로 자아개념의 발달은 연령의 발달과 관련이 있다. 아동 및 청소년기의 진로성숙도는 진로의사결정 준비도와 관련이 있다. 그러나 성인기에는 사람들마다 진로발달의 패턴이나 속도가 서로 다르고 연령의 변화와도 큰 관련성이 없게 된다. 성인기의 진로는 직업기회의 변동과 다양한 생애역할을 수행하는 과정에서 개인이 어떻게 대응하는가에 따라 발달하게 된다. 따라서 성인은 다양한 진로발달 단계와 진로발달과업 속에서 재순환하게 된다.

전생애 진로발달과정을 기술하기 위하여 Super는 Buehler(1933), Miller와 Form(1951), Havighurst(1953) 등의 개념을 수용하여 진로란 "개인이 일련의 발달과업에 직면하여 그가 되고자 하는 사람이 되는 방식으로 이러한 발달과정을 이행하는 생애 과정"이라고 개념화하였다. 그는 사람들이 전형적으로 가지게 되는 발달과업을 중심으로 성장기(Growth Stage), 탐색기(Exploration Stage), 확립기(Establishment Stage), 유지기(Maintenance Stage), 쇠퇴기(Decline Stage) 등 일련의 진로발달 단계와 하위 단계들을 다음과 같이 명시하였다.

첫째, 성장기(출생~13세)에는 자기(self)에 대한 지각이 생겨나고 직업세계에 대한 기본적인 이해가 이루어지는 것이 진로와 관련한 발달과업이라고 할 수 있다. 이 시기는 다시 환상기(fantasy), 흥미기(interest), 능력기(capacity) 등의 하위단계로 나뉜다. 이들 하위 단계는 선험적 감각인 호기심을 통해 직업에 대한 환상으로부터 시작하여 점차 성장함에 따라 가정, 학교, 부모, 또래관계 등을 통해 환경을 탐색함으로써 일과 자신의 흥미 및 능력에 대한 정보를 획득하게 된다. 그리고 이러한 과정을 통해 아동은 환경에 대한 통제감과 의사결정능력을 키우게 되고, 미래를 계획하는 것이 중요하다는 것을 인식하게 되며, 현재의 행동이 미래의 결과에 영향을 미친다는 것을 깨닫게 된다.

둘째, 탐색기(14~24세)는 미래에 대한 계획이 주요한 진로발달 과업이 된다. 이 시기는 다시 결정화기(crystalization), 구체화기(specification), 실행기(implementation)라는 하위 발달과업 단계로 나뉜다. 결정화기에는 직업 과업을 보다 분명히 해야 할 필요가 있다. 결정화기는 성장기에 획득한 직업과 자신에 대한 정보를 기반으로 한다. 즉, 자신에 대한 이해와 직업에 대한 이해를 바탕으로 할 때 개인은 자신이 어떤 직업을 선호할 것인지 보다 분명히 할 수 있게 된다. 구체화기는 고려해 왔던 직업들 중에서 선택할 수 있는 의사결정 능력을 요구한다. 즉, 특정한 직업적 선호를 통해 다음 시기인 실행기의 발달과업으로 넘어갈 수 있게 된다. 실행기는 선택한 분야를 향하여 행동을 취하는 것이 발달과업이 된다.

셋째, 확립기(25~45세)에는 정착(stabilizing), 공고화(consolidating), 발전(advancing)의 발달과업을 수행해야 한다. 정착기는 자신이 선택한 직업이 자신의 자아개념을 적절히 나타낼 수 있는 기회를 제공할 수 있는가를 평가하는 직업 입문 단계부터 시작된다. 특히 개인은 조직문화를 평가하고 자신이 입문해 직업에서 성공하는 데 필요한 기술과 흥미를 가지고 있는지를 확인한다. 공고화기에 이르게 되면 개인은 직업에 정착함에 따라 자신이 직업선택을 잘했던 것인가에 의문을 품기보다는 점차 신뢰할 만한 생산자가 되어 가고 긍정적인 평판이 발달해 간다. 그리고 신뢰할 만한 생산자가 되어 가는 것에 초점을 맞추게 되면 높은 봉급과 책임 있는 지위로 승진하게 되고 이를 발전기라고 한다. 그러나 여기서 유념해야 할 사항은 이러한 과정의 어떤 시기에서도 개인은 자신의 직업선택이 더 이상 좋지 않을지도 모른다는 것을 결정할 수도 있다는 점이다. 이러한 일이 벌어지게 되면 탐색기로의 재순환이 시작되고 이를 통해 보다 적절한 직업선택이 다시 결정화되고, 구체화되고, 이행될 수 있다.

넷째, 유지기(45~65세) 동안에 개인은 유지(holding), 갱신(updating), 혁신(innovating)의 발달과업에 직면하게 된다. 많은 근로자들은 자신이 몸담고 있는 분야에서 자신의 수행수준을 유지하거나 개선하거나 혹은 새로운 직업분야를 택하는 등의 선택상황에 직면하게 된다. 이때 만약 새로운 직업분야를 선택하게 되면, 개인은 탐색-확립-유지의 과업을 통한 재순환을 수행해야 한다. 만약 보유기에 있다면 개인은 자신의 기술을 갱신하거나 현재의 직장에서 혁신적인 방법으로 새로운 기술을 도입해야 한다. 현재의 직업에 머물기로 결심하지만 자신의 기술을 갱신하지 않는 근로자는 종종 낮은 수행을 보이거나 자신의 일에서 침체를 맞이한다. 이러한 상황에서 진로쇄신에 접근하는 진로개입이 요구된다. 그리고 갱신이나 혁신을 하는 근로자들은 경험이 적은 근로자들에게 뛰어난 멘토가 되기도 한다.

다섯째, 쇠퇴기(65세 이상)는 유지기 단계의 마지막 즈음에 개인의 신체적 능력이 저하되고 직업활동에 대한 흥미도 감소하게 됨에 따라 시작된다. 이때 개인은 은퇴 준비에 관심을 가지게 된다. 이 시기는 감속, 은퇴 준비, 은퇴 생활의 진로발달과업이 존재한다. 이 과정에서 개인이 직업활동에 임할 때보다 덜 힘을 사용하게 되고, 그에 따라 개인은 자신의 생활양식과 은퇴활동에 보다 관심을 가지게 된다.

Super의 초기 진로발달이론은 성장기-탐색기-확립기-유지기-쇠퇴기 등 5단계의 대순환 모형을 중심으로 하지만 Super의 후기 진로발달이론에서는 탐색기, 확립기, 유지기에 이르는 성인기 진로발달이론이 상당히 수정되었다. 1990년대 이후 Super의 모형은 크게 두 가지 점에서 종전의 발달이론들과는 다른 독특한 특징을 가지고 있다. 첫째, Super는 성인기 진로발달은 생물학적인 발달, 즉 연령의 발달과는 거의 관련이 없다는 입장을 취하게 되었다. 둘째, 주어진 단계를 성공적으로 마쳐서 얻어진 심리적 변화가 반드시 영속적인 것은 아니라고 보게 되었다. 즉, 진로 단계 사이에 발생하는 전환의 시점은 연대기적 연령보다는 개인의 성격과 생애환경의 기능에 의한 것이라고 보았다(Super, 1990). 예를 들어, 14~25세에 진로탐색이 이루어지고 이후 어떤 직업을 선택해서 열심히 일하다가 65세에 은퇴하는 경우가 진로발달의 유일한 가능성은 아니라는 점이다. 그 중간에 대학원을 진학하기로 결정할 수도 있고, 보다 다양한 진로 분야를 탐색하기도 하고, 혹은 육아가 끝날 때까지 직장 갖는 것을 유보하기도 한다. 이러한 경우들은 탐색기에 걸리는 시간이 연장될 수도 있다는 것이다. 또한 중년기에 진로를 변경하는 성인들은 탐색기-확립기-유지기 등의 단계를 여러 번 겪을 수도 있다. 그러나 Super는 이와 같은 비전통적인 변화가 자동적으로 진로발달과업을 더욱 어렵게 하거나 최종 진로성과가 덜 성공적이라는 것을 암시하지도 않았다. 그는 또한 어떤 한 단계를 완료했다는 것이 최적의 발달을 영구적으로 보장하는 것도 아니라고 보았다. 일반적인 단계론적 발달이론에서는 전환을 비가역적이라고 보고, 외상, 질병, 쇠퇴 등과 같이 비전형적이고 나쁜 환경만이 이전 단계로의 퇴행을 야기한다고 본다(Nagel, 1957). 그러나 Super의 성인기 진로발달이론에서는 발달의 불안정성이 정상적이며 성공적인 발달적 변화에서 얼마든지 발생할 수 있다고 보고, 이러한 그의 생각은 '재순환' 이라는 개념에서 암시적으로 나타난다(Super, Thompson, & Lindeman, 1988). Super는 이미 1970년대부터 재순환 개념과 관련한 질문에 접근하기 시작하였다(Super & Knasel, 1979). 재순환 개념에 따르면, 정상적인 발달궤적 중에 본래 생애순환과정에서 초기에 놓인다고 보았던 단계(예: 탐색기)로 복귀하는 것을 포함하고 있으며, 이는 개인적 발달을 촉진할 뿐만 아니라 기술과 사회적 변화에 적절히 대처할 수 있도록 돕는다(Hall, 1992). 따라서 청소년 중반기에 완성된다고 본 탐색기는 전생애 중 다른 시기에서도 나타날 수 있다(Super, 1990, p. 237). Super는 진로의사결정을 전생애적 과정으로 보았으며, 사람들은 변화하는 자신의 진로목표를 현실 속의 일의 세계와 끊임없이 매칭하려고 애쓴다고 보았다. 또한 개인의 발달적 요구에 의해서뿐만 아니라 경제불황, 해고, 과학기술의 발달 등으로 인한 사회적 변동, 그리고 조직 내의 새로운 진로경로의 발생 등은 이전 진로단계로 되돌아가는 '재순환' 을 촉발할 수 있다. 그러나 Super 이론에서의 재순환은 아동 및 청소년 심리학에서의 병리적 퇴행과는 달리 이전 단계로의 회귀를 성숙과 적응능력, 창의적 문제해결을 위한 수단으로 간주한다. Hall(1992)이 설명하는 바와 같이 "중년기의 순환은 시도행동, 새로운 선택, 정체감의 변화, 적응력의 증가와 개인적 추진을 유도할 수 있다." (p. 247) 따라서 Super는 불안정한 진로(혹은 multi-trial career)와 중년기의 진로위기는 정상적일 뿐만 아니라 빠른 사회적

〈표 3-1〉 Super의 전생애 발달과업의 순환 및 재순환

생애단계	청소년기 (14~24세)	성인 초기 (25~45세)	성인중기 (46~65세)	성인후기 (65세 이상)
쇠퇴기	취미시간 줄이기	운동참여 줄이기	가장 중요한 것에 초점 맞추기	작업시간 줄이기
유지기	현재 직업선택 확증하기	직업 지위 안정화하기	경쟁에서 자기 지위 확보하기	자신이 즐기는 활동 유지하기
확립기	선택 분야 시작하기	알맞은 지위에 안착하기	새로운 기술 개발하기	과거에 하고 싶었던 것 하기
탐색기	기회에 대한 추가 학습하기	원하는 기회 탐색하기	새로운 과업 찾기	좋은 은퇴할 곳 찾기
성장기	현실적 자아개념 개발하기	타인과 관계맺기 학습	자신의 한계 수용	비직업 역할 개발하고 가치 부여하기

출처: Super, D. E. (1990). A life-span, life-space approach to career development. In D. Brown & L. Brooks (Eds.), *Career choice and development: Applying contemporary theories to practice* (2nd ed., p. 216). San Francisco: Jossey-Bass.

변화의 환경 속에서 개인을 보다 적응적이게 촉진한다고 보았다.

Super는 후기 이론을 통해 적극적으로 강조한 재순환 개념을 〈표 3-1〉과 같은 진로발달과업을 제시함으로써 한층 풍부히 설명하고 있다.

3) 생애공간이론[1)]

Super의 진로이론이 종전의 직업이론들과 가장 큰 차이점은 Super의 경우 진로를 직업과 직접적으로 관련이 없지만 직업과 간접적으로 연관을 맺고 있는 다양한 삶의 역할에 대하여 관심을 가지고 있다는 점이다.

1) Super는 전생애 진로발달을 life-span theory와 life-space theory라는 용어를 사용하여 전생애에 대하여 '기간(span)' 이라는 종단적 측면과 '공간(space)' 이라는 역할적 측면을 부각하고자 하였다. 따라서 원어의 의미를 살리기 위해, 이 두 가지 이론을 각각 생애기간이론과 생애공간이론이라고 번역하였다.

그는 한 개인이 감당하는 삶의 다양한 역할이 그의 생활양식을 구성하며 그러한 전체적인 역할의 구조가 진로양식을 구성한다고 보았다(Super, 1980). 그에 따르면 생애역할들은 상호작용하기 때문에 두 사람이 같은 직업을 가지고 있다고 하더라도 그 사람들 각각이 서로 다른 상황에서 살고 있기 때문에 그 직업은 두 사람에게 서로 다른 의미를 지닌다고 볼 수 있다. 또한 여러 가지 역할들의 결합과 그에 부여하는 중요성이 개인의 생애구조를 형성한다고 보았다. Super는 일반적으로 개인이 전생애에 걸쳐서 9가지의 주요한 역할을 수행한다고 보았다. 대체적인 연대기적 순서에 따르면 이러한 역할은 자녀, 학생, 여가인, 시민, 근로자, 배우자, 주부, 부모, 은퇴자 등이다. 생애역할은 특정한 개인극장에서 수행되는데 이러한 극장은 가정, 학교, 직장, 지역사회 등 4가지 극장으로 보았다. 그러나 한 개인이 전생애 중에서 여러 가지 생애역할에 항상 효과적으로 참여하기란 매우 어렵다. 따라서 다양한 시점에서 특정한 생애역할에 우선권이 주어질 필요가 있다. 가끔 특정한 생애역할에 우선권을 부여하는지를 결정하기는 상대적으로 쉬울 수 있고 또 어떤 경우는 그렇지 않을 수도 있기 때문에 가끔 한 극장에서 전형적으로 수행한 생애역할이 다른 극장으로 흘러넘쳐 갈등을 야기할 수 있다. 예를 들어, 직장에서의 일이 가정으로 흘러넘칠 수도 있는데, 이때에 근로자, 배우자, 부모 등의 역할은 뒤섞이고 어느 한 역할에도 충분히 주의를 기울이지 못하게 될 수 있다. 요컨대, 삶은 생애역할이 서로 간에 조화를 이루면서도 자신이 추구하는 삶의 가치를 적절히 표현할 수 있게 될 때 행복감을 느끼게 된다. 그러나 생애역할들이 서로 어긋나고 자신이 지향하는 삶의 가치를 표현할 기회가 적을 때는 사람들이 불행감을 느끼게 된다.

4) 진로 자아개념, 진로성숙, 진로적응

Super에 따르면 자아개념(self-concept)은 어떤 역할, 상황, 지위에서 특정한 기능을 수행하고 있으며 일련의 복잡한 관계 속에서 자신에 대한 상을 제공한다(1963, p. 18). Super는 아치웨이 모형과 생애진로무지개 모형을 통해 다양한 개인적 혹은 상황적 결정요인이 전생애과정에서 개인이 수행하는 생애역할의 군집을 형성하고, 이러한 개인 및 상황적 결정요인들이 개인의 자아개념 발달에 상호작용하며 영향을 미친다고 설명하였다. 아치웨이 모형과 생애진로무지개 모형을 통해 Super는 진로발달의 종단적 과정과 더불어 특정한 상황에서 나타날 수 있는 주요한 진로의사결정 내용을 묘사하였다. 특히 [그림 3-1]에서 보는 바와 같이 아치웨이 모형은 진로 자아개념이 심리사회적 개념임을 잘 보여 주고 있다. [그림 3-1]에서 아치웨이의 왼쪽 기둥을 구성하는 성격, 흥미, 가치, 적성, 욕구 등은 진로발달의 개인심리적 측면을, 오른쪽 기둥을 구성하는 노동시장, 사회, 학교, 지역사회 등은 진로발달의 사회적 측면을 나타낸다. 그리고 진로발달단계에 따라 개인심리적 요인과 사회적 요인의 상호작용 속에서 개인의 역할 자아개념은 발달하게 된다.

이와 같은 종단적 및 횡단적 과정 속에서 진로 자아개념이 형성되는데, 이때 자아개념에는 객관적인 동시에 주관적인 요소를 포함한다. 객관적으로 우리들은 다른 사람들과 자신을 비교함으로써 자기 이해를 발달시킨다. 주관적으로 우리들은 삶의 과정에서 경험한 우리 자신의 독특성에 초점을 맞춤으로써 자기 이해를 발달시켜 나간다. 우리들의 생애 이야기는 생애경험으로부터 의미를 구성하는 우리 자신의 주관적 세계를 나타낸다. 이러한 자기이해는 우리들이 환경적 영향과 상호작용하면서 시간의 흐름과 더불어 일련의 진로를 선택할 때 영향을 미치고, 또한 생애 발달과정 속에서의 일련의 경험은 다시 우리들의 자기 이해에 영향을 미치게 된다.

진로성숙(career maturity) 개념은 Super의 진로발달이론 중 핵심적 개념의 하나로 Super(1965)는 진로성숙의 정도를 "진로발달의 연속선상에서 개인이 도달하는 위치"로 정의하고 진로계획, 직업탐색, 의사결정, 직업

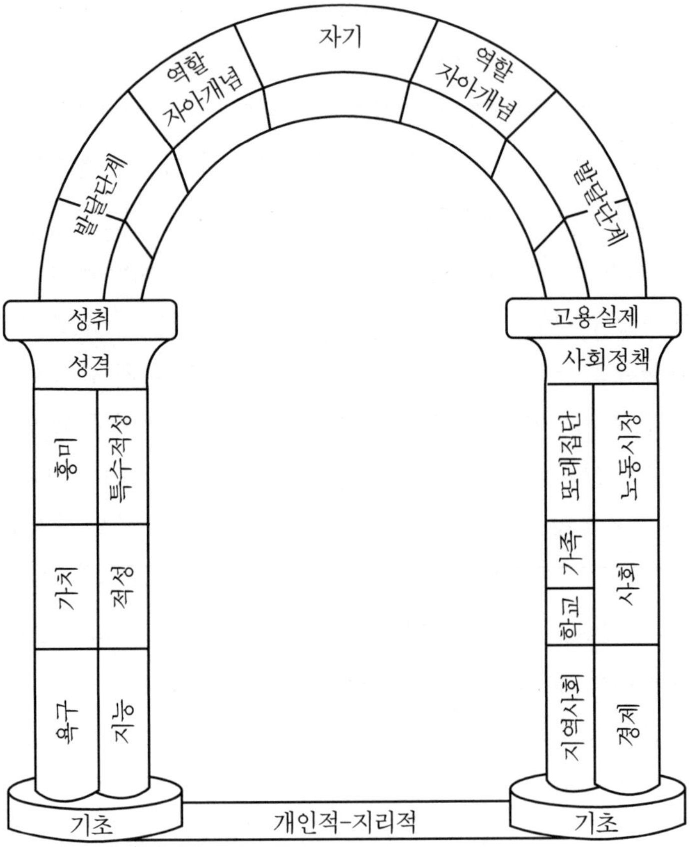

[그림 3-1] Super의 아치웨이 모형

출처: Super, D. E. (1990). A life-span, life-space to career development. In D. Brown, L. Brooks, & others (Eds.), *Career choice and development: Applying contemporary theories to practice* (2nd ed., p. 200). San Francisco: Jossey-Bass.

세계에 대한 지식, 선호하는 직업군에 대한 지식 등을 진로성숙의 하위요인으로 구성하였다. Crites(1978)는 Super의 진로발달이론에 근거하여 진로성숙을 진로선택과정에서 나타나는 인지적 및 정서적 특성의 상대적 위치를 의미한다고 보았다. 또한 Fouad(1988)는 진로성숙을 문화적 맥락에서 파악해야 한다고 제안하면서 "진로성숙이란 개인이 자신의 연령 수준에서 주어지는 진로문제에 대처할 수 있는 준비도"라고 정의하였다.

한편, 진로성숙이라는 개념을 성인에게 적용하는 문제와 관련하여, Super와 Knasel(1979)은 앞서 밝힌 바와 같이 진로적응이라는 개념을 제안하였다. 성인기 진로발달은 개인마다 일률적이지 않기 때문에 성인의 진로의사결정 준비도에는 진로성숙라는 개념 대신에 진로적응(career adaptability)이라는 개념이 쓰인다. 진로적응 개념은 각 개인이 일의 세계와 자신의 개인적 환경 사이에서 추구하는 균형에 초점을 맞춘다. 즉, 진로적응은 성인이 진로조건의 변화에 대응함에 따라 그 개인이 환경에 영향을 주고, 환경은 다시 그 개인에게 영향을 주게 되는 과정에서 나타난다. 이런 의미에서 진로적응은 Piaget의 동화(assimilation)와 조절(accommodation)의 두 가지 과정에 근거한 적응(adaptation)과 개념적으로 등치한다(Niles & Harris-Bowlsbey, 2005). 또한 진로적응은 보다 효과적으로 자신의 진로발달을 관리하는 방법을 찾기 위하여 역동적인 환경 내에서 행하는 책임 있는 행위자로서 성인을 개념화한다. 즉, 성인이 자발적인 혹은 비자발적인 수많은 진로의사결정을 해야 하는 세계에 끊임없이 대응해야 한다. Super 자신도 언급한 바와 같이, 진로적응 개념을 도입한 주요한 이유는 많은 사람들이 현재 직면하는 새로운 그리고 비생물학적인 문제에 접근하기 위해서라는 것이다(Super & Knasel, 1981, p. 199). Super, Thompson과 Lindeman(1988)은 성인기에 진로성숙도 구인을 사용하는 것의 부적절성에 대하여 언급하였다. 의사결정능력은 청소년기 이후에는 지속적으로 증가하는 것이 아니며, 확립기, 유지기, 쇠퇴기의 발달과업에 대한 대처능력도 나이의 변화에 대응하여 변하는 것이 아니기 때문이다. 이들은 성숙이라는 개념 대신에 성인의 직업발달을 탐색하는 데에 적응이라는 개념이 적절하다고 보고, 의사결정 준비도로서 진로성숙도라는 개념에서 변화하는 직업환경에 대처하는 준비도로서 진로적응으로 관심을 돌렸다. 진로적응이라는 용어는 아동 및 청소년에게도 적용 가능하다. 아동들은 성인에 비해서 상대적으로 공통성이 보다 많이 나타나지만, 아동들도 진로발달과업에 대처하는 준비도 면에서 서로 다를 수 있다. 어떤 아동은 환경의 장벽에 직면하기도 하고, 또 다른 청소년은 진로발달을 촉진하는 환경을 경험하기도 한다. 맥락적 여건의 차이점은 진로발달에 시사점을 가진다. 그런 의미에서, 일부 학자들은 진로적응을 진로성숙 개념보다 청소년에게 더 잘 맞는 개념이라고 평가하기도 한다(Niles & Harris-Bowlsbey, 2005). Savickas(1997)는 진로적응이 발달적 관점에서 보다 중요한 개념으로서 진로성숙 개념을 대체해야 한다고 주장하였다.

5) C-DAC 모형

Super는 1990년대에 이르러 자신의 이론을 진로상담과 접목하고자 하였다. Super는 그의 접근법을 Career Development Assessment and Counseling(C-DAC) 모형이라고 명명하였다.

Super의 전생애이론에서는 내담자의 진로문제를 종단적으로 탐색한다. 이때 전생애 진로발달단계에서의 진로고민과 내담자의 발달과업을 측정하기 위하여 Super 등(1988)은 성인 내담자를 위한 Adult Career Concerns Inventory(ACCI)를 개발하였다. ACCI는 탐색기, 확립기, 유지기, 쇠퇴기 등 네 가지 진로단계에서의 발달과업에 관한 계획 혹은 걱정을 측정한다. 각 진로단계들은 각기 세 가지 과업을 포함하는데, 예를 들어 탐색단계는 결정화, 구체화, 실행 등으로 구성된다. ACCI는 내담자의 진로발달과업의 문제를 드러내서 내담자가 진로문제에 효과적으로 대처할 수 있도록 돕는 데 매우 유용할 탐색자원을 확인해 준다. ACCI를 사용함으로써 상담자들은 내담자가 대처하고자 하는 일련의 진로문제에 대한 내담자의 진로발달 상황을 확인할 수 있다. 한편, 진로발달검사(CDI)는 고등학생과 대학생들의 진로의사결정 준비 정도를 측정한다. 특히 CDI는 진로설계, 진로탐색, 일의 세계 정보, 진로의사결정원리에 관한 지식 등을 평가한다.

C-DAC 모형의 또 다른 특징은 Super 이론의 생애공간이론에서 도출된 것으로 내담자가 생애역할에 부여한 우선순위를 결정하는 것과 관련된다. Super의 접근이 다른 진로상담 모형과 확연히 구분되는 점이 바로 생애역할의 우순순위라고 할 수 있는데, C-DAC 모형은 내담자가 자신의 일, 놀이, 친구, 가족에서의 기본적 역할을 전체의 삶 속에서 어떻게 조화할 수 있는지를 돕는다. 이러한 조화는 생애역할에 부여한 중요성을 탐색함으로써 얻을 수 있다. 개인이 진로상담에서 내놓는 문제들에는 진로문제와 비진로문제가 상당히 중첩될 수 있다. 선행연구들은 이러한 관점을 지지하는데, 진로상담을 찾는 내담자들은 높은 수준의 심리적 스트레스를 경험하고 진로상담과정에서 비직업적 역할과 관련된 문제들을 함께 논의한다는 것이다. 즉, 내담자가 진로상담에서 내놓는 직업과 직접적으로 관련된 문제가 그의 진로문제 전체를 충분히 반영한다고 보기 어렵다는 것이다.

상담자는 몇 가지 상담도구를 사용하여 내담자가 생애역할에 부여하는 개인적 의미를 탐색할 수 있도록 조력할 수 있다. 예를 들어, Super의 생애진로무지개를 사용하여 내담자의 생애구조를 구성하는 주요한 생애역할을 드러나게 할 수도 있다. 또는 역할 명확성 검사(Salience Inventory: SI)를 사용하여 생애역할의 상대적 중요도에 관하여 탐색할 수도 있다. SI는 학생, 직장인, 시민, 주부, 여가인 등 다섯 가지 생애역할의 상대적 중요도를 몰입과 가치기대라는 차원에서 측정한다. 또한 생애역할 활동은 Pie of Life라는 활동을 통해 탐색할 수 있다. Pie of Life 활동에서 내담자는 일상에서의 다양한 생애활동 시간을 나타내는 파이조각으로 생애 전체를 나타내는 원을 분할한다. 그리고 나서 자신이 생각하는 각 생애 파이조각 내에 각 생애활동의 가치를 확인한다. 이러한 가치를 목록화한 후에 상담자와 내담자는 내담자가 각 파이조각에서 드러난 가치에 대하여 어떻게 느끼는지에 대하여 논의한다.

6) Super 이론의 평가

Salomone(1996)은 Super 이론의 세 가지 주요 부분, 즉 이론적 가정, 진로 단계의 개념화, 진로의 정의 등이 40여 년 동안 어떻게 진화되었는지를 탐색하였다. 첫째, Super의 이론적 가정이 40년 동안 크게 변하지는 않았다는 점이다. 둘째, Super의 가정과 진로 단계 모형에 관한 연구가 더 많이 필요하다는 점이다. 셋째, Super의 공헌은 발달적 진로이론에서 지대한 유산을 남겼다는 점이다. 넷째, Super 이론의 부분들은 내담자가 생애역할 정체감과 자신이 생애역할에서 표현하고자 하는 가치를 명확히 하도록 돕는 유용한 이론적 틀을 제공한다는 점이다. 마지막으로 Super의 이론은 연구자로 하여금 생애역할 정체감 발달과정을 연구하는 데 유용한 이론적 틀을 제공한다는 것이다.

Osipow와 Fitzgerald(1996)는 Super 이론과 이와 관련된 연구들에 대하여 언급하면서 Super 이론은 주류 발달심리학과 성격이론에 근거하는 미덕을 가지고 있으면서 동시에 상담현장과 연구에 상당한 유용성을 가지고 있다고 언급하였다. 이들은 또한 Super 이론에 근거한 대부분의 연구들이 대체적으로 그의 이론을 지지하였다고 평가하였다. 또한 C-DAC 모형의 개발은 Super 이론과 진로발달 개입연구가 보다 강력하게 연결될 수 있음을 보여 주었다.

한편, 최근 Vondracek과 Porfeli(2002)는 Super 이론을 비롯한 진로발달이론들이 맥락적 관점과 관련된 최근의 발달심리학의 이론적 성과를 충분히 반영하지 못하고 있다고 지적하면서, 이러한 제한점을 극복하기 위해 진로이론에서 '발달적 · 맥락적 관점'을 수용함으로써 보완되어야 한다고 제안하였다. 이들에 따르면, Super는 전생애이론을 강조하며 한 개인이 나이가 들어감에 따라 인생의 각 단계에서 서로 다른 역할을 수행한다는 데 초점을 맞추는데, 이와 같은 Super의 직업흥미, 일 가치관, 진로 성숙 수준, 일 역할 명확성 등에 대한 관심은 그의 전생애 입장에서 공통되는 법칙적, 기능중심적, 변인중심적 접근의 특징을 나타낸다고 할 수 있다(Vondracek & Porfeli, 2002). 이러한 관점은 발달에 대한 유기체적 관점, 즉 개인의 발달은 다양하고 상호 연결된 맥락 간의 역동적인 상호작용임을 간과했다는 것이다. Vondracek은 Super의 전생애적 관점이 한 개인의 전체성이 기능하는 방식과 각 변인들 간의 관계가 모든 사람들이 동일하다는 가정에 근거했다고 보았다. Magnusson(1998)은 Super 이론의 이러한 가정이 역동적인 상호작용 과정이라는 측면에서 개인의 진로행동을 개념화하는 데는 거의 적용되지 못한다고 언급하였다.

2. 진로발달 관련 국내의 주요 연구동향

진로발달이론과 관련하여 국내에서는 주로 진로성숙 개념을 중심으로 하여 다음의 세 가지 방향으로 주로 연구되어 왔다. 첫째는 진로발달의 주요한 성과변인인 진로성숙 구인의 측정도구를 개발하거나 진로성숙의 구인을 검증하는 연구들이다. 둘째는 진로상담 프로그램의 효과를 검증하기 위하여 진로성숙 변인을 성과변인으로 삼은 연구들이다. 셋째는 청소년이나 대학생들의 진로성숙에 영향을 미치는 개인적 및 환경적 변인을 밝히는 연구들이다.

1) 진로성숙의 구인

Crites(1978)는 진로성숙을 직업적 성숙보다 훨씬 포괄적인 개념으로 보고 개인의 진로발달 수준을 양적으로 측정할 수 있다고 보았다. 그리고 [그림 3-2]와 같이 진로선택의 내용과 진로선택의 과정을 명확히 구분하는 진로성숙 개념의 이론적 모형을 구축하였다. 한편, 국내 연구에서는 Crites의 진로발달 모형 중 진로선택의 과정에 관한 구인을 측정하려는

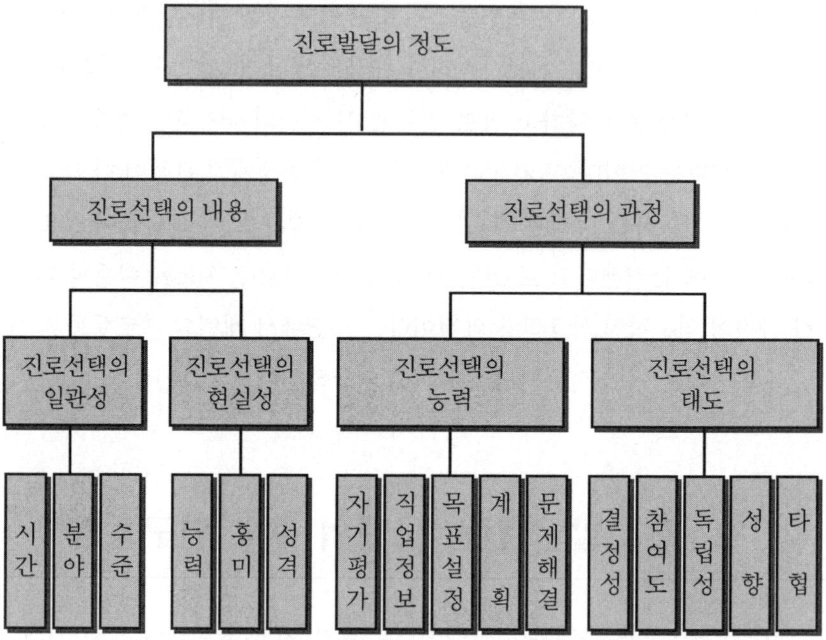

[그림 3-2] Crites의 청소년 진로성숙 모형

출처: Crites, J. O. (1974). Career development processes: A model of vocational maturity. In E. L. Herr (Ed.), *Vocational guidance and human development*, p. 302. Boston: Houghton Mifflin; 이희영, 2003에서 재인용.

시도가 주로 이루어져 왔다. 이러한 도구들은 주로 Super 이론에 기반을 두는 Career Maturity Inventory(CMI; Crites, 1978) 모형을 근거로 국내의 특성에 맞게 변형한 것들인데, 한국교육개발원에서 제작한 진로성숙도검사(장석민, 임두순, 송병국, 1991)는 지금까지 국내 연구자들이 가장 많이 연구에 사용한 검사로서(배소정, 2004) 인지적 영역으로서의 능력 요인과 정의적 영역으로서의 태도 요인에 관한 하위척도를 가지고 있다. 이기학과 한종철(1997)은 CMI 모형 중 태도 영역을 한국적 상황에 맞도록 문항을 개발하여 현실성, 결정성, 준비성 차원의 세 가지 하위영역의 진로태도성숙도검사를 개발하였다. 한편, 김봉환(1997)은 진로성숙을 측정하는 기존의 도구들이 인지과정의 결과로 나타나는 행동의 변화 정도를 충분히 반영하지 못한다고 비판하며 진로성숙의 행동적 측면을 측정하는 진로준비행동검사를 개발하였다. 또한 각 학령기마다 특화된 진로성숙 및 진로발달검사도 개발되었는데, 안창규(1998)는 초등학생용 진로발달검사를 개발하였으며, 임언 등(2001)은 중 · 고등학생용 진로성숙도 검사를 개발하였다. 한편, 송인섭, 남궁정, 김효원(2006)은 기존의 검사들이 진로성숙 개념의 특성과 구조에 대하여 일치된 결과를 보고하지 못하고 있다고 지적하였다. 이들은 진로성숙에 관한 이론적 고찰과 관련 도구를 분석하여 진로성숙을 재개념화하고 이를 근거로 고등학생의 진로성숙을 측정하는 도구를 개발하고 진로성숙의 구조를 검증하는 연구를 수행하였다.

2) 진로발달 프로그램 효과에 관한 메타 연구

진로성숙과 관련된 국내 연구들 중에 가장 많은 수를 차지하는 것은 진로상담 프로그램의 효과 검증 연구일 것이다. Crites(1978)에 의하면 진로성숙이란 "진로선택 과정에서 나타나는 인지적 및 정의적 특성의 동일 연령층에서의 상대적 위치로, 보다 일관되고 확실하며 현실적인 진로를 선택할 수 있는 능력"으로 정의되며(임언, 2001 재인용), 그동안 많은 진로발달 프로그램의 효과를 측정하는 주요 성과변인으로 사용되었다. 대학생 진로집단상담의 내용을 분석한 김동일과 강혜영(2002)의 연구에 따르면, 우리나라의 일반적인 진로집단상담 프로그램의 내용은 대체로 자기이해(적성, 흥미, 가치관, 성격, 의사결정 등), 직업세계의 이해(일과 직업의 의미 및 가치, 직업정보자료 제공 및 수집, 선호하는 직업탐색), 진로의사결정과정(생각, 토론, 역할연기, 체험 등을 통한 선택), 진로준비(계획 세우기, 행동적 준비) 등 네 가지 요소로 구성되어 있다. 한편, 청년실업이 주요한 사회문제로 부각되고 있는 최근에는 이력서, 자기소개서 작성, 면접방법 등 구체적인 구직기술 연습에 초점을 둔 진로집단상담 프로그램이 개발되고 있다(임찬오, 2003).

이러한 진로 프로그램들의 효과변인으로 사용된 진로발달 변인과 관련하여 국내에서도 몇 편의 메타연구가 수행되었다. 1993년부터 2002년까지 출판된 92편의 진로 프로그램 효과 논문을 분석한 임찬오(2003)의 연구에 따르면, 국내 진로 프로그램의 전체 평균 효과크기는 0.86으로 Oliver와 Spokane(1983)의 미국 진로 프로그램을 대상으로 한 메타분석의 결과(0.83)보다 높게 나타났다. 진로상담, 진로지도, 지도와 상담의 혼합형 중 진로상담 프로그램이 1.28로 가장 효과가 높은 것으로 나타났다. 임은미(2003)는 1993년에서 2003년 사이에 국내에서 발표된 98개의 진로 프로그램에 관한 연구 중에서 진로성숙의 증진을 목표로 한 연구만을 추출하여 효과크기를 분석한 결과, 국내 프로그램들은 참가자의 진로성숙도를 높이는 데 0.70의 효과크기를 나타냈다. 특히 프로그램 유형을 지도, 상담, 혼합형으로 구분하였을 때 지도 중심 프로그램보다 상담 프로그램(ES=0.78)이 가장 효과적인 것으로 나타났다. 한편, 배소정(2004)은 1998년부터 2002년까지 개발 운용된 진로 프로그램 중 진로성숙도의 효과를 측정한 65편의 논문을 분석한 메타연구를 수행하되 효과크기를 전체 사례수로 교정하여 계산하였는데, 진로집단상담 프로그램의 전체 효과크기는 1.04로 가장 큰 것으로 나타났다. 또한 앞서 기술한 임찬오(2003), 임은미(2003)의 연구와 마찬가지로 연령에 따른 집단구성원 중 대학생 집단의 효과크기가 1.60으로 가장 큰 것으로 나타났다.

3) 진로성숙과 관련변인

앞서 언급한 연구 분야 이외에 국내에서는 진로성숙과 관련변인과의 관계에 관한 많은 연구들이 이루어졌다. 지금까지 진로성숙에 관한 연구들은 자아개념, 지능, 내외통제 신념, 성, 가정의 사회경제적 배경, 학년 등 주로 심리·사회적 요인들을 다루었다. 그중 국내에서는 청소년들의 진로선택에 부모의 영향이 크기 때문에 진로성숙과 관련한 변인으로서 부모와의 심리적 분리, 애착 등 가정배경 요인에 관한 연구들도 상당히 많이 이루어졌다(정윤경, 2005). 이하에서는 진로성숙의 남녀 차이, 일과 관련한 체험과 진로성숙과의 관계, 가족변인과 진로성숙과의 관계 등에 관하여 간략히 기술하고자 한다.

우선, 진로성숙 수준의 남녀 간 차이에 관한 국내 연구들은 일치된 결과를 나타내지는 않는다. 남자의 진로성숙도가 높다는 연구가 있기도 하지만(김경령, 2001), 대체로 여자의 진로성숙도가 남자들보다 높다는 연구들이 다수를 이룬다. 김현옥(1989)의 연구에서는 여학생이 남학생보다 진로성숙 수준이 높게 나타났는데, 특히 결정성과 계획성에서 여학생들이 높게 나타났다. 고등학생을 대상으로 한 김상혁(2001)의 연구에서도 남학생보다 여학생들이 진로의식 성숙수준이 높은 것으로 나타났다.

한편, 최근에는 독서(이말출, 2000), 동아리활동(이효정, 2001), 아르바이트 경험(전방연, 2003) 등 일과 관련한 체험과 진로성숙 수준과의 관계에 관한 연구들이 수행되었는데, 이들 연구들은 공통적으로 일과 관련한 체험들이 만족스럽거나 의미 있다고 보고한 학생들일수록 진로성숙 수준이 높은 것으로 나타났다.

한편, 부모의 사회경제적 지위와 진로성숙 수준과의 관계에 대해서는 일관되지 않은 결과들이 보고되고 있다. 즉, 부모의 교육수준(김현옥, 1989; 송영숙, 1998; 이효정, 2001), 부모의 수입(김현옥, 1989), 부모의 직업(차채권, 1998) 등이 자녀의 진로성숙과 정적인 관계가 있다는 연구결과들이 보고되는 반면, 부모의 사회경제적 지위가 자녀의 진로성숙도와는 무관하다는 연구결과(이승국, 1999; 박용관, 2003)도 보고되고 있다. 한편, 부모의 사회경제적 지위와는 달리, 부모의 양육태도는 일관되게 자녀의 진로성숙도와 정적인 상관이 있다고 보고되었다(김인혜, 1993; 이광자, 1998; 이효정, 2001). 특히 여학생은 아버지 그리고 남학생은 어머니의 양육태도에 영향을 더 많이 받는 것으로 나타났다(이광자, 1998). 한편 이희영(1999)의 연구에 따르면 부모에 대한 애착은 아들보다 딸의 진로성숙에 더 영향을 준다고 밝혀졌다. 또한 정정은(2004)의 연구에 따르면 부모가 자녀의 진로에 관심이 높을수록 자녀의 진로성숙도에서 능력 요인 점수가 높은 것으로 나타났다.

3. 한국 내담자에 대한 적용 가능성

진로성숙은 진로발달이론에서의 주요한 핵심 개념 중 하나다. 그런데 이 개념이 서양의 개인주의적인 문화를 반영하는 것이며 동양의 청소년들에게 그대로 적용하여 진로성숙 정도를 측정하는 구인으로 사용하는 것은 이들의 진로발달의 특징을 충분히 반영하지 못하는 것이라는 비판이 제기되었다(Leong, 1991; Luzzo, 1992).

진로선택과정과 관련하여 기존의 연구들은 동양계 미국인들이 유럽계 미국인들에 비해 진로선택행동이 덜 성숙되었다고 보고하고 있다. 그러나 이러한 연구들의 다른 변인들은 동양계와 유럽계의 미국인들이 진로발달의 다른 변인들에서는 그다지 차이점이 없다고 보고하고 있다. 예를 들어, Luzzo(1992)는 필리핀계와 다른 동양계 미국인들의 CMI 점수는 유럽계 미국인들보다 낮았으나, 동양계와 유럽계 두 집단은 CDI로 측정되는 진로결정 기술에서는 별 차이가 없는 것으로 나타났다. 똑같은 CMI를 사용하여 Leong(1991)은 아시아계 미국인들이 유럽계 미국인들보다 진로선택행동은 덜 성숙하지만, MVS로 측정되는 진로정체감에서는 차이가 없는 것으로 나타났다. 이러한 결과는 동양계 미국인들과 유럽계 미국인들이 진로를 결정하는 과정은 다를 수 있지만 진로결정을 통해 획득된 진로정체감의 도달수준은 유사하다는 점을 시사한다.

이러한 결과에 근거하여 Leong(1991)은 진로성숙 구인의 문화적 상대주의 개념을 도출하였다. 그는 동양인들이 진로성숙수준이 실제적으로 낮다고 무비판적으로 가정하기보다는 문화적 차이가 진로성숙의 개념을 조정하는 가능성을 주의 깊게 탐색할 필요성이 있다고 제안하였다. 이러한 문화적 차이의 하나는 독립성이 될 수 있다. Super의 진로발달이론에 근거한 Crites(1965)의 진로성숙이론은 CMI(독립성, 타협, 결정성, 관여, 경향성 등으로 구성됨)의 이론적 근거가 되는데, 이때 진로결정과정에서의 독립성을 진로성숙 태도의 주요요인으로 포함하고 있다. 진로결정과정에서의 독립성은 '직업의 선택에서 다른 사람에게 의존하는 정도'와 관련이 있다. 그런데 독립성에 대한 강조는 동양인들에게는 덜 타당한 것 같다는 것이다. 아시아 문화는 보다 집단적이며 가족지향적인 특징을 가지고 있다(Sue & Morishima, 1982). 동양인들은 독립적이기보다는 상호의존적인 경향이 있다. 실제로 가족의 개입은 동양인들의 진로선택과정에서 중요한 변인인 것으로 보고되고 있다(Tang, Fouad, & Smith, 1999). 따라서 문화적 특성을 충분히 고려하지 않고 독립성을 지나치게 강조하는 것은 진로의사결정과정에 대한 접근에서 동양인들과 서양인들의 문화적 차이를 간과한 것이라고 할 수 있다.

독립성에 대한 대안적 개념으로서는 상호의존성을 들 수 있다. Markus와 Kitayama(1991)는 독립적 자기구성개념과 상호의존적 자기구성개념을 구분하였다. 자기구성개념이란 개인이 어떻게 자신을 다른 사람들과의 관계에서 바라보느냐를 의미한다. 이때 독립적 자기구성개념을 가진 사람들은 개인주의적이고 자기중심적이며 자립적인 경향이 있으며, 이는 서구 문화에서 높이 평가되는 태도라고 할 수 있다. 반면, 동양의 문화에서는 다른 사람들과의 관계 속에서 자기를 규정하고 상호의존적인 자기구성개념이 가치 있다고 여긴다는 것이다(Markus & Kitayama, 1991). 따라서 상호의존적인 자기구성 경향이 강한 동양인들은 중요한 타인의 기대에 부응하고자 하는 경향이 많으며 진로의사결정과정에서 독립성을 드러내는 경향이 유럽계에 비해 덜할 수 있다는 것이다. 따라서 동양인들이 진로의사결정과정에서 독립성을 덜 나타낸다고 해서 이들이 진로선택과정에서 다른 사람에게 의존적이라는 것을 반드시 의미하지는 않는다는 것이다.

진로성숙에서 독립성 요인에 관한 이러한 논쟁은 진로성숙이라는 개념을 한국 내담자에 적용함에 있어서 서양의 독립성 개념을 그대로 차용하는 것이 적절하지 않을 수 있음을 시사한다. 앞서 진로성숙에 관한 국내 논문을 검토하는 과정에서도 나타나듯이, 우리나라의 부모들은 자녀의 진로의사결정에 지대한 영향을 미치는 주요한 요인이라고 많은 연구에서 지적하고 있다. 우리나라의 청소년들이 진로에 관한 의사결정을 하는 과정에서 부모와의 심리적 독립을 진로의식의 성과로 볼 것인가는 생각해 볼 문제다. CMI 하위요인에서도 드러나는 바와 같이 독립성은 전통적으로 진로의사결정과정에서의 성숙 수준을 나타내는 주요한 구인으로 여겨져 왔다. 즉, 가족중심적인 문화가 강한 한국 사회에서 개인주의적 문화에 뿌리를 둔 독립성 개념을 그대로 적용하여 청소년의 진로성숙도를 평가하는 것은 부적절할 수 있다. 따라서 독립성과 별도로 상호의존성 개념을 고려해 보면, 청소년이 스스로의 진로에 관한 의사결정을 할 수 있으면서도 동시에 가족의 기대를 합리적으로 고려하고 타협하는 진로성숙 방향을 생각해 볼 수 있다. 즉, 한국 문화에 적합한 독립적이되 주변의 영향을 합리적으로 고려하는 적응적 개념으로서의 상호의존적 진로발달 개념을 고안할 필요성이 절실하다.

❑❑ 요 약

이 장에서는 Super의 진로발달이론에 대하여 살펴보았다. Super의 이론은 '전생애-생애공간이론(life-span life-space theory)'이라고도 불리며, 진로이론 중에서 가장 포괄적이고 종합적인 이론으로서 전생애, 생애역할, 자아개념과 진로성숙도 등의 개념을 중심으로 이론화되었으며, C-DAC 모형을 통해 이론과 상담의 현장을 접목하려 하였다.

Super의 전생애이론은 성장기-탐색기-확립기-유지기-쇠퇴기 등 5단계 대순환 모형을 중심으로 하며, 진로발달과정을 직업적 자아개념의 발달과 실행과정이라고 보았다. 진로발달이론에서 개인의 진로발달 수준은 진로성숙(career maturity)으로 개념화할 수 있는데, 진로성숙이란 진로발달의 연속선상에서 개인이 자신의 연령 수준에서 주어진 진로과업에 대처할 수 있는 준비도를 의미한다(Fouad, 1988). 특히 아동 및 청소년기에 진로성숙도는 진로의사결정 준비도와 관련이 있는 반면, 성인기에는 사람들마다 진로발달의 속도나 방식이 다르고 연령의 변화와 진로성숙과 무관하기 때문에 진로성숙 대신에 진로적응(career adaptability) 개념으로 대체한다.

Super의 생애공간이론은 종전 직업이론들과는 달리 직업과 직·간접적으로 연관을 맺고 있는 다양한 삶의 역할을 모두 포괄한다. Super는 개인이 담당하는 여러 가지 역할들의 결합과 그에 부여하는 중요성이 개인의 생애구조를 형성한다고 보았다. 생애구조는 자녀, 학생, 여가인, 시민, 근로자, 배우자, 주부, 부모, 은퇴자 등 전생애를 걸쳐서 개인이 담당하는 9가지의 주요한 생애역할과 가정, 학교, 직장, 지역사회 등 생애역할이 수행되는 4가지 극장으로 구조화되며, 이 요소들 간의 상호작용 속에서 개인의 진로양식이 구성된다고 보았다.

또한 Super는 C-DAC 모형을 통해 진로발달이론을 진로상담과 접목하고자 하였다. C-DAC 모형은 전생애적 관점에서 내담자의 주요한 진로문제, 진로발달과업, 진로의사결정 준비도 정도 등을 평가한다. 이러한 평가를 바탕으로 내담자가 생애역할에 부여한 우선순위를 결정하도록 돕는다.

Super의 전생애진로발달이론과 진로성숙 등의 개념은 진로에 대한 포괄적인 시각을 제공하였다는 점에서는 높이 평가받고 있지만, 국내 진로상담에 올바르게 적용되기 위해서는 우리나라의 가족중심 문화의 맥락에서 진로결정과정의 문화적 특징을 이해할 필요가 있다.

참고문헌

김경령(2001). 청소년기의 가정환경이 진로성숙도에 미치는 영향. 건국대학교 석사학위 청구논문.

김동일, 강혜영(2002). 대학생 진로집단상담 프로그램 내용분석. 상담학연구, 3(1), 139-155.

김봉환(1997). 대학생의 진로결정수준과 진로준비행동의 발달 및 2차원적 유형화. 서울대학교 박사학위 청구논문.

김현옥(1989). 청소년 진로성숙과 관련변인과의 상관관계. 건국대학교 박사학위 청구논문.

박용관(2003). 가정의 사회경계적 지위와 중학생의 자아개념 및 진로성숙 간의 관계. 건국대학교 석사학위 청구논문.

배소정(2004). 진로집단상담 프로그램의 효과에 대한 메타 분석. 한국기술교육대학교 석사학위 청구논문.

송영숙(1998). 고등학생의 진로포부 및 진로성숙에 영향을 미치는 주요 변인 분석. 성균관대학교 석사학위 청구논문.

송인섭, 남궁정, 김효원(2006). 진로성숙 구조모형의 타당화 연구. 교육심리연구, 20(2), 387-403.

이광자(1998). 부모의 양육태도가 중학생의 자아존중감과 진로성숙도에 미치는 영향. 서강대학교 석사학위 청구논문.

이말출(2000). 독서 관련 변인과 진로성숙도와의 관계. 동국대학교 석사학위 청구논문.

이승국(1999). 중등학생의 진로성숙 수준과 개인의 내외적 변인과의 관계. 건국대학교 박사학위 청구논문.

이효정(2001). 남녀공학 공업고등학교 여학생들의 진로성숙도 관련 환경변인 탐색 연구. 서울여자대학교 석사학위 청구논문.

이희영(1999). 지로성숙의 예언변인으로서 심리적 분리 및 애착의 유용성. 대학상담학회, 10(2), 135-152.

이희영(2003). 진로성숙과 상담. 서울: 학지사.

임은미(2003). 진로성숙도 증진을 위한 진로지도 및 상담 프로그램의 효과. 진로교육연구, 16(2), 191-204. 한국진로교육학회.

임찬오(2003). 진로지도 및 상담 프로그램의 효과에 관한 메타분석. 전주대학교 석사학위 청구논문.

장석민, 임두순, 송병국(1991). 중 · 고등학생용 진로성숙도 검사 표준화연구. 서울: 한교육개발원.

전방연(2003). 실업계 고등학생의 아르바이트 경험 유무에 따른 진로성숙도 차이

연구. 한국기술교육대학교 석사학위 청구논문.

Bronfenbrenner, U. (1979). *The ecology of human development.* Cambridge, MA: Harvard University Press.

Crites, J. O. (1978). *Career Maturity Inventory: Administration and use manual.* CA, CTB/McGraw-Hill.

Fouad, N. A. (1988). The construct of career maturity in the United States and Israel. *Journal of Counseling Psychology, 43*, 510-526.

Gibson, J. J. (1979). *The ecological approach to visual perception.* Boston: Houghton-Mifflin.

Goldstein, K. (1939). *The organism.* New York: American Book Company.

Hall, D. T. (1992). Career indecision research: Conceptual and methodological problems. *Journal of Vocational Behavior, 41*, 245-250.

Leong, F. T. L. (1991). Career development attributes and occupational values of Asian-American and European-American college students. *Career Development Quarterly, 39*, 221-230.

Lewin, K. (1936). *Principles of topological psychology.* New York: McGraw-Hill.

Luzzo, D. A. (1992). Ethnic group and social class differences in college students' career development. *Career Development Quarterly, 41*, 161-173.

Magnusson, D. (1998). The logic and implications of a person-oriented approach. In R. B. Cairns, L. R. Bergman, & J. Kagan (Eds.), *Methods and models for studying the individual* (pp. 33-64). Thousand Oaks, CA: Sage Publications.

Markus, H. R., & Kitayama, S. (1991). Culture and the self: Implications for cognition, emotion, and motivation. *Psychological Review, 98*, 224-253.

Miller, D. C., & Form, W. H. (1951). *Industrial sociology.* New York: Harper.

Nagel, E. (1957). Determinisam and development. In D. B. Harris (Ed.), *The concept of development.* Univ. of Minnesota Press.

Niles, S. G., & Harris-Bowlsbey, J. (2005). *Career development interventions in the 21st century* (2nd ed.). Upper Saddle River, NJ: Pearson

Prentice Hall.

Osipow, S. H., & Fitzgerald, L. F. (1996). *Theories of career development* (4th ed.). Needham, MA: Allyn & Bacon.

Phillips, S. D. (1982). Career exploration in adulthood. *Journal of Vocational Behavior, 20,* 129-140.

Salomone, P. R. (1996). Tracing Super' s theory of vocational development: A 40-year retrospecitive. *Journal of Career Development, 22,* 167-184.

Savickas, M. L. (1997). Career adaptability: An integrative construct for life-span, life-space theory. *Career Development Quarterly, 45,* 247-259.

Super, D. E. (1965). *The preliminary appraisal in vocational counseling.* Personnel.

Super, D. E. (1990). A life-span, life-space to career development. In D. Brown, L. Brooks, & others (Eds.), *Career choice and development: Applying contemporary theories to practice* (2nd ed., pp. 197-261). San Francisco: Jossey-Bass.

Super, D. E., & Knasel, E. G. (1979). *Development of a model, specifications, and sample items for measuring career adaptability (vocational maturity) in young blue collar workers.* Cambridge, England: National Institute for Careers Education and Counseling, and Ottara, Canada: Canada Employment and Immigration.

Super, D. E., & Knasel, E. G. (1981). Career development in adulthood: Some theoretical problems and a possible solution. *British Journal of Guidance and Counseling, 9,* 194-201.

Super, D. E., Thompson, A. S., & Lindeman, R. H. (1988). *Adult Career Concerns Inventory: Manual for research and exploratory use in counseling.* Palo Alto, CA: Consulting Psychologists Press.

Tang, M., Fouad, N. A., & Smith, P. L. (1999). Asian Americans' career choices: A path model to examine factors influencing their career choices. *Journal of Vocational Behavior, 54,* 142-157.

Vondracek, F. W., & Porfeli, E. (2002). Integrating person- and function-centered approaches in career development theory and research. *Journal of Vocational Behavior, 61,* 386-397.

제4장

Gottfredson의 제한-타협이론[2)]

이 장에서는 Gottfredson이 제안한 진로발달이론을 한국에서의 진로상담에 어떻게 적용할 것인가에 대해 탐색해 볼 것이다. 먼저 Gottfredson의 제한-타협이론의 핵심개념들에 대해 정리하고, 이런 핵심개념들을 중심으로 우리나라에서 현재 진행되고 있는 연구결과를 살펴볼 것이다. 이에 근거하여 Gottfredson의 이론이 진로상담을 하는 우리나라 상담자들에게 어떤 실제적 의미를 주고 있는지를 정리해 보고자 한다.

1. Gottfredson의 제한-타협이론 개관

Gottfredson은 Super와 마찬가지로 발달이론 맥락 속에 있는 학자다. Gottfredson의 제한-타협이론은 크게 두 가지의 중요한 내용으로 구성된다. 하나는 Super와 마찬가지로 각 발달단계별로 어떤 발달과업들이 수

2) 이 장의 일부 내용은 한국진로교육학회의 진로교육연구, 제22권 제1호에 'Gottfredson 제한-타협이론의 한국 내담자에 대한 적용 가능성 탐색'으로 게재된 것임.

행되느냐의 내용이 담겨 있는 발달단계이론으로 제한이론에 해당하고, 두 번째는 진로선택에 관한 내용으로 타협이론에 해당한다. 그 각각에 대해 정리하면서 이 이론의 핵심개념들을 소개하고자 한다.

1) 발달단계이론: 진로대안의 제한

Gottfredson의 이론 중 발달단계이론 안에는 발달이론에서 전형적으로 제시하는 연령별 발달과업 내용이 포함되어 있고, 이러한 연령별 발달과업을 수행하면서 산출된 결과물, 즉 한 개인이 습득하는 내용으로서 진로포부와 직업 인지지도도 포함되어 있다.

(1) 진로포부 발달의 단계

먼저 진로발달 단계를 보면, 일단 Gottfredson은 청소년기까지의 발달만을 언급하고 있다. Super가 전생애 진로발달을 조망하고 있는 것과 다른 점인데, 전생애적 발달 자체를 부정하고 있는 것은 아니지만 가장 핵심적인 것들이 발달하는 시기에 초점을 두고 있다고 하겠다. Gottfredson은 청소년기까지의 진로발달을 총 4단계로 나누고 있는데, 1단계, 2단계, 3단계, 4단계에 각각 성취해야 될 발달과업에 해당되는 것을 단계의 이름으로 명명하였다. 3~5세 시기인 1단계는 서열 획득 단계(orientation to size and power), 6~8세 시기인 2단계는 성역할 획득 단계(orientation to sex role), 9~13세 시기인 3단계는 사회적 가치 획득 단계(orientation to social valuation), 14세 이후 4단계는 내적 자아 확립 단계(orientation of the internal, unique self)다. 각 단계의 연령 구분이 엄격하게 적용되는 것은 아니고, 학령기 전, 초등학교, 중학교, 고등학교 시기로 4단계를 구분하기도 한다. 즉, 각 단계를 거치는 연령보다는 각 단계를 거쳐 가는 순서가 발달적으로 더 의미 있는 정보라고 하겠다.

각 발달 단계를 살펴보면, 학교에 들어가기 이전 단계인 1단계에서는 서열의 개념을 획득하는 것이 중요하다. 이 시기에 직업에 대해 갖는 생각은 '나는 작고 어린아이이다. 그런데 어른은 크고, 어른이 되면 일이라는 것을 하게 된다.' 라는 것으로, 크기와 힘에 대한 개념이 일과 관련된 영역에도 적용된 것이라고 할 수 있다. 자신보다 크고 힘이 센 어른들만이 일이라는 것을 할 수 있다는 생각으로 일을 갖게 되는 것에 대한 선망을 갖는 시기이기도 하다.

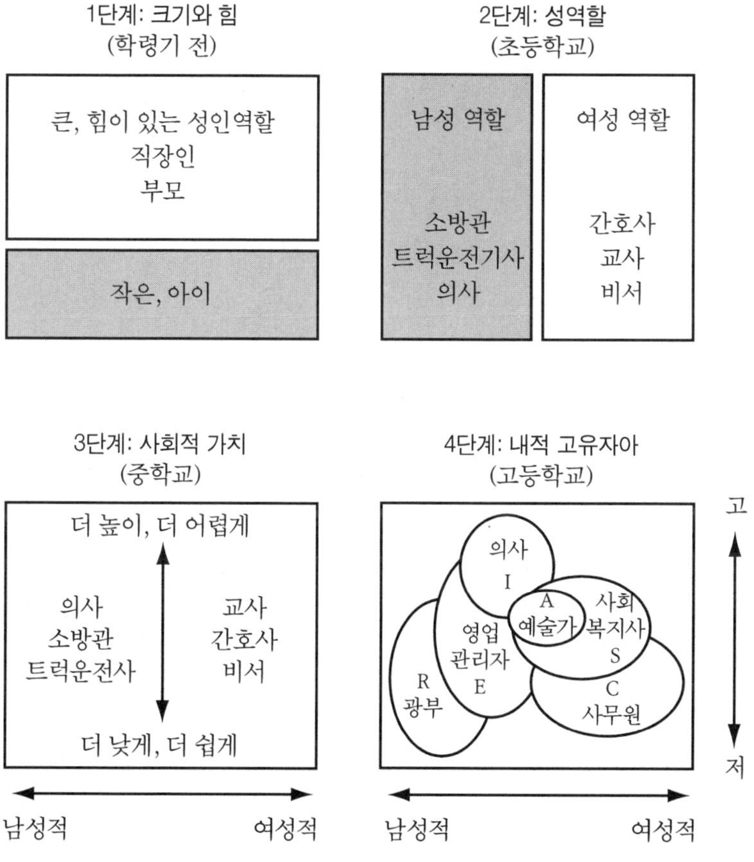

[그림 4-1] Gottfredson의 진로발달 단계

출처: Gottfredson, 2005.

2단계가 되면 아이들은 내가 누구인가(self)에 대한 개념이 생기면서 나를 어디엔가 동일시하고 싶어 하는데 가장 쉬운 방법이 이분법적 동일시다. 즉, '나는 남자다' '나는 여자다' 라고 하는 이분법적 정체감을 형성하게 된다. 초등학교 시기에 이런 발달이 가장 급격하게 일어나고, 초등학교 현장에서 보이는 남녀 대결 구도는 자기를 찾기 위한 노력의 일환이라고 할 수 있다. 그러면서 직업세계에 대해서도 '저런 일은 남자가 하는 일인 것 같아. 난 남자니까 나중에 커서 저걸 해 볼 거야.' 또는 '저런 일은 여자가 하는 일인 것 같아. 나 같은 남자에겐 어울리지 않지.' 등의 생각을 하기 시작한다. 이때가 되면 남자아이들은 "너 커서 간호사를 해 보렴. 동생도 잘 돌보니까 잘할 거야."라고 하면 실망하거나 화를 내면서 "간호사는 여자가 하는 거잖아."라고 하고, 또 여자아이에게 "군인이 참 멋지지 않니? 너도 나중에 커서 군인을 하면 어때."라고 하면 "군인은 남자 거야."라고 한다. 성역할 사회화가 나타나면서 직업에 대한 성역할 고정관념도 이 시기에 습득된다.

3단계에 접어들면 아이들은 바깥세상에 좀 더 눈을 뜨게 되는데, 모든 사람이 갖고 싶어 하는 사회적 가치라는 것이 있고, 이것을 모두 가질 수 없기 때문에 어떤 규칙에 의해 나눠 갖는다는 것을 알게 된다. 특히, 현대 사회는 능력이 그 분배의 가장 핵심적 원리로 작용하고 있다는 것을 알게 되면서, 자신의 상대적 능력에 대해 판단하기 시작하고 이를 사회 속에서의 상대적 서열과 관련짓는다. 직업세계에 대한 인식에 능력으로 서열을 매기는 사회적 지위라는 개념이 들어오게 되고 이런 사회적 지위에 자신의 능력을 대비시켜 본다. 높은 지위의 직업과 낮은 지위의 직업에 대한 개념이 생기면서 '나는 어느 자리의 일을 할 수 있을까.' 를 생각하기 시작한다. '직업에 귀천이 없다고는 하지만 어떤 사람은 돈을 잘 벌고 어떤 사람은 사람들로부터 존경을 많이 받으며 어떤 직업은 사람들이 많이 하려고 하고 어떤 직업은 그렇지 않다. 그런데 잘 보니까 돈도 많이 벌고 사람들도 알아주는 직업들은 아무나 가지는 게 아니라 경쟁에서 이길 능력이 되어야 가질 수 있고, 그런 직업을 가지려면 능력이 굉장히 중요하구나. 그런데 나는 그런 능력이 있나? 내가 생각하기에 저런 직업은 별로 능력이 없어도 아무나 할 수 있는데 나는 그것보다는 능력이 많은 사람 같은데 그런 일을 할 수는 없지.' 등의 생각으로 자신의 능력을 기준으로 적합한 직업군을 줄여 나간다.

4단계로 오면서 사춘기를 맞게 되고 이차성징이 나타나면서 변화되는 자신을 보며 '내가 누구인가' 라는 정체감 혼란 시기에 놓이게 된다. 자기정체감을 확립하기 위한 고민과 노력은 여러 영역에서 나타나는데, 진로발달에서는 '나랑 좀 잘 맞으면 좋겠다.' '나한테 어울리는 직업은 뭘까?' 등의 고민이 여기에 해당된다. 이전 단계에서 능력에 맞는 직업들로 앞으로의 진로대안을 축소시킨 청소년들은 '그런데 이 정도의 능력에 해당되는 직업이 하나가 아니라 여러 개 있는데 그중에서 나는 뭘 하는 게 좋을까' 라는 고민을 시작하는 것이다. 내가 어떤 사람인지, 내가 뭘 좋아하는지, 내가 어떻게 자랐는지, 내 주변 사람들의 기대는 어떠한지 등의 고민을 거쳐 자기정체감을 확립하게 되고, 지금까지 생각했던 성역할과 사회적 지위도 만족시키면서 자기정체감까지 만족시키는 직업을 선택하게 된다. 그것이 바로 내적 자아 확립 단계인데, 내적 자아의 고유성 중 가장 대표적인 것이 흥미여서, 흥미별로 직업을 분류하고 자신의 흥미에 맞는 직업세계를 추구하는 경우가 많다.

이렇게 발달 단계별 특징을 알아보았는데, [그림 4-2]는 그 과정의 결과를 보여 준다. 이 그림은 중간 정도의 능력을 가진 남자아이의 진로포부를 예로 나타낸 것이다. 가로축은 직업의 성역할 유형을 나타내는 축이고, 오른쪽으로 갈수록 여성적이고 왼쪽으로 갈수록 남성적임을 나타낸다. 세로축은 직업의 사회적 지위를 나타내는 축이며, 위로 올라갈수록 직업의 지위수준이 높고 아래쪽으로 내려올수록 지위수준이 낮음을 나타낸다. 1단계에서는 어른만 되면 어떤 직업이든 자신이 원하는 직업을 가질 수 있다고 생각하다가, 2단계가 되면 그 직업들 가운데 여성적 직업을

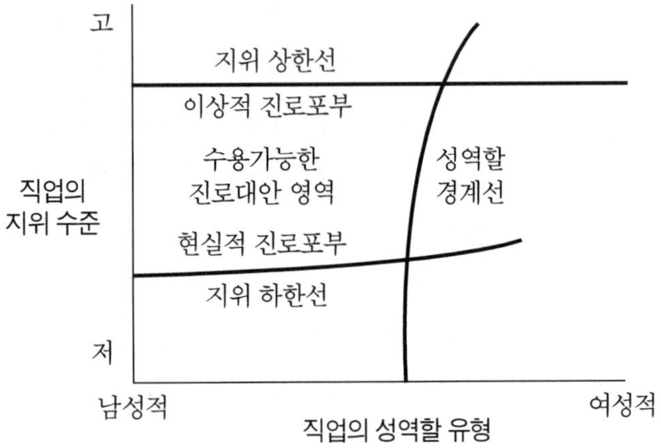

[그림 4-2] 진로포부의 제한

출처: Gottfredson, 1996.

제외시킨다. 즉, '성역할 경계선' 이라고 하는 세로줄을 그어서 그 선보다 왼쪽에 있는 직업만을 꿈꾸게 된다. 이 성역할 경계선이 직선이 아니고, 지위가 높아지면서 조금 기우는데, 지위가 높은 직업에 대해서는 내 성역할과 맞지 않아도 수용을 한다는 것을 의미한다. 그다음 3단계에서는 지위 면에 있어서 '이 정도 지위는 내가 아무리 열심히 해도 못할 것 같아.' 라고 하는 상향선과 '그래도 나 정도 되는 사람은 이렇게 낮은 지위의 직업을 가지면 안 되지.' 라는 아래 하향선을 가로로 그리게 된다. 성역할 경계선, 지위 하향선, 지위 상향선으로 둘러싸인 부분이 수용 가능한 진로대안 영역이 되는 것이다. 이렇게 3단계를 거치고 나면, 이 수용 가능한 진로대안 영역 내에서 자신의 흥미에 맞고 자신의 특성에 맞는 직업으로 축소해 나간다. 이렇게 전체 단계를 거치는 과정이 모두 진로대안의 범위를 축소해 나가는 과정이라는 의미에서 이 과정을 진로포부의 제한 과정이라고 부른다.

(2) 직업 인지지도

이러한 진로발달의 과정을 거치기 위해서는 어떤 직업이 남성적 직업인지 여성적 직업인지 알아야 하고, 어떤 직업이 지위가 높은지 낮은지도 알아야 한다. 또한 어떤 직업이 어떤 흥미를 충족시켜 주는 것인지도 알아야 한다. 이와 같은 직업의 성역할 유형, 사회적 지위, 직업흥미유형 등에 대해 잘못 알고 있으면, 자신이 제한시킨 진로대안의 범위도 아무 소용이 없는 것이 되어 버릴 것이다. 따라서 직업의 특성에 대한 인식의 발달도 Gottfredson의 진로발달이론의 중요한 내용으로 포함된다.

[그림 4-3]과 [그림 4-4]는 Gottfredson이 제안하는 직업 인지지도다. [그림 4-2]에서와 마찬가지로 가로축은 왼쪽으로 갈수록 남성적이고 오른쪽으로 갈수록 여성적인 직업을 나타내며, 세로축은 위로 갈수록 지위가 높고 아래로 갈수록 지위가 낮은 직업을 나타낸다. 특정한 직업명을 제시하고 얼마나 남성적(또는 여성적) 직업이라고 생각하는지, 사회적 지위는 얼마나 높다고 생각하는지 응답하게 하고, 그 결과를 수합하여 그래프에 나타내 본 것이 [그림 4-3]이다. 그리고 그 직업들의 특성이 유사한

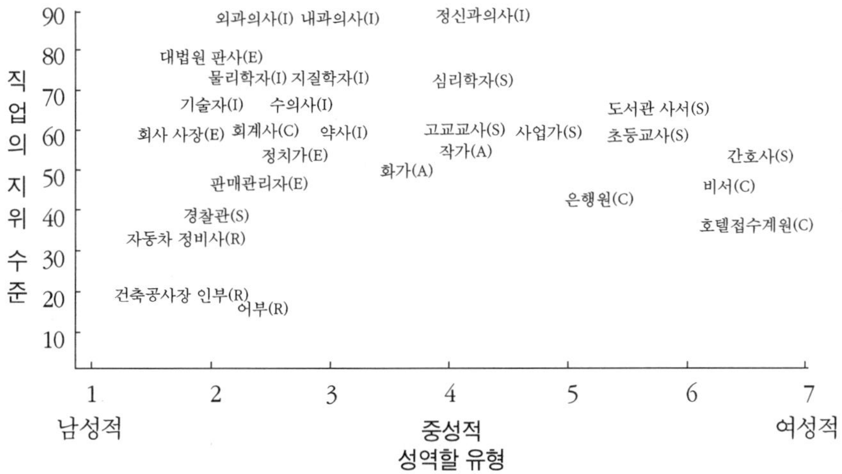

[그림 4-3] 직업에 관한 인지지도

출처: Gottfredson, 1996.

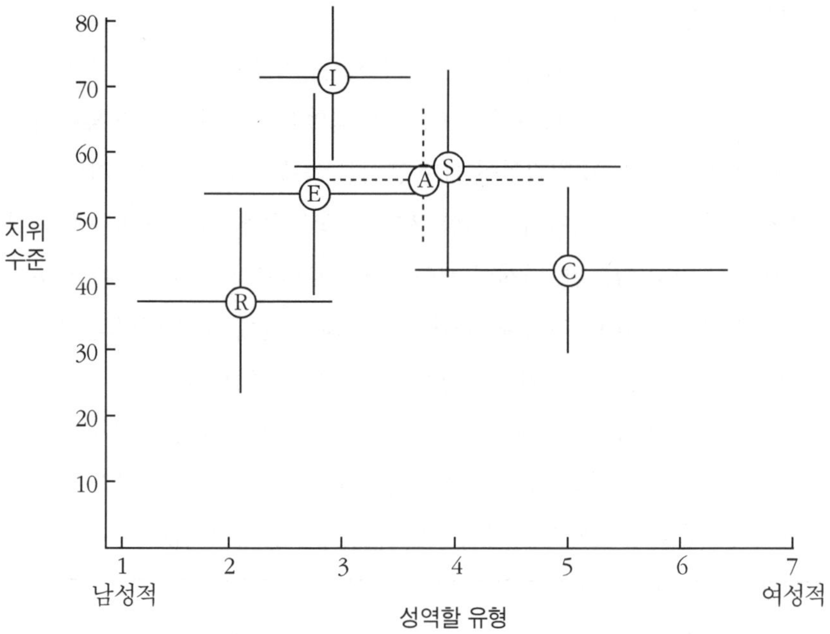

[그림 4-4] Holland 유형에 따른 직업 인지지도

출처: Gottfredson, 1996.

것끼리 묶어 보면 [그림 4-4]와 같은데, Holland의 직업성격유형인 RIASEC으로 분포하게 되는 것이다. [그림 4-4]의 직업 인지지도를 살펴보면, 대체로 현실형(R)은 남성적이고 사회형(S)과 관습형(C)은 여성적임을 알 수 있다. 또한 현실형(R)의 직업이나 관습형(C)의 직업은 사회적 지위가 상대적으로 낮다. 이런 것들이 실제 직업세계의 남녀 분포나 지위를 반영하고 있을 뿐만 아니라, 그 사회를 구성하고 있는 성인에게도, 또 자라나고 있는 아동이나 청소년들에게도 공유되고 있다.

2) 진로선택이론: 진로선택과정에서의 타협

Gottfredson의 진로발달이론은 지금까지 살펴본 발달과정에 대한 내용과 함께 진로선택과정에 관한 내용도 포함하고 있다. 즉, 제한-타협이론 중 타협 부분에 해당하는 내용이다. 여기에서 타협(compromise)이란 수용가능한 진로대안 영역 안에서 자기가 원하는 흥미 영역의 직업을 선택한다고 해도 그 직업을 선택할 수 있는 현실적 여건이 안 되는 경우 어떤 부분을 포기할 수밖에 없는 과정을 말한다. 자신이 생각하고 있던 진로대안 안에서 모든 것을 만족시키는 대안을 선택하게 되는 경우보다는 뭔가 내가 원했던 것은 아니지만 뭔가를 포기해야 선택이 가능한 현실적 상황들을 Gottfredson은 자신의 이론에 포함시킨 것이다.

타협이론에서 Gottfredson은 실제 사람들이 타협하는 과정에서 어떤 측면을 무조건 타협하는 것이 아니라, 어떤 측면은 쉽게 포기할 수 있는 반면 어떤 측면은 양보하기 힘들어 한다는 점에 주목하고 있다. Gottfredson은 발달 단계에서 나타나는 성역할, 사회적 지위, 흥미를 타협의 중요한 측면들로 제시한다. 이 세 가지 중 어느 하나를 포기할 수밖에 없다면 사람들은 자신의 흥미를 가장 쉽게 포기하게 된다. 흥미를 포기해도 여전히 직업을 선택하기 어려울 경우 사회적 지위를 포기하는데, 성역할은 가장 포기하기 어려워하는 부분이기 때문이다. 즉, 사람들은 '흥미>사회적 지위>성역할' 의 순서로 자신에게 적합한 진로대안을 포기해 나간다는 것이다. 그러나 '흥미>사회적 지위>성역할' 의 순서를 확인하기 위해 실시된 많은 경험적 연구들이 일관된 결과를 내놓지 못하였다.[3] 어떤 사람은 좀 더 쉽게 성역할을 포기하는가 하면, 또 어떤 사람은 좀 더 쉽게 사회적 지위를 포기하는 것으로 나타났다. 1990년대 중반에 들어서면서 이런 초기 이론을 보다 정교화하게 되는데 [그림 4-5]와 같이 타협의 정도에 따라 어떤 측면을 포기하게 되는지도 달라진다고 제안하였다. 초기 이론에서 제안했던 순서는 타협을 심각하게 많이 하지 않아도 될 때 적용되는 것이고, 타협을 많이 해야 되면 그 양상이 달라진다.

3) 타협에 관한 경험적 연구의 결과는 황매향, 김계현(2001)에 정리된 내용을 참고하기 바란다.

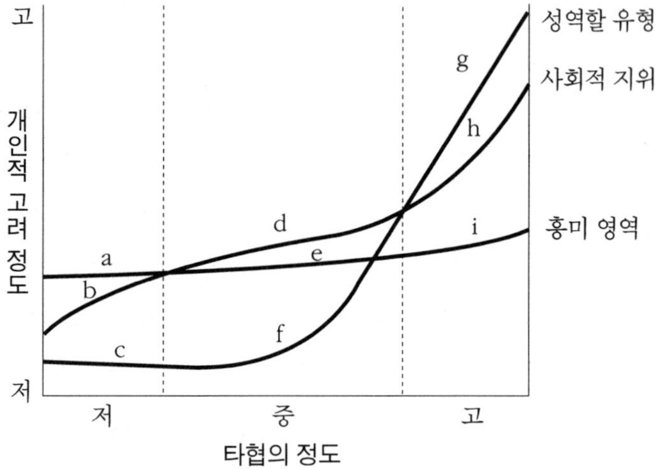

[그림 4-5] 타협의 정도에 따른 타협 영역

주: 각 그래프는 타협의 정도에 따라 성역할 유형, 지위, 홍미 영역에 대한 중요도가 달라짐을 나타낸다.

출처: Gottfredson, 2003.

다음으로 Gottfredson은 타협에 대한 심리적 적응 과정의 중요성을 강조하고 있다. 자신이 바라던 최고의 선택을 하지 못하고, 현실적으로 가능한 최선의 선택을 하면서 포기할 수밖에 없었던 것을 받아들이는 과정이 진로선택 이후의 적응을 좌우하게 된다. 특히 타협에 대한 심리적인 적응은 선택한 진로에서의 만족도와 깊이 관련된다. 이 부분에 대해서는 Gottfredson 자신이 직접 경험적 연구에 참여하고 있는데, Gottfredson과 Becker(1981)는 보다 적응적인 직업인들은 자신이 선택한 직업의 영역에 맞게 자신의 진로기대를 변화시켜 가고 있다는 것을 밝혔다. 또한 제한-타협이론을 발표하기 전인 1980년의 연구에서는 연구대상(남자)의 84%가 젊었을 때 보다 탐구적(I)인 일을 선호하는 사람이 많았고 진취적(E)인 직업을 선호하는 사람이 적었지만, 현재는 자신이 원하는 영역에서 일을 하고 있다고 응답하였다. 더 앞선 연구에서도 자신의 홍미 영역과 동일한 직업을 선택한 사람들의 직업만족도는 그렇지 않은 사람들의 직업만족도와 큰 차이를 보이지 않았다(예: Worthington & Dolliver, 1977; Zytowski, 1974). Gottfredson은 흥미라는 것이 진로의사결정에 크게 중요한 요인이 아니기 때문에 이러한 결과는 오히려 당연한 것이라고까지 말하고 있다. "개인은 일의 영역에 대해서는 많은 타협을 했다 해도 심리적으로 잘 적응할 수 있지만, 사회적인 위치를 위협하는 사회적 지위에 대한 타협이나 성적 정체감의 실현을 어렵게 하는 성역할의 포기에 대해서는 더욱 적응하기 어려워한다."(Gottfredson, 1996, pp. 201-202)라고 하면서 타협에 대한 적응의 준비도는 타협의 측면에 따라 달라질 수 있다고 주장하였다.

2. 국내에서의 연구동향

지금까지 살펴본 Gottfredson의 제한-타협이론은 우리나라에서도 최근 활발히 연구되고 있다. 발달단계이론에서 살펴보았던 진로포부 발달에 대한 연구와 직업 인지지도에 대한 연구가 모두 우리나라에서 진행되고 있고, 진로선택에서 나타나는 타협과정에 관한 연구도 진행되고 있다. 그 내용을 차례로 살펴보면 다음과 같다.

1) 진로포부 발달에 관한 연구

실제 우리나라 아동 및 청소년들이 진로발달 단계를 거치면서 자신에게 맞는 직업으로 진로대안을 좁혀 나가는지 그 제한과정을 알아본 연구는 다양한 집단을 대상으로 많은 연구가 이루어진 것이 아니기 때문에 일반화에 한계가 있다. 임은경(2000)은 초등학생을 대상으로, 김수기(2003)는 중학생을 대상으로, 이성식(2004)은 고등학생을 대상으로 직업포부의 발달을 알아보았는데, 연령이 높아지면서 직업에 대한 인식이 확장되고 이에 따라 포부가 구체화되고 다양해지는 것을 확인하였다. 그러나 Gottfredson의 발달 단계를 연령별로 확인하지는 못하였다. 미래에 갖고 싶은 직업에 대한 선호의 이유를 통해 Gottfredson의 발달 단계를 간접적으로 밝혀 보려고 했지만 이 자료들로 어떤 결론을 내리기는 어렵다. Hwang 등(2006)은 초등학생, 중학생, 고등학생, 대학생 집단을 각각 연구대상으로 직업포부의 발달을 분석하였다. 우리나라 학생들은 초등학교에서 중학교, 고등학교로 갈수록 수용가능한 진로대안 영역, 즉 [그림 4-2]에서 본 사각형의 면적을 점차 좁혀나감을 확인할 수 있었다. 그러나 초 · 중 · 고를 지나면서 계속 축소되었던 진로대안 영역은 대학교에 오면서 다시 확대되고 있었다. 이 부분은 우리나라에서만 나타나는 특이한 현상으로, 대학에 와서 급격한 진로발달을 이룬다는 것을 시사한다. 즉, 지금까지 제외했던 진로대안들에 대해 다시 생각하기 시작하고, 지금까지보다 더 적극적이고 활발한 진로탐색을 수행할 가능성이 높은 것이다. 서두에도 밝혔듯이 이러한 결과는 여러 논문을 통해서 확인된 것이 아니기 때문에 아직 사실로 받아들이기보다는 후속연구를 통해 더 밝혀야 할 부분들이다.

진로포부 면에서의 남녀 차이를 살펴본 연구에서는 서로 상반된 결과를 보이고 있다. 황매향, 박은혜, 유성경(2006)의 연구에서는 미국의 연구결과와 일관되게 초 · 중 · 고에서 모두 남학생의 진로포부 수준이 여학생의 진로포부 수준보다 높았고, 그 차이는 학년이 올라가면서 줄어들었다. 그러나 다른 연구에서는 여학생이 초 · 중 · 고 시기를 통틀어서 직업의 성역할 유형과 사회적 지위의 측면 모두에서 남학생보다 높은 포부를 나타내었으며 그 폭이 고등학교 시기에도 줄어들지 않았다(유정이, 김지현, 황매향, 2002, 2004; 황매향, 김지현, 유정이, 2003). 이런 새로운 발견에 대해 연구자들은 다음과 같이 밝히고 있다. "여학생이 남학생보다 직업의 성역할 유형이나 직업의 지위수준에서 보다 폭넓은 가능성을 열어 두고 비교적 덜 제한하는 것으로 보인다. 남학생이 비교적 일관성 있게 낮은 포부수준을 갖는 것은 남학생이 여학생에 비해 유연성을 갖지 못한 것으로 해석된다. 즉, 직업의 성역할 유형의 측면에서 남학생이 여학생보다 낮은 포부수준을 보이고 있는 것은 남성이 여성에 비해 성역할 개념에서 엄격한 기준을 가지는 것으로 해석할 수 있다. 직업의 지위 면에서도 남학생은 여학생에 비해 비교적 좁은 직업 범위만을 자신에게 허용하였는데, 이는 남성이 가정의 생계를 책임져야 하는 가장으로서의 역할개념에 얽매여 있기 때문이 아닌가라는 가정을 가질 수 있겠다."

2) 직업 인지지도에 관한 연구

직업 인지지도와 관련된 연구도 그렇게 많이 이루어지고 있지는 않다. 초·중·고·대학생들의 직업인식 내용으로 각 학교급별 직업 인지지도를 그려 보면, 초등학생들이 생각하는 직업 인지지도, 중학생들이 생각하는 직업 인지지도, 고등학생들이 생각하는 직업 인지지도, 대학생들이 생각하는 직업 인지지도들이 각 연령대 안에서는 일관된 것을 확인할 수 있었다(예: 이성식, 2004; 임은경, 2000; Hwang, Kim, Ryu, & Heppner, 2006). 즉, 같은 연령집단 내에서는 직업인식에 있어 개인차가 크게 나타나지 않아, 서로 유사한 직업인식을 공유하고 있다고 하겠다.

직업 인지지도는 가로축의 성역할 유형과 세로축의 지위수준이 핵심이다. 직업의 성역할 유형에 대한 인식에서 우리나라 학생들은 초등학교 때부터 잘 알고 있었고, 그 내용도 별로 변화하지 않으면서 대학교까지 그대로 유지가 된다. 초등학교 시기부터 확실히 '남성적 직업'과 '여성적 직업'에 대한 인식이 뚜렷하게 형성된다.

그러나 직업의 사회적 지위에 대한 인식은 상당한 차이를 보였다. 초등학생들이 생각하는 지위가 높은 직업과, 대학생들이 생각하는 지위가 높은 직업이 상당히 다른 양상을 보인다. 그리고 이러한 인식은 연령이 높아질수록 훨씬 더 현실에 가까워진다. 초등학생이나 중학생들은 아직 직업의 사회적 지위에 대해서 잘못 알고 있는 경우가 적지 않다. 또한 직업세계 자체에 대한 정보가 적어 전형적인 직업에 대해서는 알고 있지만 잘 모르는 직업이 많은 것으로 나타난 점도 중요한 발견이다.

예를 들어, Holland 직업성격유형의 분포로 직업인식을 간소화하여 그 차이를 살펴보면 〈표 4-1〉과 같다. 각 직업성격유형들의 성역할 유형은 사회나 문화적 배경에 따라 크게 다르지 않지만, 어떤 직업성격유형들이 그 사회 안에서 어떤 직업지위를 갖느냐는 문화적, 사회적 영향을 받기 때문에 각 나라마다 조금씩 다르다. Gottfredson이 주로 연구한 미국에서는 높은 지위의 순서가 I, S, A, E, C, R인데(S, A, E 유사), 우리나라 직업지도(노동부 Job Map 자료에 기초하여 작성)는 I, E, A, S, C, R의 순서이고, 여기에서 E, A, S가 비슷하게 뭉쳐 있고 C, R이 비슷하게 뭉쳐져 있다. 미국의 직업 인지지도와 우리나라 직업 인지지도를 보면 가운데 있는 것들만 순서가 다를 뿐 큰 덩어리는 크게 다르지 않다. 이를 통해 우리나라가 미국 사회와 많이 닮았다는 것을 짐작할 수 있다.

〈표 4-1〉 초 · 중 · 고 · 대학생의 직업지위 인식 비교

구분	(높은 지위) (낮은 지위)
Gottfredson의 제안	I-S-A-E-C-R*
우리나라 직업지도(Job Map)	I-E-A-S-C-R**
초등학교 남학생	S-I-A-R-C-E
초등학교 여학생	S-I-R-C-A-E
중학교 남학생	I-S-R-E-A-C
중학교 여학생	S-I-A-E-R-C
고등학교 남학생	S-I-R-E-A-C
고등학교 여학생	I-S-A-E-R-C
대학교 남학생	I-E-S-A-R-C
대학교 여학생	I-S-A-E-R-C

* S, A, E 유사, **E, A, S 유사, C, R 유사

우리나라의 초등학생부터 대학생까지의 직업지위에 대한 인식을 살펴보면, 고등학교 여학생 정도가 되어야 우리나라 실제 직업 인지지도와 유사한 형태가 나타나고, 대학교에 가서야 안정적으로 직업세계의 인식이 자리잡게 된다. 또한 직업세계에 대한 인식에서 남학생들보다 여학생들이 조금 더 현실적인 점도 확인할 수 있다. 이러한 연구결과를 일반화하기는 힘들지만, 고등학교 시기까지 우리나라의 많은 학생들이 직업세계에 대해 이런 오해들을 가지고 있을 수 있음을 보여 준다. 특히, 이러한 직업인식에서 꿈꿔 오고 생각했던 것들이 현실과 맞지 않아 의미가 없어지게 된다면, 학생들이 겪어야 하는 혼란은 더욱 클 것이다.

3) 타협과정에 관한 연구

다음으로 타협과정에 관한 우리나라 연구를 살펴보려고 하는데, 이는 가장 활발하게 연구가 진행된 부분이다. 다양한 연령층과 다양한 결정 상황에 적용되어 연구되고 있고, 타협 영역도 Gottfredson이 제안한 성역할, 사회적 지위, 흥미의 세 가지만이 아니라 여러 가지 측면을 포함시키고 있다. 측정 방법에서도 여러 가지 방식들이 시도되어 다양성이 확보되어 있다. 그러나 여전히 미국의 연구에서와 마찬가지로, 일관된 결과를 도출하지 못하고 있다. 즉, 타협에 관한 다양한 현상들이 발견되고 있는 상황이고, 이런 부분들이 연구영역에서는 도전으로 여겨지기도 한다.

타협과정에 관한 우리나라의 연구는 앞으로의 진로선택에 대한 타협과정과 이미 선택한 진로에 대한 타협과정에 대한 연구로 대별해 볼 수 있다. 실제 타협이 실시된 과정보다는 앞으로의 타협을 예상하는 쪽이 더 많이 연구되었는데, 고등학생(김미연, 2005; 김장회, 2009; 이기학, 2005; 이기학, 조미랑, 2003), 대학생(김선희, 2006; 김장회, 2009; 김화영, 2003; 박관성, 2008; 장보인, 2003; 정영희, 2002), 청년실업자(고지영, 2005) 등을 대상으로 하고 있다. 대부분의 연구가 Gottfredson이 제안한 직업의 성역할 유형, 직업의 사회적 지위, 직업의 홍미유형 중 어떤 것을 더 쉽게 포기하는가를 밝히고 있다. 미국의 연구에서와 마찬가지로 일정한 방향성을 밝힐 수는 없었고, 타협의 방향을 결정하는 요인이 되는 성별, 출생순위, 자기효능감, 타협의 정도, 역할지향성 등과의 관련성을 밝히고 있다는 의의가 있다. 또한 청년실업자를 대상으로 한 고지영의 연구에서는 성역할, 사회적 지위, 홍미와 함께 노동시장진입 연기라는 새로운 타협 영역을 제안하기도 하였다.

이미 선택한 진로의사결정에서의 타협과정에 대한 연구는 대학신입생을 대상으로 한 황매향, 김계현(2003)의 연구와 재수생을 대상으로 한 신영관(2004)의 연구가 대표적이다. 우리나라 대학 입시의 특성상 타협이 한 번이 아니라 다단계로 이루어지면서 단계별로 타협 영역이 유지되기도 하고 변화되기도 하는 과정을 밝힌 것이 의의라고 할 수 있다. 그러나 대학입시라는 한 가지 의사결정만을 조망하고 있다는 점과 타협 이후의 적응과정에 대해 보다 치밀한 연구를 하지 못했다는 한계가 있다. 이러한 한계점은 앞으로 후속연구의 출발점이 될 수 있을 것이다.

3. 한국 내담자에 대한 적용 가능성

지금까지 살펴본 우리나라에서의 연구결과들이 진로상담 실제에 어떤 의미를 주는가? Gottfredson의 제한-타협이론과 그 이론의 적용 가능성을 검토한 우리나라의 연구결과들은 진로교육이나 진로지도에 주는 시사점과 진로상담에 주는 시사점으로 크게 나누어 볼 수 있다. 여기에서는 전자보다 후자에 초점을 두고 그 시사점을 정리해 보고자 한다.

개인적으로 내담자를 만나 진로와 관련된 문제를 풀어 나갈 때 Gottfredson이 제안한 개념들 중 가장 도움이 된 개념은 타협이었다. 타협과정에 관한 연구들은 일관된 결과를 보여 주지 않고 있지만, 분명한 것은 타협이란 것을 하지 못하면 결정에 이를 수 없고, 어떤 직업을 선택하기 힘들다는 사실이다. 이것이 바로 진로에서의 타협의 불가피성이고, 진로상담에 주는 첫 번째 시사점이다. 다음으로 타협의 불가피성 때문에 어떤 내담자가 결정에 이르도록 돕기 위해서는 타협과정을 촉진하는 것이 핵심이라는 점이다. 마지막으로 타협을 거쳐 결정했기 때문에, Gottfredson도 강조하고 있듯이 타협의 결과에 대한 적응이 중요한 과제가 된다는 것이다. 즉, 타협결과에 적응하지 못하면, 불만족이나 부적응 등을 초래하게 되고, 실제 상담실을 찾는 내담자들 중에는 이전 결정과정에서의 타협에 적응하지 못하고 있는 경우가 적지 않다.

1) 타협의 불가피성에 대한 수용

먼저 타협의 불가피성은 진로결정에서만 나타나는 것이 아니다. 예를 들면, 요즘 사회문제로까지 부각되고 있는 중요한 이슈 중의 하나가 결혼(넓은 의미에서 진로결정에 속함)이다. 결혼을 안 한 많은 노총각과 노처녀들을 만나 보면 모두 자신에게 꼭 맞는 상대를 찾지 못해 결혼을 못하고 있다고 한다. 그러나 결혼한 사람들은 알겠지만 실제 자신에게 꼭 맞는 상대와 결혼하는 경우는 많지 않다. '다른 건 좋은데 장남이야.' '다른 건 좋은데 종교가 달라.' '다른 건 좋은데 나한테 너무 기대는 것 같아.' 라고 하면서 상대를 떠나는 사람은 결혼하기 어렵지만, '뭐 그래도 그 정도면' 이라고 하는 사람은 결혼에 이르게 된다. 사실, 쉽게 포기할 수 있는 것은 아니지만 포기하지 않으면 어떤 결정도 내릴 수 없는 것이 현실이다.

다시 진로선택으로 돌아오면, Gottfredson은 직업의 성역할 유형, 사회적 지위, 흥미가 중요하다고 했다. 그러나 우리나라를 비롯한 동양문화권에서는 특히 사회적 지위가 중요하다고 한다. 실제 상담실에서 만나는 내담자들은 "내 부모도 날 자랑스러워해야 되고, 내 배우자도 날 자랑스러워해야 되고, 나중에 내 자식도 날 자랑스러워해야 되는데."라고 말하는데, 이로써 사회적 지위가 타협하기 가장 어려운 걸림돌이 된다는 것을 알 수 있다.

또한 Gottfredson은 타협에서 세 가지 중요한 영역을 제안하였지만, 실제 상담실에서 상담을 해 보면 훨씬 더 많은 타협의 대상들이 존재하고 있다. '이론에서 세 가지로 나누어 놓았으니까 세 가지만 상담에서 고려하면 된다.' 는 것은 곤란하고, 각자가 직업을 선택하면서 어떤 측면들을 중요시하는지 명료화해야 한다. 어떤 것을 타협의 우선순위로 두는가에는 더 큰 개인차가 존재하고, 이로 인해 계속 일관되지 않은 연구결과들이 나온다. 물론 연구가 많이 무르익으면 어떤 개인차나 맥락적 변인이 그런 차이를 초래하는지가 밝혀지겠지만 아직은 그렇지가 않다. 이런 상황에서 상담자는 연구결과가 정리될 때까지 기다리기보다는 내담자의 개인차를 존중해야 한다. '이 내담자의 어떤 특성 또는 상황이 이 내담자로 하여금 어떤 걸 포기하기 힘들게 하고 어떤 걸 주저하게 하고 어떤 걸 쉽게 포기하게 하는가' 를 탐색하고 관찰하고 명료화해 나가야 한다.

그리고 이렇게 여러 영역에 대한 타협이 일어나다 보니 진로선택에서 흥미와 적성도 중요하지만 타협의 우선순위를 결정하는 개인의 가치관도 중요하다. '세상을 어떻게 바라보고 있는가' '내가 어떤 삶을 살고 싶은가' 라는 가치관이 확립되지 않으면, 타협의 우선순위를 정하기가 어렵다. 따라서 이러한 가치를 중심으로 우선순위를 정하고 그 중요도를 빨리 확인하는 것이 중요해진다. 단, 여기에서 주의할 점은 내담자가 원하는 대로 우선순위를 주다 보면, 많은 내담자들이 직업의 외적 가치만을 우선순위에 두게 된다는 것이다. 특히, 진로발달이 지체되어 있거나 진로계획이 명확하지 않은 내담자일수록 "돈을 잘 벌어야 돼요." "사람들이 알아줘야 돼요." "근무시간이 짧아야 돼요." "휴가를 많이 줘야 돼요." "근무환경이 쾌적해야 해요." 등의 외적 가치만을 추구한다. 그러나 실제로 진로에 있어서 적응을 높여 주고, 직업만족도를 높이는 것은 외적 가치보다는 내적 가치라는 연구결과가 많다. 따라서 내담자가 정한 우선순위가 지나치게 외적 가치 쪽으로 편향되어 있다면 그 외적 가치를 내적 가치로 변화시켜 주는 일부터 해야 한다.

2) 타협과정을 촉진하는 상담

타협이 불가피하다는 것을 내담자가 받아들인다면 다음으로 타협을 촉진하기 위해서는 어떻게 해야 하는가의 문제가 남는다. 이때 먼저 상담자가 고려해야 하는 점은 진로발달과정에 대한 선행연구의 결과들이다. 앞서 살펴본 우리나라 아동 및 청소년들의 직업포부의 발달과 직업 인지지도에 관한 연구결과를 보면, 직업세계에 대해 잘 모르고 있다는 점이 가장 크게 부각되는 부분이다. 따라서 직업세계와 자신을 비교하면서 형성되는 직업적 자아개념의 형성도 늦춰질 수밖에 없다. 직업을 통해 개인은 어떤 것을 추구하게 되는지, 서로 다른 직업들은 어떤 특성을 갖는지, 사람들은 어떤 이유로 그 직업들을 선택하게 되는지, 자신에게 중요한 것이 무엇인지, 자신이 좋아하는 것이 무엇인지 등에 대한 명확한 그림을 그리지 못하는 상황이라고 할 수 있다. 그러므로 상담자는 타협을 위한 단계에 들어가기 전에 타협을 하기 위해 얼마나 준비되어 있는지 확인하는 단계가 필요하다. 진로상담의 전통적인 과정인 '자기 이해 → 직업세계 이해 → 의사결정' 이라는 순서를 다시 한 번 생각하면서 상담을 진행해 나가야 한다. 내담자의 연령이 준비도를 의미한다고 가정하지 말고, 내담자의 연령에 상관없이 타협에 선행되는 자기 이해와 직업세계 이해가 이루어졌는지 확인해야 할 것이다.

타협을 통한 의사결정과정에서 적용할 기본적인 틀은 합리적 의사결정의 단계를 따르는 것이다. 기대효용 모형(Expected Utility Model), 결합 모형(Conjunctive Model), 순차적 배제 모형(Sequential Elimination Model) 중 어떤 모형을 따르든지 합리적 의사결정 모형[4]을 따르기를 추천한다.

4) 합리적 의사결정 모형에 대한 상세한 내용은 황매향(2002)에 정리된 내용을 참고하기 바람.

이러한 전통적이고 합리적인 의사결정과정에는 더 선호하는 것을 위해 덜 선호하는 것을 충족시키는 대안을 포기하는 과정이 포함된다. 이 과정을 따라 가면서 내담자 스스로 '내가 포기한다, 버린다'라는 것을 계속 인식할 수 있도록 상담자가 직면시켜야 한다. 더불어 어떤 점을 포기했을 때 앞으로 어떤 일이 일어날 것인지 예상해 보고, 그것에 어떻게 대처할 것인지 대처전략을 세우는 것까지 상담에서 이루어져야 한다. 결정을 하는 것만이 중요한 것이 아니라 대처전략까지 계획하는 것이 반드시 포함되어야 한다. 이것이 바로 내담자의 타협을 촉진할 수 있는 중요한 기법이 된다.

3) 타협에 대한 부적응의 조력

이제 마지막으로 타협에 대한 부적응의 문제를 상담에서 어떻게 다룰 것인가의 문제다. 이것은 의사결정에 대한 도움을 받기 위해 찾아온 내담자가 아니라, 이미 내린 결정에 대해 불만을 품은 내담자들의 문제를 다루는 것이다. 앞부분에서 예로 들었던 결혼과 다시 관련지어 보면, "남편이 장남이라는 것 빼놓고는 다 괜찮았는데요. 장남이라서……."의 경우 항상 그 한 가지만 아니면 다 좋았는데, 꼭 그것이 이후 문제의 불씨가 된다. 대부분의 부부 상담에서 호소되는 문제는 이렇게 시작한다. 진로상담에서도 마찬가지로 "내가 그 회사 갈 때 지방이라는 게 가장 걸렸는데……." "학과는 좀 그렇지만, 대학 이름 하나 보고 왔더니……."라고 호소한다. 자신이 포기한 것 때문에 항상 자기가 내린 결정이 잘못된 결정이었다고 생각하기 쉽다. 사실은 결정을 잘못한 것이라기보다는 자신이 포기한 것들에 적응을 못하는 것뿐이다. 타협이 초래하는 부적응에 대해서는 아직 연구가 거의 이루어지지 않고 있다. 아마 진로상담이라고 하면 결정에 보다 초점이 맞춰져 있기 때문일 것이다. 우리나라에서 수행된 선행연구에 근거하여 시사점을 도출하기는 어렵지만, Gottfredson이 제안하고 있는 타협에 대한 적응의 중요성에 근거하여 내담자를 어떻게 조력할 것인가를 추론해 볼 수 있다.

먼저 상담자가 타협에 적응하지 못하는 내담자를 조력하기 위해서는 이전 결정을 되짚어 보면서, 어떤 것을 왜 포기했는지를 명료화해야 할 것이다. 이전의 결정상황으로 다시 돌아가서, 그 당시 어떤 대안들이 있었고, 각 대안들에는 어떤 장점과 어떤 단점들이 있었으며, 그 대안들 중 하나를 선택한 기준이 무엇이었는지 탐색한다.

다음으로 자신의 결정을 다시 보면서, 어떤 것을 포기했을 때 스스로 예상했던 어려움이 무엇인지, 그것과 지금 겪고 있는 것은 어떤 점에서 같고 어떤 점에서 다른지 이야기한다. 그리고 지금 실제 겪으니까 어떤지, 지금의 정서, 생각, 행동을 포괄적으로 점검하고 다룬다. 그리고 포기할 때는 어떻게 하면 이겨 낼 수 있을 것이라고 생각했었는지 그런 자원들을 끄집어낼 수 있도록 도와야 한다.

그렇게 해서 부적응을 돕고 난 다음에는 현재 상태의 장점을 부각시켜 준다. 분명히 선택한 것은 장점이 더 컸기 때문에 선택을 했을 것이고, 이러한 장점을 부각시켜 보다 긍정적인 부분으로 방향을 선회시켜 주어야 한다. 자칫 잘못된 결정이라고 해서 다시 다른 대안을 성급하게 선택하는 것은 또다시 타협에 대한 부적응을 반복할 가능성이 있다. 이전의 선택이 충분히 합리적인 절차를 거치지 않았고, 어떤 장벽이 있을 것인지 예상도 해 보지 않았기 때문에 처음으로 돌아가서 다시 선택을 하는 것이 좋겠다고 할 수도 있다. 그러나 그전에 지금의 선택을 잘한 선택으로 만들 수 있는 방법부터 모색하는 것이 상담에서 선행되어야 할 것이다.

❑❑ 요 약

Gottfredson의 제한-타협이론은 각 연령대별(발달단계별) 진로발달과업을 제시한 제한이론과 진로선택에 관한 내용을 담고 있는 타협이론으로 구성된다. 제한이론에서는 3～5세 시기인 1단계 서열 획득 단계(orientation to size and power), 6～8세 시기인 2단계 성역할 획득 단계(orientation to sex role), 9～13세 시기인 3단계 사회적 가치 획득 단계(orientation to social valuation), 14세 이후 4단계 내적 자아 확립 단계(orientation of the internal, unique self)를 통해 자신의 진로대안을 점차 줄여 나간다고 보고, 이를 제한(circumscription)의 과정이라고 명명하였다. 이러한 연령별 발달과업을 수행하면서 나오는 결과물, 즉 한 개인이 습득하게 되는 내용이 진로포부와 직업 인지지도다. 다음으로 타협이론에서는 진로의사결정 과정에서 나타나는 타협과정에 초점을 두고 있다. 타협(compromise)이란 수용가능한 진로대안 영역 안에서 자기가 원하는 직업을 선택할 수 있는 현실적 여건이 안 되는 경우 어떤 부분을 포기할 수밖에 없는 과정을 말한다. 타협이론에서 Gottfredson은 먼저, 실제 사람들이 타협하는 과정에서 무조건 어떤 측면을 타협하는 것이 아니라 어떤 측면은 좀 더 쉽게 포기할 수 있는 반면 어떤 측면은 양보하기 힘들어 한다는 점에 주목하고 있다. Gottfredson은 발달단계에서 나타났던 성역할, 사회적 지위, 흥미를 타협의 중요한 측면들로 제시하면서, 일반적으로 '흥미 > 사회적 지위 > 성역할'의 순서로 자신에게 적합한 진로대안을 포기해 나간다고 제안하고 있다.

국내에서 이루어진 Gottfredson 이론을 적용한 연구를 보면, 발달단계이론의 직업포부의 발달에 대한 연구와 직업 인지지도에 대한 연구가 모두 진행되고 있고, 진로선택에서 나타나는 타협과정에 관한 연구도 진행되고 있다. 실제 우리나라 아동 및 청소년들이 진로발달 단계를 거치면서 자신에게 맞는 직업으로 진로대안을 좁혀 나가는지 그 제한과정을 알아본 연구는 상대적으로 적어 일반화에 한계가 있다. 중요한 발견 중 하나는 연령이 높아지면서 진로대안이 점점 축소되다가 대학생이 되면 오히려 진로대안이 확대된다는 점이다. 진로대안이 연령이 높아지면서 점차 축소되어 간다는 Gottfredson 이론의 제안과는 차이가 나는 부분이다. 즉, 성역할 측면과 사회적 지위 측면 모두에서의 진로대안 확대는 우리나라에서만 나타나는 특이한 현상으로, 대학에 와서 급격한 진로발달을 이룬다는 것을 시사한다. 초 · 중 · 고 · 대학생들의 직업인식 내용으로 각 학교급별 직업 인지지도를 그려 보면, 초등학생들이 생각하는 직업 인지지도, 중학교생들이 생각하는 직업 인지지도, 고등학생들이 생각하는 직업 인지지도, 대학생들이 생각하는 인지지도들이 그 연령대 안에서는 일관된 것을 확인할 수 있다. 직업의 성역할 유형에 대한 인식에서 우리나라 학생들은 초등학교 때부터 잘 알고 있었고, 그 내용도 별로 변화하지 않으면서 대학교까지 그대로 유지된다. 그러나 직업들의 사회적 지위에 대한 인식은 상당한 차이를 보였다. 초등학교 학생들이 생각하는 지위가 높은 직업과, 대학생들이 생각하는 지위가 높은 직업이 상당히 다른 양상을 보이고, 이러한 인식은 연령이 높아질수록 훨씬 더 현실에 가까워진다. 타협과정에 관한 연구는 우리나라에서 가장 활발하게 연구가 진행된 부분이다. 다양한 연령층과 다양한 결정상황에 적용되어 연구되고 있고, 타협의 영역도 Gottfredson이 제안한 성역할 유형, 사회적 지위, 흥미의 세 가지만이 아니라 여러 가지 측면을 포함시키고 있다. 측정 방법에서도 여러 가지 방식들이 시도되어 다양성이 확보되어 있다. 그러나 여전히 미국의 연구에서와 마찬가지로, 일관된 결과를 도출하지 못하고 있다. 즉, 타협에 관한 다양한 현상들이 발견되고 있는 상황이고, 이런 부분들이 연구영역에서는 도전으로 여겨진다.

Gottfredson의 제한-타협이론과 그 이론의 적용 가능성을 검토한 우리나라의 연구결과들은 진로상담에 여러 가지 시사점을 주고 있는데, 크게 진로발달 영역 결과와 타협과정 영역 결과로 대별해 볼 수 있다. 먼저 진로포부 발달 관련 연구와 직업인식 발달 관련 연구의 결과는 함께 우리나라 학생들이 진로발달과정에서 경험하게 되는 여러 가지 문제들을 어떻게 이해할 것인가에 대해 몇 가지 제안을 하고 있다. 다음으로 타협과정에 관한 연구결과들은 의사결정 단계의 내담자 또는 이미 어떤 진로를 선택한 내담자의 부적응 문제를 어떻게 이해하고 조력할 것인가에 대해 시사점을 주고 있다. 무엇보다 진로상담에서 Gottfredson의 이론을 적용한다면, 상담자는 타협과정의 불가피성에 대해 수용하도록 조력하고, 효율적으로 타협할 수 있도록 촉진하며, 타협 이후 발생되는 부적응을 다루게 될 것이다.

참고문헌

김수기(2003). 중학교 3학년의 직업적 포부발달에 관한 연구. 고신대학교 석사학위 청구논문.

고지영(2005). 청년실업자의 진로타협 요인분석. 경기대학교 석사학위 청구논문.

김미연(2005). 진로타협과정에서 성별과 출생순위에 따른 선호도 차이: 인문계 고등학생을 중심으로. 이화여자대학교 석사학위 청구논문.
김선희(2006). 역할지향성과 타협상황에 따른 여성의 진로선택: 타협요인의 선호도 비교. 아주대학교 박사학위 청구논문.
김장회(2009). 진로의사결정 상황에 따른 타협과정의 차이. 서울대학교 박사학위 청구논문.
김화영(2003). 대학생 진로결정의 흥미타협과 자기효능감과의 관계연구. 연세대학교 석사학위 청구논문.
박관성(2008). 한국남자대학생의 성역할과 진로타협. 단국대학교 박사학위 청구논문.
신영관(2004). 재수생의 진로의사결정에 나타나는 타협과정 선호도 연구. 연세대학교 석사학위 청구논문.
유정이, 김지현, 황매향(2002). 초등학생 직업포부 및 인식의 발달에 관한 연구. 한국진로교육학회지, 15(2), 1-17.
유정이, 김지현, 황매향(2004). 중·고등학생의 직업포부 변화에 관한 연구. 교육학연구, 42(2), 315-333.
이기학(2005). 진로선택타협과정에서 보이는 선호도에 대한 생물학적 성과 성역할 특성의 상호작용효과 연구. 상담학연구, 9(3), 849-859.
이기학, 조미랑(2003). 인문계 고등학생의 진로의사결정 타협과정에서 보이는 남녀 간 선호도 차이. 한국심리학회지: 여성, 8(3), 1-12.
이성식(2004). Gottfredson 이론에 기초한 고등학교 학생의 진로대안영역과 직업포부. 서울대학교 석사학위 청구논문.
임은경(2000). 학령기 아동의 직업적 포부의 발달. 부산대학교 석사학위 청구논문.
장보인(2003). 진로타협과정에 영향을 미치는 요소들의 남녀 차이 비교: Gottfredson 모형을 중심으로. 이화여자대학교 석사학위 청구논문.
정영희(2002). 흥미유형 및 성역할 정체감에 따른 진로의사결정의 타협과정 연구. 연세대학교 석사학위 청구논문.
황매향(2002). 진로의사결정에서 나타나는 타협과정: 대학 및 학과 선택을 중심으로. 서울대학교 박사학위 청구논문.
황매향, 김계현(2001). 진로의사결정에서의 타협과정에 관한 연구동향. 한국심리학회지: 상담 및 심리치료, 13(1), 111-124.
황매향, 김계현(2003). 대학입시 의사결정 과정에 나타나는 타협유형. 상담학연구, 4(1), 19-36.

황매향, 김지현, 유정이(2003). 중 · 고등학생의 직업인식 발달연구. **청소년상담연구**, 11(1), 3-12.

황매향, 박은혜, 유성경(2006). 학업우수청소년과 일반청소년의 직업포부수준 비교. **상담학연구**, 7(4), 1137-1152.

Gottfredson, L. S. (1980). Change and development in careers. Final report for grant NIE-76-0075. Baltimore: Center for Social Organization of Schools, The John Hopkins University (Eric Document No. ED 182 465).

Gottfredson, L. S. (1981). Circumscription and compromise: A developmental theory of occupational aspirations. *Journal of Counseling Psychology, 28* (6), 545-579.

Gottfredson, L. S. (1996). Gottfredson' s theory of circumscription and compromise. In D. Brown, L. Brooks, & Associates (Eds.), *Career choice and development* (3rd ed., pp. 179-232). San Francisco: Jossey-Bass.

Gottfredson, L. S. (2003). Gottfredson's theory of circumscription, compromise, and self-creation. In D. Brown (Ed.), *Career choice and development* (4th ed., pp. 85-148). San Francisco: Jossey-Bass.

Gottfredson, L. S. (2005). Applying Gottfredson' s theory of circumscription and compromise in career guidance and counselling. In S. D. Brown, & R. W. Lent (Eds.), *Career development and counselling: Putting theory and research to work*. New York: John Wiley & Sons.

Gottfredson, L. S., & Becker, H. J. (1981). A challenge to vocational psychology: How important are aspirations in determining male career development? *Journal of Vocational Behavior, 18*, 121-137.

Hwang, M., Kim, J., Ryu, J., & Heppner, M. J. (2006). The circumscription process of career aspirations in South Korean adolescents. *Asia Pacific Education Review, 7* (2), 133-143.

Worthington, E. L., & Dolliver, R. H. (1977). Validity studies of the Strong Vocational Interest Inventories. *Journal of Counseling Psychology, 24*, 208-216.

Zytowski, D. G. (1974). Predictive validity of the Kuder Preference Record, Form B, over a 25-year span. *Measurement and Evaluation in Guidance, 7*, 122-129.

제5장

Dawis와 Lofquist의 직업적응이론

직업적응이론(Psychological Theory of Work Adjustment)은 1964년 장애인들을 대상으로 한 미네소타 직업재활 연구의 일부로 처음 발표되었으며, 이후 Dawis와 Lofquist(1984)가 이론적으로 정교화하고 경험적인 연구들을 종합하여 책으로 발간하였다. 이 장에서는 직업적응이론의 대체적인 개념 틀, 직업적응이론에 대한 국내외의 연구동향, 직업적응이론을 적용한 상담과정 및 한국 내담자에게 적용할 때 유의해야 하는 부분 등을 중심으로 기술하였다.

1. 직업적응이론의 개관

직업적응이론은 주로 미네소타대학에서 이론을 발표한 연구자 집단에 의해 연구되어 왔는데, 이후에 이론의 적용 영역과 대상을 확장한 개인-환경 조화이론(Person-Environment Correspondence Theory, Dawis, 2002; Lofquist & Dawis, 1991)으로 수정되었다. 직업적응이론이 개인의 직업행동을 설명하는 데에 한정되는 데 반해, 개인-환경 조화이론에서는 가족

문제 등 다른 영역까지 확장하여 기본개념들이 적용되고 있다. 이론의 확장에도 불구하고 최근까지 '직업적응이론' 의 명칭이 '개인-환경 조화이론' 보다 더 광범위하게 사용되므로 이 장에서도 이 이론을 직업적응이론으로 부르기로 한다. 직업적응이론의 핵심개념들은 미국 노동부에서 운영하는 진로정보제공 사이트인 O*NET에 반영되었고, 우리나라의 경우도 한국고용정보원에서 운영하는 진로정보제공 사이트인 워크넷(Worknet)에 핵심개념들이 반영되어 사용되고 있다.

직업적응이론의 개념 틀은 크게 개인에 대한 성격이론, 직업을 설명하는 직업환경이론, 개인과 환경과의 관계를 설명하는 직업적응이론으로 나누어진다(Dawis, 2002; Dawis, & Lofquist, 1984; Lofquist, & Dawis, 1991). 여기에서는 성격이론과 직업환경이론을 간단하게 살펴보고, 직업적응이론에 관한 부분을 자세히 살펴보도록 하겠다.

1) 성격이론

개인의 성격은 성격구조(personality structure)와 성격양식(personality style)을 통해 파악이 가능하다고 여겨진다. 성격구조란 개인의 능력과 가치의 목록 및 이들 간의 관계를 말한다. 개인의 가치는 욕구(needs)의 보다 기본적인 차원을 뜻하는데, 여기에서 욕구는 '개인이 주어진 강도로 강화물을 요구하는 정도' 로 정의된다. 이러한 정의는 행동주의적인데, 개인이 특정한 강화물을 요구하는 강도가 세다면 그 강화물에 대한 개인의 욕구가 크다고 보는 것이다. 개인의 욕구와 가치는 어느 정도 안정적이라고 가정된다. 욕구 이면의 더 기본적인 차원이 가치라면, 이와 마찬가지로 개인이 드러내는 기술(skill) 이면의 더 기본적인 차원의 개념은 능력이다. 즉, 욕구와 가치의 관계는 기술과 능력의 관계와 같아서, 가치가 욕구를 통해 드러난다면 능력은 기술을 통해 드러나게 된다. 직업적응이론에서는 개인의 성격구조를 파악하는 데 가치와 능력의 파악을 중시한다. 가치와 능력은 개인이 성장하면서 노출되는 환경에서 주어지는 강화에 의해 점차 안정적으로 변한다고 가정된다.

성격양식이란 성격구조가 작동하는 방식을 뜻하는데, 민첩성, 속도, 리듬, 지속성의 네 가지 차원으로 구분되며 그 의미는 다음과 같다.

- 민첩성(celerity): 환경과의 작용에서 빨리 혹은 천천히 반응하는 정도
- 속도(pace): 활동수준이 높거나 낮은 정도
- 리듬(rhythm): 활동수준의 패턴이 안정적이거나 특정한 사이클이 있는지의 여부
- 지속성(endurance): 환경과의 상호작용에서 반응의 길이

이와 같이 개인의 성격을 이해할 때, 개인의 성격 중 직업과 밀접하게 관련되는 부분을 직업성격(work personality)이라 한다. 직업성격은 다음의 두 가지 도구를 이용해 평가가 가능하다. 먼저 개인의 능력은 일반적성검사(General Aptitutes Test Battery: GATB)를 통해 평가할 수 있다. 개인의 욕구는 가치를 평가하는 미네소타중요도검사(Minnesota Importance Questionnaire: MIQ)를 통해 평가할 수 있는데, 이 질문지는 20개의 욕구에 대한 개인의 중요도를 측정한다. MIQ에 포함된 20개의 욕구는 성취(achievement), 편안함(comfort), 지위(status), 이타성(altruism), 안정성(safety), 자율성(autonomy) 등 6개의 가치 요인으로 묶여진다.

2) 직업환경이론

개인의 성격과 유사하게, 직업환경은 직업환경구조(work environment structure)와 직업환경양식(work environment style)을 통해 파악된다. 직업환경구조는 주어진 직업에서 요구하는 능력과 강화인패턴(reinforcer pattern)으로 구성된다. 직업에서 요구하는 능력은 주어진 직업이 어떤 능

력을 가진 개인을 필요로 하는지를 뜻한다. 강화인 패턴은 주어진 직업환경이 개인의 어떤 욕구를 충족시켜 줄 수 있는지를 나타낸다. 이에 반해서 직업환경양식은 직업환경이 반응하는 데 관련되는 민첩성, 속도, 리듬, 지속성의 차원에서 기술될 수 있는데, 직업환경양식은 최근에 이론에 추가된 부분이어서 관련 연구가 드물다.

직업환경과 관련된 두 가지 중요한 개념으로 신호(cue)와 강화인(reinforcer)이 있다. 신호는 어떤 반응이 적절하고 언제 그 반응을 해야 하는지에 관한 자극 조건을 뜻하며, 강화인은 반응의 유지 및 이후에 그 반응이 일어날 가능성과 관련된 요소를 뜻한다. Dawis와 Lofquist(1984)는 강화를 줄 수 있는 영역이 무엇인지를 기준으로 직업을 분류하는 것이 가능하다고 여겼는데, 이에 따라 직업에서 제공할 수 있는 강화인을 평가할 수 있는 도구를 만들어 사용하였다.

미네소타직업기술질문지(Minnesota Job Description Questionnaire: MJDQ)는 사람들이 직업에서 충족시키기를 원하는 욕구들을 제시해 둔 검사지다. 이 검사는 각 직업군에서 일하는 재직자들이 직업에서 제공하는 여러 가지 특성들을 평가하도록 되어 있다. 각 직업에 대하여 MJDQ를 통해 직업의 특성이 평가되면, 이를 바탕으로 각 직업의 직업강화인패턴(Occupational Reinforcer Patterns: ORP)이 만들어진다. ORP는 각 직업이 미네소타중요도검사(MIQ)에서 평가된 개인의 욕구를 얼마나 충족시켜 줄 수 있는지를 프로파일로 표시해 둔 것이다. 직업적성패턴(Occupational Aptitude Patterns: OAP), 즉 특정한 직업이 개인에게 요구하는 능력도 비슷한 과정을 통해서 만들어진다. 같은 직업군에서 일하는 사람들에게 일반적성검사를 실시한 후, 이 점수와 슈퍼바이저의 수행능력 평가를 함께 고려해서 생산성과의 상관이 높은 서너 가지의 능력을 추출해 내면, 이것이 직업적성패턴이 된다.

직업강화인패턴과 직업적성패턴의 평가를 바탕으로 직업이 분류된 체계가 미네소타직업분류체계(Minnesota Occupational Classification System

III: MOCS III)다. 이 체계에서는 직업적성(직업에서 요구되는 능력)을 지각, 인지, 동작의 세 영역으로 구분해 각각 높은 수준, 평균, 중요하지 않은 수준으로 구분하고, 직업강화인도 내적 강화, 사회적 강화, 환경적 강화의 세 영역에서 세 수준으로 구분하여, 이들 두 축의 구분을 중심으로 1,769개의 직업이 분류되어 있다. 다른 진로상담의 이론들이 직업에서 요구하는 능력이나 직업의 보상체계에 대해 구체적으로 언급하지 않은 데 반해, 직업적응이론은 직업을 독창적이고 정교하게 구분해 둔 것을 알 수 있다.

3) 직업적응이론

성격이론과 직업환경이론을 기초로 개인과 직업환경의 상호 적응과정을 기술하고 있는 것이 직업적응이론이다. 직업적응이론에서는 개인이 환경과 조화를 이루려고 하고, 이를 유지하려는 기본적인 동기를 가지고 있다고 여긴다. 직업은 개인이 조화를 이루려고 하는 가장 주된 환경이 된다. 개인과 환경이 서로가 원하는 것을 충족시켜 줄 때 조화롭다고 할 수 있는데, 개인은 환경이 원하는 기술을 가지고 있고 직업환경은 개인의 욕구를 충족시켜 줄 강화인을 가지고 있을 때 조화로운 상태가 된다. 개인과 환경 간의 조화는 변화할 수 없는 특성에 의해 맺어지는 정적인 과정이 아니라 서로 조화를 이루려고 노력하는 역동적인 과정이며, 이를 직업적응이라고 한다.

직업적응과 관련되는 두 가지 중요한 개념으로 만족(satisfaction)과 충족(satisfactoriness)이 있다. 만족은 조화의 내적 지표로, 직업환경이 개인의 욕구를 얼마나 채워 주고 있는지에 대한 개인의 평가를 뜻한다. 개인의 욕구에 대한 직업의 강화가 적절히 이루어질 때 만족이 높아진다고 가정된다. 이에 반해서 충족은 조화의 외적 지표로, 직업에서 요구하는 과제와 이를 수행할 수 있는 개인의 능력과 관련된 개념이다. 직업환경이 요구하는 과업을 수행할 수 있는 기술(능력)을 개인이 가지고 있을 때 직업의 요구가 충족된다고 볼 수 있다. 개인 욕구의 만족과 직업 요구의 충족은 개인이 직업환경과의 조화를 얼마나 성공적으로 이루고 있는가를 나타내는 두 가지 지표로 볼 수 있다. 만족, 충족과 직업적응의 관계는 [그림 5-1]에 제시되어 있다.

직업적응을 개인과 환경이 조화를 이루려고 노력하는 역동적인 과정으로 보았을 때, 개인과 환경의 적응과정에는 각각의 성격뿐만 아니라 적응양식(adjustment style)이 영향을 주게 된다. 적응양식도 개인이 환경과 조화를 이루기 위해 사용하는 행동들인데, 개인이 비슷한 직업성격을 가지고 있다고 하더라도 적응양식에 따라 적응과정이 달라질 수 있다. 적응양식의 중요한 측면으로 다음의 네 가지를 들 수 있다.

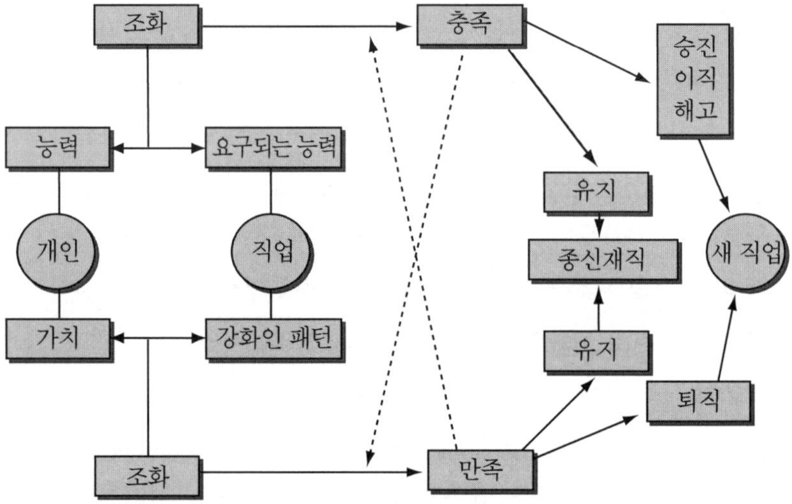

[그림 5-1] 만족, 충족과 직업적응의 관계

출처: Dawis & Lofquist, 1984, p. 62에서 인용.

• 유연성(flexibility): 개인-환경 간의 부조화가 있을 때 여기에 대해 대처반응을 하기 전에 부조화를 견딜 수 있는 정도. 유연성이 낮을수록 작은 부조화에도 견디지 못하고 대처반응을 하게 됨
• 적극성(activeness): 개인-환경 간 부조화의 정도가 유연성의 범위를 넘어설 때, 환경을 변화시킴으로써 대처하는 방식
• 반응성(reactiveness): 개인-환경 간 부조화의 정도가 유연성의 범위를 넘어설 때, 자신의 직업성격을 변화시킴으로써 대처하는 방식
• 인내(perseverance): 환경과의 부조화가 있을 때 환경을 떠나지 않고 부조화를 견뎌 내는 것. 대처전략을 이용해서 환경과의 조화를 이루기 위해 노력하는 기간과 관련됨

개인의 직업적응양식 차원들의 관계는 [그림 5-2]에 제시되어 있다. 개인은 자신과 환경과의 부조화의 정도가 받아들일 수 있는 범위이면, 즉 자신의 유연성 범위이면 별다른 대처행동 없이 환경에 적응하게 된다. 개인-환경 간 부조화의 정도가 받아들일 수 없는 범위이면 적응행동을 통해 여기에 대처하게 되는데 적극적 행동이나 반응적 행동을 통해 부조화를 줄이려는 노력을 하게 된다. 이러한 노력을 얼마나 오래 지속하느냐는 인내와 관련된다. 노력의 결과, 부조화의 정도가 받아들일 수 있는 범위로 줄어들면 개인-환경 간 적응이 이루어졌다고 볼 수 있다. 부조화가 개인의 적응행동을 통해 변화시킬 수 있는 범위, 즉 적응범위를 넘어서면 개인은 이직을 고려하게 될 것이다.

개인의 가치와 직업환경의 강화인 간의 조화는 미네소타중요도검사(MIQ)에 나타난 개인의 가치 프로파일과 직업강화인패턴(ORP)의 조화 정도를 통해 측정된다. 직업의 요구와 개인의 능력과의 조화는 직업적성패턴(OAP)과 개인의 능력 프로파일과의 조화를 통해 평가할 수 있다. 직업적응은 미네소타만족질문지(Minnesota Satisfaction Questionnaire: MSQ)와 미네소타충족질문지(Minnesota Satisfactoriness Scale: MSS)를 통

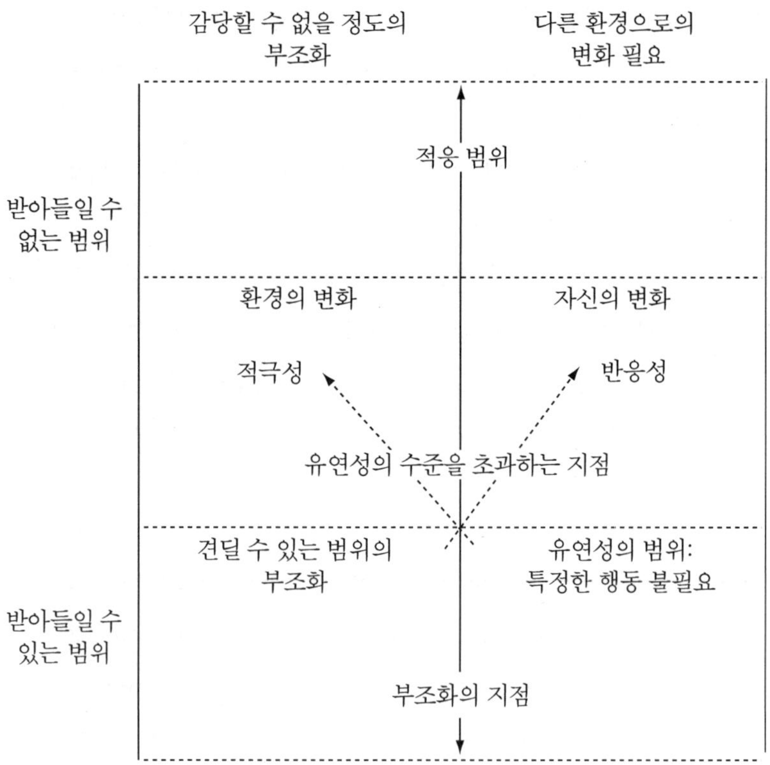

[그림 5-2] 적응양식 차원들 간의 관계

출처: Lofquist & Dawis, 1991, p. 19에서 인용.

해 측정할 수 있다. 미네소타만족질문지는 직업만족과 관련된 20개의 영역(예: 능력의 활용, 성취, 보상, 동료, 안정성 등)에서 만족 정도를 평가하며, 구체적인 영역별 만족과 함께 전반적인 직업만족을 평가하도록 되어 있다. 미네소타충족질문지는 직장의 슈퍼바이저가 개인의 충족 정도를 평가하는 형식으로 되어 있다. 슈퍼바이저는 충족 정도를 일반적 충족, 수행능력, 직장적합도, 신뢰 가능성, 개인적응의 다섯 측면에서 평가하게 된다.

개인의 가치-직업의 강화인 간의 조화 및 직업의 요구-개인의 능력 간의 조화를 측정할 때 두 프로파일 간의 조화를 어떻게 조작화하는지가 상담과 연구에서 중요한 관건이 된다. 두 개의 프로파일을 비교할 때 비교할 수 있는 정보는 크게 점수의 상승 정도(elevation), 분산 정도(scatter), 프로파일 모양(shape) 등 세 가지다(Rounds, Dawis, & Lofquist, 1987). 점수의 상승 정도는 두 개의 프로파일에서 척도의 평균점수를 비교하는 것이고, 분산 정도는 프로파일의 표준편차를, 프로파일의 모양은 척도의 상승 순위를 비교함으로써 프로파일 간의 조화 정도를 평가한다. 이러한 방식 중 두 프로파일의 모양을 비교하는 것이 만족도와의 상관이 가장 높은 것으로 나타났다(Rounds et al., 1987).

이러한 결과는 이후의 진로상담의 실제에 반영되어, O*NET에서 개인의 가치-직업강화인 간의 매칭에서 프로파일의 모양에 따른 매칭을 적용하고 있고(McCloy, Campbell, Oswald, Lewis, & Rivkin, 1999), 노동부의 직업가치관 검사(한국고용정보원, 2005)도 일부 이 접근을 따르고 있다. 직업의 요구-개인의 능력 간의 조화에서는 프로파일의 모양 및 두 프로파일 간의 거리가 함께 적용되어 매칭 정도가 평가된다(McCloy et al., 1999).

개인-환경 간 조화 및 직업적응의 과정에 관하여 직업적응이론(Dawis, 2002)은 17개의 공식적인 가설을 제시하고 있는데, 가설들은 다음과 같다.

가설 1. 개인과 환경 간의 조화는 충족과 만족에 의해 평가된다.
가설 2. 환경의 강화인-개인의 가치가 조화롭다면, 충족은 자신의 능력과 환경의 요구의 조화에 의해 이루어진다.
가설 3. 개인의 능력-환경의 요구가 조화롭다면, 만족은 자신의 가치와 환경의 강화인과의 조화에 의해 이루어진다.
가설 4. 개인의 만족은 개인의 능력-환경의 요구 간의 조화와 충족 간의 관계를 중재한다.
가설 5. 개인의 충족은 환경의 강화인-개인의 가치 간의 조화와 만족의 관계를 중재한다.
가설 6. 개인이 환경에서 해고될 확률은 충족과 역으로 관련된다.
가설 7. 개인이 자발적으로 환경을 떠날 확률은 만족과 역으로 관련된다.

가설 8. 개인의 종신재직(tenure)에는 충족과 만족이 함께 영향을 준다.
가설 9. 개인-환경 간 조화는 개인이 종신재직권을 얻으면서 증가한다.
가설 10. 개인-환경 간 구조의 조화에 기반한 조화의 정도는 양식(style)의 조화에 의해 중재된다.
가설 11. 환경의 유연성은 개인의 능력-환경의 요구 간의 조화와 충족의 관계를 중재한다.
가설 12. 개인의 유연성은 환경의 강화인-개인의 가치 간의 조화와 만족의 관계를 중재한다.
가설 13. 환경이 적응 모드(mode)로 갈 가능성은 충족과 역으로 관련된다.
가설 14. 개인이 적응 모드로 갈 가능성은 만족과 역으로 관련된다.
가설 15. 개인이 환경에서 해고될 가능성은 환경의 인내와 역으로 관련된다.
가설 16. 개인이 환경을 자발적으로 떠날 가능성은 개인의 인내와 역으로 관련된다.
가설 17. 개인의 종신재직은 개인의 만족과 충족, 개인과 환경의 인내 정도에 영향받는다.

직업적응이론의 이와 같은 가설들은 많은 연구자들의 관심을 받았는데, 특히 개인-환경 간 조화와 만족 및 충족의 관계에 관한 연구들이 많이 진행되었다. 다음에서 주요한 연구 및 연구의 성과가 기술되었다.

2. 국내외에서의 연구동향

직업적응이론에 대해서는 국외에서 다수의 연구들이 이루어졌으나 국내에서 이루어진 연구들은 그 수가 많지 않다. 따라서 여기에서는 주로 국외의 연구결과들을 요약하고, 관련된 국내 연구들을 소개하도록 하겠다.

1) 개인-환경의 조화와 만족, 충족의 관계

직업적응이론의 가설 중 개인의 직업만족이 개인의 가치-직업환경의 강화인 간의 조화에 의해 영향받아 이루어진다(가설 3)는 가설은 많은 연구자들의 관심을 받아 왔다. Dawis와 Lofquist(1984)는 1960년대와 1970년대에 이루어진 관련 연구를 종합한 결과 개인의 가치-직업강화인의 조화와 만족 간의 상관은 직업군에 따라 $r=-.09\sim.48$로 나타난다고 보고하였다. 개인의 가치-직업강화인의 조화와 만족 간의 상관이 의미있게 나타난 직업군은 간호사, 공장 조립원 등($r=.24\sim r=.48$)이었다. 개인의 가치-직업강화인의 조화가 만족과 관련된다는 증거는 이후에 이루어진 연구들에서도 지속적으로 보고되었는데, 이는 집단에 따라 상담을 신청한 성인과($R^2=4\sim29\%$)(Rounds, 1990), 정신지체를 가진 직장인에게서도($r=.27$)(Melchiori & Church, 1997) 나타났다. 또한 개인-환경의 조화 정도가 높은 성인 직장인들은 그 정도가 낮은 또래들에 비해 22%의 높은 급여, 11.6%의 높은 지위, 15%의 높은 직업만족을 나타내는 것으로 드러났다(Bretz & Judge, 1994). 우리나라에서도 사무직, 서비스직, 기술 및 기능직에 있는 성인 직장인을 대상으로 한 연구(이요행, 2002)에서 욕구-강화인의 조화는 직무만족을 유의미하게 설명하였는데, 욕구-강화인의 조화는 재직기간과 함께 직무만족의 4.4%를 설명하는 것으로 나타났다. 이러한 연구의 결과들은 개인의 욕구-직업강화인의 조화가 만족을 설명하는 중요한 변인임을 나타낸다.

한편, 직업적응이론은 개인의 능력-직업 요구의 조화와 충족 간의 상관이 만족에 의해 중재되고(가설 4), 가치-강화인의 조화와 개인의 만족 간의 상관은 충족에 의해 중재된다고(가설 5) 가정한다. 이에 따르면 만족이 높은 집단에서 능력-직업 요구의 조화와 충족 간의 상관이 더 높게 나타나고, 개인의 가치-직업강화인의 조화와 직업만족의 상관은 직업과제를 잘 충족시키는 집단에서 더 크게 나타나게 된다. Dawis와 Lofquist

(1984)는 개인의 가치와 직업환경이 조화되면 만족감이 높아져, 그 직업에서 주어지는 과제를 더 잘해 내려 노력하게 되기 때문에 결국 능력이 높아져 능력-직업 요구의 조화가 잘 이루어지게 된다고 보았다. 다시 말해서 만족은 능력-직업 요구의 조화를 높이는 동기(motivation)의 역할을 한다는 것이다.

고등학생들의 흥미와 능력이 8년 후 직업만족과 충족을 예측할 수 있는지를 평가한 Bizot와 Goldman(1993)의 연구에서는, 개인 적성-직업 요구 간의 조화와 만족은 모두 충족을 의미 있게 예측하지만(R^2 = .12), 조화와 만족의 상호작용 효과는 없는 것으로 나타났다. 이와 유사하게 대체로 서비스, 제조, 소매업, 음식 포장 등의 단순한 업무를 담당하는 정신지체 성인 집단을 대상으로 한 연구(Chiocchio & Frigon, 2006)에서 개인의 능력-직업 요구의 조화는 재직 기간과 관련되었고, 개인의 만족은 능력-직업 요구의 조화와 충족의 관계를 중재하는 효과가 있는 것으로 나타났다. 충족이 개인의 가치-직업강화인의 조화와 만족의 관계를 중재한다는 가정은 연구결과에 의해 거의 지지되지 않았다.

직업적응이론에서는 개인-환경의 조화에서 가치-강화인의 조화를 중요하게 여기지만, 개인-환경 간 조화에서 상담자들의 관심을 가장 많이 받아 온 부분은 흥미의 일치다. 그렇다면 가치-강화인의 조화가 흥미의 일치에 더해서 개인의 직업만족을 추가적으로 설명해 줄 수 있는지의 여부가 실제 상담에서는 중요한 정보가 된다. 비교적 교육 정도가 높은(교육 평균=16.9년) 성인 직장인들을 대상으로 직업만족과 관련된 여러 변인들을 조사한 Ton과 Hansen(2001)의 연구에서, 흥미의 일치와 가치의 조화는 모두 직업만족과 관련되는 것으로 나타났다. 이때 가치의 조화-직업만족과의 상관(r= .529)은 흥미의 일치-직업만족과의 상관(r= .240)에 비해 큰 것으로 나타났으며, 가치의 조화는 흥미의 일치와 함께 직업만족의 변량 중 30% 정도를 설명하였다.

Rounds(1990)는 현재의 흥미나 가치에 따라 미래의 직업을 결정했을 때 현재의 흥미나 가치가 미래의 직업만족에 대한 예언타당도를 가지는지를 평가하였다. 이 연구에서는, 대학의 직업평가 프로그램에 참가한 성인 직장인들을 대상으로 흥미와 가치를 평가한 후, 1년 후 이들의 직업만족이 1년 전의 흥미, 가치와 관련되는지를 평가하였다. 연구의 결과, 흥미의 일치와 가치의 조화는 함께 직장인들의 직업만족을 의미 있게 설명했으며(직업강화패턴의 지표에 따라 R^2=.09~.32), 두 변인이 설명하는 변량에는 거의 중복되는 부분이 없는 것으로 나타났다. 개인-환경 간 가치의 조화는 흥미변인을 통제한 후, 직업만족의 4~29%를 추가적으로 설명하였다.

개인-직업 환경 간의 조화와 만족, 충족의 관계에 관한 연구결과를 종합하면 다음과 같은 잠정적인 결론을 내릴 수 있다. 첫째, 개인의 가치-직업강화인의 조화는 직업만족과 관련되며, 현재의 직업만족뿐 아니라 1년 후의 직업만족에 대해서도 유의미한 예측변인이었다. 둘째, 직업의 요구-개인의 능력 간의 조화는 충족과 관련되며, 이 관계는 만족에 의해 중재되었다. 셋째, 개인의 가치-직업강화인의 조화는 흥미의 일치가 만족에 미치는 영향을 통제한 이후에도 직업만족을 유의미하게 설명하였으며, 미래의 직업만족과도 관련되었다. 이러한 결과는 개인의 가치-직업강화인의 조화, 직업의 요구-개인의 능력의 조화가 진로상담에서 중요하게 고려되어야 함을 나타낸다.

2) 개인-환경의 조화와 재직 기간의 관계

직업적응이론에 따르면 개인이 주어진 직업에 적응하고 머무는 기간은 만족 및 충족에 의해 영향받는다. 개인의 재직 기간이 만족과 충족의 결과 나타난다는 가설(가설 8)은 직업에서의 만족과 충족이 어느 정도 독립적임을 가정한다. 개인이 자신의 욕구가 직업에 의해 채워져 만족을 느끼더라도 반드시 직업에서 주어지는 요구를 잘 수행할 수 있는 것은 아니며, 이는 반대의 경우도 마찬가지다. 개인은 직업과제를 잘 수행해 낼 수 있지만, 그렇다고 해서 그 직업에서 반드시 만족하지는 않는다는 것이다. 결국 개인이 자신의 욕구를 만족시키면서 동시에 고용주의 요구를 충족시켜 줄 수 있을 때 주어진 직업에 보다 오래 머무르게 된다. 이에 반해서, 개인은 자신의 욕구 만족도가 낮으면 자발적으로 직장을 떠날 가능성이 높아지고, 고용주의 요구를 충족시키지 못하면 강제로 직장을 떠나게 될 가능성이 높아진다.

Breeden(1993)은 진로상담을 받으러 온 436명의 성인을 대상으로 2년 후 이들의 직장(job) 및 직업군(occupation)의 변화가 개인-환경 간 조화와 관련되는지를 평가하였다. 그 결과 직업군을 바꾼 사람들에게 이직 이후 개인의 능력-직업 요구의 조화가 커졌지만, 개인의 가치-직업강화인의 조화 정도는 변화가 없는 것으로 나타났다. 개인의 가치-직업강화인의 조화는 직업만족과 관련되었으며(r=.08~.34), 직업이나 직장을 바꾼 사람들은 이직 이후에는 통제집단에 비해 만족도가 높아진 것으로 나타났다. 이와 유사하게, 정신지체가 있는 성인 직장인을 대상으로 한 연구에서 만족과 충족 모두가 재직 기간을 유의미하게 설명하는 것으로 나타났다(R^2=.18)(Chiocchio & Frigon, 2006). 우리나라에서는 실업계 고등학교 전문교과 교사를 대상으로 한 최근의 연구에서(정윤경, 정철영, 2006) 만족과 충족이 조직몰입과 관련된다는(R^2=.28) 연구결과가 있다.

한편, 이요행(2002)은 만족과 충족이 이직가능성에 영향을 준다는 직업적응이론의 가정과 함께, 이와는 역으로 이직가능성이 만족과 충족에 영향을 미칠 수도 있다는 가설을 세우고 성인 직장인을 대상으로 이를 검증하였다. 개인이 현재 직장에 대한 대안적인 직장이 있다는 것을 알고 있을 때 이런 정보가 현 직장에 대한 만족과 충족에 영향을 줄 수 있다는 것이다. 만족과 충족이 이직가능성에 영향을 준다는 모델과, 이직가능성이 만족과 충족에 영향을 준다는 대안적 모델을 평가한 결과 두 모델이 모두 통계적으로 유의미하게 나타났으나, 이직가능성이 만족과 충족에 영향을 준다는 대안적인 모델이 더 우월한 모델로 평가되었다.

이러한 연구들은 만족과 충족이 재직 기간과 관련된다는 가설을 지지한다. 하지만 이직 후 개인의 가치-직업강화인의 조화와, 개인의 능력-직업 요구의 조화 정도가 많이 커지지는 않은 것으로 볼 때, 이론에서 고려되지 않은 다른 요소들도 이직에 영향을 주는 것으로 추측된다. 예를 들어, 절대적인 임금 수준이나, 같은 직장에 일하는 상사와의 심각한 불화, 이직할 수 있는 대안적 직장의 존재, 사회경제적 환경 등 직업적응이론에서 측정되지 않는 다른 변인들이 이직과 관련될 수 있다.

3) 성격양식과 적응양식에 관한 연구들

직업적응이론의 만족 및 충족에 관한 가설들에 대해서는 다수의 경험적인 연구가 수행된 데 반해, 성격양식과 적응양식의 역할에 관해서는 많은 연구가 진행되지 못하였다. 관련 연구들은 성격양식과 적응양식의 개념적인 문제, 측정의 문제, 성격에 관한 최근의 이론적인 발전들을 직업적응이론에 통합하는 문제 등을 산발적으로 다루고 있다.

개인이 비슷한 직업성격을 가지고 있다고 하더라도 적응양식에 따라 적응과정이 달라질 수 있으며, 특히 개인의 유연성이 개인의 가치-직업강화인 간의 조화와 만족의 관계를 중재한다(가설 12)는 가설은 이요행(2002)의 연구에서 탐색된 바 있다. 이 연구에서는 재직 중인 성인을 대상으로 개인의 유연성과 적극성이 개인의 가치-직업강화인 간 조화와 만족의 관계를 중재하는지가 탐색되었다. 연구결과, 유연성은 직무만족과 유의미한 상관을 보였고, 개인의 가치-직업강화인 간 조화와 함께 직무만족의 4.8%를 설명하였다. 이에 반해서 적극성은 직무만족과 유의미한 상관을 나타내지 않았다. 이 연구의 결과에서 유연성이 적극성에 비해 만족에 미치는 영향이 크다고 결론짓기는 어렵다. 유연성이나 적극성의 역할은 개인-환경 간 부조화의 크기에 따라 달라지므로, 부조화의 정도를 모르는 상태에서 유연성이나 적극성이 일반적으로 어떤 역할을 하는지를 측정하여 결과를 일반화하기는 어려워 보인다.

성격양식과 적응양식의 개념들과 관련해서, 이 개념들이 성격의 5요인과 밀접하게 관련된다는 주장들이 제시되어 왔다. 성격양식의 네 가지 차원인 민첩성, 속도, 리듬, 지속성이 개념상 성격의 5요인 중 성실성(conscientiousness)의 변형으로 보인다는 것이다(Hesketh, 1995). 성실성이 높은 사람은 일 중심적인 생활을 하고, 열심히 일하며, 자기 기대가 높고 책임감이 강하고, 계획적, 조직적, 목적 지향적이다. 이러한 특징들은 환경과의 작용에서 신속하게 반응하거나(민첩성), 활동수준이 안정적이고(리듬), 맡은 일을 지속적으로 열심히 수행해 내는(지속성) 성격양식의 특성과 유사하다. 성격의 5요인 중 신경증(Neuroticism)은 다양한 직업만족의 측정지표와 부적 상관을 보이는데(r=-.17~-.35), 이는 적응양식의 반응성와 유사하며, 경험에 대한 개방성은 이직과 관련될 가능성이 많다고 여겨진다(Brown, 1993). 적응양식은 지능의 개념과도 비교되는데, 예를 들어 성공지능(Sternberg, 1985)이 높은 사람은 기존의 환경에 더 잘 적응하고, 자신의 가치와 강점에 맞게 기존 환경을 변화시키며, 자신에게 맞는 환경을 찾아갈 수 있는 특성을 가진다. 성공지능에 대한 이러한 가정은 적응양식의 반응성, 적극성, 인내와 유사한 것으로 해석된다(Brown, 1993).

이와 같은 논의들은 성격양식과 적응양식의 개념이 분명하지 않으며, 어느 정도는 기존의 성격이론 및 지능이론의 개념과 유사한 속성이 있음을 나타낸다. 직업적응이론이 개인과 환경 간의 적응과정을 중시한다는 점에서 보면 적응양식이 기존의 성격특성과는 어떻게 구분되는지를 밝히는 것이 중요해진다. 개인과 환경 간 조화와 만족의 관계, 조화와 충족의 관계, 만족 및 충족과 이직의 관계에서 성격특성들이 중재변인의 역할을 한다면, 성격양식이나 적응양식이 성격특성에 더해서 만족 및 충족을 추가적으로 설명할 수 있는지가 중요한 연구과제가 될 것이다.

3. 한국 내담자에 대한 적용 가능성

직업적응이론에서 전형적인 진로상담의 과정은 개인과 직업 환경의 평가로 시작해 개인-환경의 조화 정도를 평가하고, 부조화를 해결하기 위한 대처전략을 수립하고 실행하는 순으로 진행된다. 직업적응이론에서는 진로상담의 과정과 관련해 여러 가설들을 제시하는데(Lofquist & Dawis, 1991), 상담과정과 직접 관련된 몇 가지만 살펴보면 다음과 같다.

- 개인은 선천적으로 성취하고, 환경과 최적의 조화를 유지하려는 동기를 가진다.
- 내담자들은 자신이 원하는 자극 조건을 환경에서 찾을 수 없을 때 상담에 온다.
- 상담은 학습의 과정이며, 다음의 과정을 거쳐 발달한다; 작업관계의 형성 → 내담자의 욕구와 중요한 환경의 평가 → 개인-환경 간 조화 정도의 평가 → 개인-환경 간 조화 정도와 현재 문제의 관련성 파악 → 적응 전략의 결정과 학습문제 → 해결 정도의 평가
- 내담자 문제의 개선과 해결에는 적절한 개인-환경 간 조화와 함께, 이에 대한 정확한 지각이 필요하다.
- 상담에 대한 내담자의 만족은 부조화에 대한 내담자의 지각이 줄어들 때 일어난다.
- 상담이 효과가 있기 위해서는 내담자-환경 간의 지각된 부조화의 감소와 함께 내담자 문제의 수와 강도가 감소해야 한다.

직업적응이론의 이와 같은 가설들에 따라, 상담이 시작되면 먼저 진로문제에 대한 진단이 이루어진다. 내담자의 문제는 다음 네 가지 영역에서의 문제로 진단될 수 있다.

- 개인의 능력–직업 요구 간의 부조화로 인한 수행의 문제
- 개인의 능력–직업 요구가 조화되더라도, 직업 외의 다른 환경(예: 가족)에서 부조화가 있거나 개인의 욕구–직업강화인의 부조화로 인한 수행의 문제
- 개인의 욕구–직업강화인 간의 부조화와 이로 인한 만족의 문제
- 직장 내 만족과 충족이 이루어진다면, 상담 문제는 직장 외의 다른 문제(예: 가족, 또래관계 등)로 인해 나타날 수 있음

주어진 기준에 따라 내담자의 문제를 진단하기 위해서는 다음의 영역에서 평가가 이루어져야 한다.

- 욕구, 능력, 성격양식의 면에서 내담자의 자기이미지(self-image)의 평가
- 직업의 요구사항과 강화인을 중심으로 한 직업환경의 평가
- 개인–환경 간 부조화에 대한 내담자의 적응양식의 평가
- 개인–환경 간 충분한 조화가 이루어지더라도 내담자의 만족이 낮다면, 만족에 영향을 주는 가족, 또래, 다른 중요한 타인과의 관계 문제를 평가
- 개인–환경 간 조화에서 흥미도 평가할 수 있지만 이는 이차적으로 여겨짐

직업적응이론에서 평가는 내담자의 가치 및 능력, 직업의 요구 및 강화인, 내담자 가치–직업강화인 간의 조화, 직업의 요구–내담자 능력 간의 조화, 개인–환경 간 부조화에 대한 내담자의 적응양식에 대한 평가를 포함한다. 이 과정에서 내담자 가치의 평가와 직업강화인의 평가 및 이에 따른 가치–환경의 조화 정도를 평가할 수 있는 평가도구가 중요하게 다루어진다. Lofquist와 Dawis(1991)는 평가과정에서 주관적인 평가를 먼

저 실시하고 검사도구를 통한 객관적인 평가를 이후에 실시할 것을 권유하였다. 이는 내담자의 주관적인 잘못된 평가가 거짓 조화나 부조화를 낳는 데 기여하므로, 내담자의 주관적인 평가가 객관적인 평가와 일치하는지를 파악하기 위해서다.

상담에서 내담자의 가치와 능력을 진로결정에 활용할 때 상담자가 직면하는 가장 큰 어려움은 이 정보를 직업정보와 통합하는 것이다. 내담자의 가치를 충족시킬 수 있는 직업강화인에 대한 정보를 직접 얻기 위해서는 컴퓨터화된 진로검사를 사용하는 것이 도움이 된다. 한국고용정보원(2005)의 성인용 직업가치관검사를 사용하면, 개인의 가치 프로파일과 유사한 강화인 프로파일을 가진 직업 목록을 얻을 수 있다. 이 검사는 15세 이상의 청년층과 성인을 대상으로 직업가치관을 파악하고, 이에 맞는 직업을 찾는 데 유용하게 활용될 수 있다.

개인의 능력 평가 및 직업적성패턴에 대한 정보를 얻기 위해서는 성인용 직업적성검사(한국고용정보원, 2004)나 청소년용직업적성검사(한국고용정보원, 2002)를 이용할 수 있다. 이러한 검사들은 개인의 능력을 다수의 적성요인으로 구분해 평가한 후 이러한 능력과 매칭되는 관련 직업에 대한 정보를 제시해 준다. 적성검사의 유용성은 개인의 능력을 얼마나 잘 평가해 내느냐에 의해서도 영향받지만, 주어진 검사가 다양한 직업의 적성 프로파일을 얼마나 정확하게 파악하여 제시하느냐에 따라서도 영향받는다.

내담자에 대한 평가를 통해 현재 문제에 대한 진단이 이루어지면, 변화를 위한 개입이 진행될 수 있다. 특히 개인-환경 간 부조화가 일어나고 있는 영역과 그 정도에 대한 평가를 기반으로 부조화를 줄일 수 있는 적응전략을 다루는 것이 중요하다. 부조화는 개인의 가치-직업강화인 간의 부조화와 직업의 요구-개인의 능력의 부조화를 모두 고려해야 한다. 적응전략은 이론에서 제안하듯이 개인이 변화하거나 환경을 변화시키려고 노력하는 두 가지 측면에서 이루어질 수 있다. 예를 들어, 환경이 요구하는 능력을 개인이 가지고 있지 못할 때 개인이 변하는 전략은 학습을 통해 필요한 능력을 기르는 것이고, 환경을 변화시키는 전략은 개인의 능력에 맞는 좀 더 적합한 부서로 배치를 요구하거나 개인 업무의 변화를 요구하는 것이 된다.

개인의 가치-직업강화인의 조화와 관련해서, 진로상담에서 개인의 가치를 다룰 때 대부분의 경우 가치를 탐색하고 명료화하는 과정이 다루어지며, 가치의 변화는 거의 다루어지지 않았다. 이는 가치가 한번 형성되면 비교적 안정적인 속성이라는 점과 함께 상담이 가치중립적이어야 한다는 신념에 따라, 내담자의 가치를 변화시키는 것에 대한 상담 영역에서의 부정적 인식과도 관련될 것이다. 하지만 가치-직업강화인 간의 부조화로 인해 만족을 얻지 못할 때, 개인 가치의 변화는 자신을 변화시키는 적응 전략과 관련된다. 가치의 변화는 개인에게 중요한 가치의 충돌이 일어날 때, 혹은 생활에서 경험하는 주변인의 가치에 대해 심사숙고함으로써 일어날 수 있다는 점을 고려하면(Rokeach, 1973), 이러한 점들이 진로상담에서 내담자의 가치 변화와 관련해 활용될 수 있다. 개인의 가치-직업강화인의 조화, 직업의 요구-능력의 조화 중 어느 쪽이든 부조화가 극단적이라면 이직을 고려할 수 있다.

직업적응이론을 활용하여 진로상담을 진행할 때 이 이론을 적용하기에 적합한 진로상담의 대상이 누구인가 하는 점을 생각해 보는 것이 좋다. 직업환경의 특성인 직업의 요구나 강화인이 비교적 분명하다고 하더라도(물론, 직업의 요구와 강화인도 시간의 흐름에 따라 변한다는 점을 고려해야 하지만), 개인의 특성인 가치의 명료화와 능력의 발달은 비교적 천천히 진행된다. 따라서 가치의 탐색 및 명료화, 능력의 평가가 의미 있게 이루어질 수 있는 시기는 청소년기 후반기 이후, 즉 고등학교 시기 이후는 되어야 할 것으로 보인다. 특히 직업가치는 최소한의 업무 경험을 통해 명료화되므로, 업무 경험이 있는 성인 대상의 진로상담에서 보다 효과적으로 사용될 수 있다(Rounds & Armstrong, 2005). 좀 다른 각도에서, 진로상담에서 개인의 가치는 다양한 영역에서 흥미와 능력을 나타내는 재능이 많은 집단을 대상으로 했을 때에 특히 효과적으로 활용될 수 있다(Stewart, 1999).

직업적응이론을 진로상담에서 보다 효과적으로 적용하기 위해서 여전히 탐색되어야 하는 연구과제들이 남아 있다. 먼저, 개인의 가치-직업강화인의 조화가 만족과 관련된다고 할 때 이 과정에서 가치의 평가 및 강화인의 평가가 중요하다. 특히 개인의 가치의 발달과 관련해서 가치의 명료화 시기에 대한 경험적인 자료들이 축적될 필요가 있다. 이론적으로 후기 청소년기와 초기 성인기를 거치면서 가치의 명료화가 이루어진다고 하지만, 우리나라 청소년들을 대상으로 가치의 명료화 과정이 연구된 바는 없다. 개인적인 경험에 따르면, 진로상담에 오는 대학생 내담자의 경우에도 자신의 가치에 대해 모호하게 느끼는 경우가 많았던 것으로 기억한다. 가치의 명료화가 대체로 어느 시기에 어떤 과정을 거쳐 진행되는지에 대해서는 일정한 대상을 관찰하면서 장기간에 걸친 이들의 가치 발달을 평가하는 종단연구가 진행될 필요가 있다. 이러한 종단연구의 결과는 개인의 진로결정과 직업만족도를 높이기 위해 가치를 활용하는 데에 있어 가치의 예언타당도를 높이는 데에 도움이 될 것이다.

개인의 가치-직업강화인의 조화와 만족의 관계에서 쟁점이 되는 것은, 모든 가치가 충족되는 것이 개인의 만족에 동일하게 중요한가 하는 점이다. 개인-직업 간 가치의 조화는 개인의 가치 프로파일과 직업의 강화인 프로파일의 모양의 유사성을 통해 평가되므로, 중요한 가치와 중요하지 않은 가치가 같은 중요도를 가지고 비교된다. 그런데 개인의 가치-직업과의 조화에서 만족과 관련되는 핵심적인 점은 개인이 중요하게 여기는 가치에 대해 직업의 강화인이 충분히 있어서 가치가 충족되는가 하는 점이다. 개인이 중요하게 생각하지 않는 가치에 대해 직업의 강화인이 어느 정도 있는지는 만족에 그다지 영향을 주지 않을 것이다. Rounds, Dawis와 Lofquist(1987)는 모든 가치의 조화보다 핵심 가치의 조화가 중요하며,

핵심 가치가 조화되고 나면 다른 가치들은 채워지는 부분으로 인해 보상을 받을 것이라고 가정하였다. 따라서 핵심 가치의 조화를 통해 진로만족을 예측하는 것이 전체적인 가치의 조화를 통해 진로만족을 예측하는 것에 비해서 더 유용한지에 대한 경험적인 연구가 요청된다.

이런 관계는 직업의 요구-개인의 능력 간의 관계에서도 마찬가지다. 직업이 요구하는 과제가 다양할 때 개인이 특정한 요구를 충족시킴으로써(즉, 핵심적인 능력 한두 가지를 가짐으로써) 조화가 이루어지는 것인지, 직업이 가지는 여러 요구를 골고루 충족시키는 것이 중요한지는 분명하지 않다. 직업의 여러 요구를 골고루 충족시키는 것은 직업의 적성 프로파일과 개인의 능력 프로파일 간의 유사성을 통해 평가되겠지만, 이는 여러 능력의 매칭이 비슷하게 중요하다는 가정하에 진행되는 것이다. 따라서 가치의 경우와 마찬가지로 충족이 핵심 능력의 조화를 통해 이루어지는 것인지, 전체적인 능력-요구의 조화를 통해 이루어지는 것인지에 대한 탐색이 필요하다.

개인의 가치-직업강화인 간의 조화와 만족의 관계에서 둘 간의 관계를 중재하는 변인들에 관해서도 후속연구에서 좀 더 탐색될 필요가 있다. 중재변인으로 흔히 언급되는 것으로 사회적 지지(Blau, 1993)와 성격(Brown, 1993)을 들 수 있다. 예를 들어, 사회적 지지가 충분히 있다면 개인-직업 간 부조화가 있더라도 직업만족이 높아질 수 있으며, 개인의 특성과 직업환경이 조화롭다고 하더라도 직장 내에서 관계가 어렵다면 직업만족은 떨어지게 될 것이다.

끝으로, 상담관련 연구들은 주로 욕구(가치), 능력 등 개인의 특성을 평가하고 적용하여 개인의 만족을 높이는 데에 집중하여 왔으나, 상대적으로 직업환경의 요구나 강화인을 평가하는 데에는 소홀한 편이었다. 직업적응이론이 진로상담에서 효과적으로 활용되기 위해서는 개인의 특성에 대한 이해뿐만 아니라 직업환경에 대한 구체적인 자료의 제공이 필수적이다. 직업환경의 강화인과 직업적성은 사회경제적 환경의 변화에 따라 계속 변화하므로 지속적인 자료의 개정과 좀 더 많은 직업에 대한 자료의 축적이 요구된다.

❑❑ 요 약

이 장에서는 1964년 미네소타 대학교에서 처음 발표된 후 다양한 경험적인 연구와 이론적인 정교화를 거쳐 진로상담에서 중요한 이론의 하나로 자리매김한 직업적응이론(Dawis, 2002; Dawis & Lofquist, 1984; Lofquist & Dawis, 1991)에 대하여 살펴보았다. 직업적응이론은 크게 개인 성격의 구조와 양식을 설명하는 성격이론, 직업환경의 구조와 양식을 설명하는 직업환경이론, 개인과 직업환경의 조화에 대해 설명하는 직업적응이론의 세 부분으로 나누어 개인의 직업적응에 대해 설명한다.

개인의 성격을 파악하는 데 중요한 것은 개인의 능력(기술)과 가치(욕구)다. 이와 유사하게 직업환경은 개인에게 특정한 능력을 요구하며, 또한 개인의 욕구를 충족시켜 줄 수 있는 강화인을 가진다. 개인의 가치와 직업의 강화인패턴이 잘 맞을 때 개인은 만족을 느끼고, 직업이 요구하는 능력을 개인이 가지고 있을 때 개인은 직업의 요구를 충족시켜 줄 수 있다. 개인-환경 간의 정적인 매칭을 중시하는 특성-요인이론과 달리, 직업적응이론에는 개인과 직업환경이 서로의 요구와 특성에 맞추어 나가는 '적응'의 개념이 포함되어 있다는 점이 중요한 특성이 된다.

직업적응이론에 관한 경험적인 연구들은 1960년대와 1970년대에 걸쳐 많이 발표되었으나, 1980년대 중반 이후 축소되었으며 주로 이론을 처음 발표한 연구자들에 의해 간헐적으로 지속되었다. 이는 1990년대 이후 전반적인 인지이론의 강세로 인해, 행동주의에 이론적 근거를 두고 있는 직업적응이론도 전반적으로 연구가 줄어든 때문으로 보인다. Dawis(2002)는 1980년대 중반 이후 이론의 경험적인 검증보다 이론을 실제 상담에 적용하는 데에 중점을 두어 왔기 때문에 전반적인 연구가 줄어들었다고 설명하고 있다. 실제로 직업적응이론의 핵심개념들은 O*NET과 워크넷(Worknet)에 반영되어 실제 상담에서 활발하게 사용되고 있다.

직업적응이론을 적용한 진로상담은 내담자의 능력과 가치의 평가, 직업의 요구와 강화인패턴을 중심으로 한 직업환경의 평가, 개인의 문제와 개인-환경 간 조화 정도의 평가, 부조화가 있을 때 이에 대한 대처방식의 평가와 적응전략의 학습 등의 큰 흐름을 따라 진행된다. 직업적응이론에 기반한 상담이 한국 내담자에게 보다 효과적으로 진행되기 위해서는 가치의 명료화 과정과 안정성, 개인-환경 간 조화와 만족의 관계에서 모든 가치가 조화로워야 만족도가 높아지는지의 여부, 보다 많은 직업에 대해서 직업환경의 요구와 강화인패턴에 대한 파악 등이 요청된다.

참고문헌

이요행(2002). 개인과 환경의 상응이 직무만족, 수행 및 이직가능성에 미치는 영향. 중앙대학교 박사학위 청구논문.

정윤경, 정철영(2006). 실업계 고등학교 전문교과 교사의 직업적응과 조직몰입의 관계. 농업교육과 인적자원개발, 38(4), 89-114.

한국고용정보원(2002). 청소년용직업적성검사. 서울: 한국고용정보원.

한국고용정보원(2004). 성인용직업적성검사. 서울: 한국고용정보원.

한국고용정보원(2005). 성인용 직업가치관 검사. 서울: 한국고용정보원.

Barrick, M., & Mount, M. K. (1991). The big five personality dimensions and job performance: A meta-analysis. *Personnel Psychology, 44*, 1-26.

Bizot, E. B., & Goldman, S. H. (1993). Prediction of satisfactoriness and satisfaction: An 8-year follow up. *Journal of Vocational Behavior, 43*, 19-29.

Blau, G. (1993). Work adjustment theory: A critique and suggestions for future research and application. *Journal of Vocational Behavior, 43*, 105-112.

Breeden, S. A. (1993). Job and occupational change as a function of occupational correspondence and job satisfaction. *Journal of Vocational Behavior, 43*, 30-45.

Bretz, R. D., & Judge, T. A. (1994). Person-organization fit and the theory of work adjustment: Implications for satisfaction, tenure, and career success. *Journal of Vocational Behavior, 44,* 32-54.

Brown, S. D. (1993). Contemporary psychological science and the theory of work adjustment: A proposal for integration and a favor returned. *Journal of Vocational Behavior, 43,* 58-66.

Chiocchio, F., & Frigon, J. (2006). Tenure, satisfaction, and work environment flexibility of people with mental retardation. *Journal of Vocational Behavior, 68,* 175-187.

Dawis, R. V. (2002). Person-environment-correspondence theory. In D. Brown and Associates. *Career choice and development* (4th ed., pp. 427-464). San Francisco, CA: Jossey-Bass.

Dawis, R. V., & Lofquist, L. H. (1984). *A psychological theory of work adjustment.* Minneapolis, MN: University of Minnesota Press.

Hesketh, B. (1993). Toward a better adjusted theory of work adjustment. *Journal of Vocational Behavior, 43,* 75-83.

Hesketh, B. (1995). Personality and adjustment styles: A theory of work adjustment approach to career enhancing strategies. *Journal of Vocational Behavior, 46,* 274-282.

Lofquist, L. H., & Dawis, R. V. (1991). *Essentials of person-environment-correspondence counseling.* Minneapolis, MN: University of Minnesota Press.

McCloy, R., Campbell, J., Oswald, F. L., Lewis, P., & Rivkin, D. (1999). *Linking client assessment profiles to O'NET occupational profiles.* Raleigh, NC: National Center for O'NET Development.

Melchiori, L. G., & Church, T. (1997). Vocational needs and satisfaction of supported employees: The applicability of the theory of work adjustment. *Journal of Vocational Behavior, 50,* 401-417.

Rokeach, M. (1973). *The nature of human values.* New York: Free Press.

Rounds, J. B. (1990). The comparative and combined utility of work value and interest data in career counseling with adults. *Journal of Vocational Behavior, 37,* 32-45.

Rounds, J. B., & Armstrong, P. I. (2005). Assessment of needs and values. In S. D. Brown and R. W. Lent (Eds.), *Career development and counseling: Putting theory and research to work* (pp. 305–329). New York: Willy & Sons.

Rounds, J. B., Dawis, R. V., & Lofquist, L. H. (1987). Measurement of person–environment fit and prediction of satisfaction in the theory of work adjustment. *Journal of Vocational Behavior, 31*, 297–318.

Sternberg, R. J. (1985). *Beyond IQ: A triarchic theory of human intelligence.* New York: Cambridge University Press.

Stewart, J. B. (1999). Career counseling for the academically gifted students. *Canadian Journal of Counseling, 33,* 3–12.

Ton, M. N., & Hansen, J. C. (2001). Using a person–environment fit framework to predict satisfaction and motivation in work and marital roles. *Journal of Career Assessment, 9*, 315–331.

제6장

부모-자녀관계이론

부모는 자녀가 생애 처음으로 관계를 경험하는 존재다. 자녀가 부모로부터 경험하는 관계의 질은 자녀의 심리적인 영역뿐만 아니라 다양한 삶의 분야에 영향을 미친다. 그런 점에서 진로이론에서는 부모가 자녀의 진로발달에 미치는 영향에 대해 일찍부터 관심을 가져왔다. 이 장에서는 부모와 자녀의 관계가 자녀의 진로선택이나 진로결정과정에 미치는 영향을 논의한 이론을 다루고, 진로에 대한 부모-자녀관계이론이 한국의 진로상담에 어떻게 적용 가능할 것인가에 대해 기술하고자 한다.

개인의 진로발달에 강력한 영향을 미치는 부모 변인은 초창기 진로이론에서부터 관심을 가졌다. 최근에는 부모를 포함하는 여러 관계를 포괄하는 관계적 맥락변인이 새롭게 진로이론에서 주목받고 있다(예: 선혜연, 2008; Blustein, Schultheiss, & Flum, 2004; Phillips, Cristopher-Sisk, & Gravino, 2001; Sharf, 2006). 특히 집단주의 문화가 강한 우리나라에서도 청소년의 진로발달이나 진로의사결정에 관계적 맥락변인을 고려하는 것이 필요하다는 논의들이 증대되고 있다(선혜연, 김계현, 2007; 선혜연, 황매향, 2004; 손은령, 김계현, 2002). 개인의 진로발달이나 의사결정과정에 영향을 미치는 관계적 맥락변인은 여러 가지가 있지만 그중 많이 언급되어

온 변인은 부모를 중심으로 한 가족관련 변인이다(예: Blustein, Walbridge, Friedlander, & Palladino, 1991; Hargrove, Creagh, & Burgess, 2001). 가족관련 변인 중에서도 특히 부모와 자녀의 관계 양식이 자녀의 진로에 미치는 영향을 다루는 이론이나 연구가 관계적 진로발달이론의 시초였고, 그동안 이루어진 연구결과들을 다소나마 종합할 수 있을 것으로 판단되기 때문에 이 장에서는 부모와 자녀의 관계적인 측면을 다룬 이론을 중심으로 다룬다.

최근 Sharf(2006)는 그의 저서에서 매우 다양한 이론들을 진로발달이론에 소개하면서 진로발달이론의 '관계적 접근(relational approach)'으로 Roe 이론, 애착이론, 가족체계적 관점, Phillips와 그 동료들의 이론을 소개한 바 있다. 하지만 아직까지는 가족체계적 접근이나 Phillips와 그 동료들의 관점은 국내에 충분히 소개되거나 경험적 연구가 축적되지 못한 상황이다. 이에 이 장에서는 부모와 자녀의 관계적 측면에 초점을 둔 최초의 연구 흐름인 Roe 이론과 국내에서 연구가 활발한 애착이론을 중심으로 기술하고 이 이론들이 한국의 진로상담이론 발달에 어떻게 적용 가능한지 모색해 보고자 한다.

1. Roe의 직업선택이론

1) Roe 이론의 개관

부모가 자녀에게 미치는 영향에 대한 논의의 선구자는 Freud다(Sharf, 2006). 하지만 Freud가 일과 사랑이 심리적 건강에 결정적인 것이라고 말했음에도 불구하고 Freud의 작업을 검토해 보면 일이 인간에게 가지는 중요성에 대한 논의나 일에 대한 관심은 적었다(Watkins, Jr. & Savickas, 1990). 오히려 본격적으로 부모가 아동기 진로발달에 미치는 중요성에 관심을 가지고 연구한 사람은 Anne Roe이다. Roe는 초기 아동기 특히 12세 이전에 부모가 보여 준 자녀양육방식이 자녀의 진로선택에 영향을 줄 수 있다고 보고, 이를 검증하고자 시도하였다. 그녀는 예술적 창의성에 관련된 성격요인에 대한 연구를 시작으로 저명한 과학자의 특성에 대한 일련의 연구를 통해 자신의 진로이론을 구축하였다. 그녀는 직업선택이 생물학적, 사회학적, 심리학적인 개인차에 기초한다고 가정하였지만 특히 부모가 자녀를 대하는 양육방식이 자녀의 심리적 욕구와 상호작용해서 직업선택이 이루어질 수 있음을 가정하고 이를 검증하였다. 그녀의 이론은 1980년대 이후로는 별다른 주목을 받지 못하고 있고, 진로이론을 소개하고 있는 최근의 저서에서는 짧게 다루어지거나 생략되어 있는 것을 볼 수 있다. 하지만 부모가 자녀에게 미치는 영향에 대한 그녀의 생각이나 진로분류에 대한 그녀의 아이디어는 여전히 진로상담 현장에서 유용하다.

(1) 직업분류체계

Roe는 "직업만큼 모든 수준의 기본욕구를 충족시켜 줄 수 있는 단일 상황은 없다."고 하면서 직업과 기본욕구 충족의 관련성을 Maslow의 8단계 욕구위계설의 바탕으로 보았다. 직업은 생리적 욕구와 안전의 욕구를 제공하며, 동질집단과 일하는 것은 만족스러운 직업생활의 중요한 측면이자 그 집단 속의 다른 동료들에 의해 수용됨으로써 자존감을 증가시킬 수 있다(Roe & Lunneborg, 1990)는 것이다. Roe는 개인이 이런 심리적 욕구를 발달시키는 과정에는 부모가 자녀를 대하는 양육방식이 영향을 미치고 이것이 진로선택에도 연결된다. 즉, 부모의 태도 유형에 따라 자녀의 성격 형성, 특히 사람을 지향하거나 회피하는 태도가 형성되고 이는 사람지향적인 직업이나 사람회피적인 직업과 관련된다는 것이다. 사람을 지향하는 것과 관련된 사람지향적 직업은 서비스직, 비즈니스직, 행정직, 문화직, 예능직, 사람을 회피하는 것과 관련된 비인간지향적 직업은 기술직, 옥외활동직, 과학직의 서로 다른 8가지 직업군집과 관련된다(Roe, 1957). 이런 직업군은 직업활동과 관련된 인간관계의 특성과 강도에 기초한 연속선상에 배열될 수 있으며, 연속선상에서 가까이 위치한 군집들이 떨어진 군집보다 인간관계의 특성과 강도면에서 더 유사하다.

8가지 직업군집은 다음과 같다(Roe & Clos, 1969).

① 서비스직: 기본적으로 다른 사람의 취향, 욕구, 복지에 관심을 갖고 봉사하는 것에 관련된다. 사회사업, 가이던스, 가정적이고 보호적인 서비스 등이 이 군집에 속한다. 이 군집의 본질적인 요인은 다른 사람을 위해서 무엇인가를 하고 있는 환경이다.

② 비즈니스직: 일대일 만남을 통해 공산품, 투자 상품, 부동산, 용역을 판매하는 것과 관련된다. 대인관계가 중요하지만 타인을 도와주기보다는 어떤 행동을 하도록 상대방을 설득하는 데 초점을 둔다.

③ 행정직: 사업, 산업체, 정부기관 등에서 일하는 관리적 화이트칼라가 해당된다. 기업의 조직과 효율적인 기능에 주로 관련된 직업들로 인간관계의 질이 대개 형식적이다.

④ 기술직: 상품과 재화의 생산, 유지, 운송과 관련된 직업을 포함한다. 운송과 정보통신에 관련된 직업뿐만 아니라 공학, 기능, 기계, 무역에 관계된 직업들도 이 영역에 속한다. 대인관계는 상대적으로 덜 중요하며 사물을 다루는 데 관심이 있다.

⑤ 옥외활동직: 농산물, 수산자원, 지하자원, 임산물, 다른 천연자원을 개간, 보존 및 수확하는 것과 축산업에 관계된 직업을 포함한다. 기계화로 인해 이 군집에 속하던 많은 직업들, 특히 석유산업과 관련된 직업들이 군집 4로 이동하였다. 대인관계는 별로 관련이 없다.

⑥ 과학직: 기술과는 달리 과학이론과 그 이론을 특정한 환경에 적용하는 것과 관련된다. 심리학이나 인류학과 같은 분야에서뿐만 아니라

전혀 인간관계 지향이 아닌 물리학과 같은 과학적 연구에서도 더 구체적인 인간관계에 호소하는 군집 7과 관련이 있다. 의학직들이 포함될 수 있다.

⑦ 보편적 문화직: 보편적인 문화유산의 보존과 전수와 관련된다. 개인들보다는 인류의 활동에 관심이 있다. 교육, 언론, 법률, 성직, 언어학, 인문학이라 불리는 전공들에 관련된 직업들이 포함된다. 대부분의 초·중등 교사들이 이 군집에 속한다. 고등교육기관의 교사들은 가르치는 교과에 따라 다른 군집에 포함되기도 하는데, 과학교사는 군집 6, 예술교사는 군집 8, 인류학 관련 교사는 군집 7에 포함된다.

⑧ 예능직: 창조적인 예술과 연예에 관련된 특별한 기술을 사용하는 것과 관련된다. 대부분 개인과 대중 또는 조직화된 한 집단과 대중 사이의 관계에 초점을 둔다. 인간관계가 중요하지만 군집 1에서의 인간관계와 같은 특성을 지닌 것은 아니며 또 군집 1에서와 같은 직접적인 관계도 아니다.

Roe는 위의 각 직업군집이 기본적으로 개인의 욕구구조와 함수를 이루지만 각 군집은 책임, 능력, 기술의 정도에 따라 몇 개의 단계로 구분된다고 가정하였다. 전문적이고 관리적인 단계 1, 전문적이고 관리적인 단계 2, 반전문적인 소규모 사업, 숙련직, 반숙련직, 비숙련직의 6단계가 바로 그것이다. 그녀에 의하면 각 군집 내에서 성취수준은 개인의 능력이나 사회경제적 배경요인 등에 영향을 받는다(Zunker, 2004). Roe는 8개의 각 직업군과 함께 곤란도와 책무성을 고려한 8×6 구조를 만들었다.

진로상담에 대한 Roe의 공헌 중 가장 가치 있는 것은 이상과 같은 그녀의 분류체계인데 이는 내담자가 매칭의 준비가 되어 있을 때 더욱 유용하다(Brooks, 1990). 특히 직업선호도검사(Occupational Preference Inventory), 직업흥미검사(Vocational Interest Inventory), 직업명 사전(Dictionary of Occupational Titles)과 같은 분류체계 개발에 영향을 주었고, 미국 내 여러 기관의 진로상담 프로그램이나 진로방법에 Roe의 분류체계가 적용되고 있다(Roe & Lunneberg, 1990).

(2) 부모의 자녀양육태도 유형

Roe 이론에 의하면 부모의 초기 자녀양육태도는 자녀의 성격에 영향을 준다. 부모의 양육태도는 세 가지로 대별되는데 부모들은 세 가지 양육태도 중에서 주로 한 가지 양식으로 자녀를 대한다. 그 첫째는 자녀에게 정서적으로 집중하는 유형이다. 그녀는 이를 '과잉보호-과잉요구' 양식으로 정의하였다. 과잉보호를 하거나 과잉요구를 하는 부모의 양육태도는 자녀의 호기심을 제한하거나 자녀의 완벽성을 요구하게 된다. 두 번째 유형은 자녀에 대해 회피하는 양육태도를 보이는 유형으로 '거부-무시' 로 규정되었다. 이 유형을 보이는 부모는 자녀들을 정서적으로 거부하고 벌이나 비난을 하며 애정을 보이지 않는다. 세 번째 유형은 자녀에 대한 수용을 보이는 양육방식으로 '일상적 수용-애정적 수용' 으로 대별된다. 기본적으로 자녀들이 안정감을 느낄 수 있는 환경을 조성하고 부모의 애정을 느끼게 하는 양육방식이다. 자녀의 독립성을 격려하고 자녀에게 거부보다는 수용하는 태도를 보인다.

Roe는 부모의 이런 양육방식을 척도로 만들어 부모-자녀관계를 측정하고자 하였다. 그녀는 먼저 부모-자녀관계 척도(Parent-Child Relations Questionnaire: PCR I)를 만들어(Roe & Siegelman, 1963) 부모의 양육태도를 측정하였다. 하지만 곧 부모 각자가 아들과 딸을 각각 다르게 대할 것이라는 가정하에 각각의 성이 다른 자녀를 대하는 양식을 측정하도록 보완한 PCR II를 만들었다. 부모-자녀관계 척도는 12세 이전에 부모에 대해 경험한 회상내용을 검사하게 되어 있는데, 아버지와 어머니에 대해 각각 별도의 질문을 제시하고 있다. 다음은 이 척도의 질문내용 중 한 예다(Roe & Siegelman, 1963).

〈부모-자녀관계 척도 문항 예〉

1. 어머니는 내가 식사 시간에 늦을 때면 나를 무시하였다.
① 매우 그렇다 ② 그런 편이다 ③ 보통이다 ④ 그렇지 않은 편이다
⑤ 전혀 그렇지 않다

부모-자녀관계 척도를 사용해서 자녀들이 경험한 부모 양육태도에 대해 요인분석을 실시한 결과 세 가지의 부모-자녀 양육방식 요인이 추출되었다. 양극요인으로 사랑-거부(Loving-Rejecting: LR), 변덕-요구(Casual-Demanding: CD)가 추출되었고, 과도한 집중(Overt Attention: O)은 단극요인으로 추출되었다. Roe는 LR 요인과 O 요인만이 개인의 직업선택 지향에 영향을 주는 것으로 추정하였다(Roe & Lunneborg, 1990).

(3) 부모-자녀관계와 직업선택

Roe는 앞에서 언급한 것처럼 부모의 자녀양육방식에 따라 자녀의 독특한 심리적 욕구가 생기고 이는 자녀의 직업선택에도 영향을 미친다고 보았다. 부모가 자녀를 수용하고 따뜻한 분위기에서 성장한 사람은 어떤 필요가 생길 때 사람으로부터 충족시키고자 하는 방식을 배우게 되고 이는 직업선택에도 영향을 미쳐 사람지향적인 경향이 있는 직업을 고른다고 하였다. 반면, 거부적인 양육환경에서 성장한 사람들은 자신이 필요로 할 때 부모로부터 따뜻한 사랑과 관심을 받지 못하였기 때문에 사람과의 관계가 아닌 것에 관심을 쏟으며 이를 해결하는 방식을 취한다. 이로써 그들은 사람과의 관계보다는 사람회피적인 직업에 관심을 갖게 된다(Roe, 1957).

하지만 부모-자녀관계와 직업선택에 대한 Roe의 가설은 그녀 자신의 연구나 다른 사람들의 연구에서 일관된 결론들이 도출되지는 않았다. 이에 대해 Roe와 Siegelman(1964)은 초기 양육환경과 직업선택 간의 관계

를 가정하면서도 동시에 "초기 사회적 경험의 양은 후속 사람지향의 양과 관련이 있지만 어떤 특별한 종류의 부모의 자녀양육방식이 직업선택에 어떤 영향을 줄 것이라는 가설은 타당화하기에는 너무 구체적이다. 노동시장에서 사회경제적 배경이나 운, 능력 등의 다른 요인들이 복합적으로 작용한다."고 결론을 내린 바 있다. 부모의 양육태도가 어떤 식으로든지 직업선택과 관련될 수는 있지만, 이 둘 간의 관계를 기계적으로 짝지어 예언할 수는 없고 직업선택을 이해하기 위해서는 다양한 요소들을 함께 고려해야 한다는 점을 강조하는 말로 이해된다. 가장 최근의 진술에서 Roe와 Lunneborg(1990)는 부모-자녀관계와 직업선택에는 직접적인 관련이 없다고까지 말하였다. 그러나 Roe와 Lunneborg(1990), Osipow(1983)는 아주 한정된 분야에 관심을 가진 사람들이 선택한 직업활동이 아동기 초기의 경험과 관련된 태도를 반영한다는 증거를 여전히 언급하고 있다. 예를 들면, 부모에게 관심이나 애정을 거의 받지 못한(회피-거절) 공원 감시원은 야생 동물을 돌보거나 화재 또는 다른 재해에 대비하여 숲을 감시하는 것처럼 사람들을 기피하는 활동을 선호할 것이고, 부모에게 사랑과 수용을 받고 자란 공원 감시원은 관광, 보조, 구조 활동과 같은 활동을 선호하는 형태로 나타난다는 것이다(Sharf, 2006).

2) 국내외에서의 연구동향

Roe 이론에 대한 검증은 그녀 자신이 수행한 연구와 다른 사람들에 의해 수행된 연구로 대별된다. Roe의 초기 연구는 주로 전공이 다른 저명한 과학자들의 아동기 경험에 차이가 있을 것이라는 가정하에 인터뷰나 몇 가지 투사법 검사를 통해서 이들의 능력, 성격특성과 다양한 사회경제적 배경 등을 조사하는 것이었다. 일부의 연구에서는 전공영역이 다른 과학자들 사이에 아동기 경험에서 차이가 발견된다는 결과가 도출되기도 하였다. 예를 들면, 인류학자나 심리학자들은 과학자들에 비해 가족과 상호작용을 많이 하고 부모들이 보다 과보호적이거나 과통제적이라는 것 등이다. 특히 사람을 지향하는 측면과 직업지향성이 과학자들 간에 차이가 있다는 것이고, 이는 후에 자신의 이론을 공식화하는 데 중요한 영향을 주었다. 하지만 그녀의 초기 연구는 여러 가지 방법론적인 측면에서 비판을 받고 있는데 로르샤흐 검사와 같은 투사법 검사를 정상인들에 유용하게 사용할 수 있는지, 또 해석을 타당하게 할 수 있는지 등과 같은 것이 문제라는 것이다(Osipiw, 1983). 이후 Roe와 Siegelman(1964)은 남녀 엔지니어, 남녀 사회사업가, 남자 대학생 대상으로 연구를 수행하면서 아동기 경험인 선행조건이 성인들의 흥미와 관계된다는 진술을 하기에 이른다. 즉, 성인의 사람지향 정도는 인생 초기 사람관계가 어떠했느냐에 의해 영향을 받는다는 것이다. 이후 연구에서도 Roe와 Hutchinson(1969)은 일정한 기간 동안 개인들의 직업 변동을 조사해서 연구대상들이 대체로 비슷한 직업분야로 이동하는 것을 볼 수 있다고 하면서 직업분류체계에 의하면 심리적으로 근접 직업들이 서로 유사하다는 점에서 이런 결과가 자신의 이론을 지지하는 것이라고 해석하였다.

Roe 이론에 대한 다른 연구자들의 검증 연구는 일관적이지 않다. 초기 연구로는 Grigg(1959)의 것을 들 수 있다. Grigg는 수학, 과학 전공 여성과 간호 분야 전공 여성들을 비교집단으로 해서 '이과 전공자들이 부모를 더 냉담하다고 지각하는가?' 라는 가설을 검증하였는데, 두 집단 간 차이는 없는 것으로 나타났다. Green과 Parker(1965)는 선행연구들의 회고방식을 보완해서 7학년 청소년을 대상으로 부모-자녀관계 척도를 사용한 연구를 수행하였다. 아동의 현재 가정 분위기와 직업선호도와의 관련성을 탐색하였는데, 남학생은 부모를 따뜻하고 지지적으로 지각한 경우 사람지향 직업과 관련되었고, 여학생은 냉담한 부모-자녀관계를 얘기한 경우 사람회피적인 직업선택으로 나타났다. 하지만 냉정한 부모를 보고한 남학생의 경우 사람 회피적 선호도와 상관없었고, 따뜻한 환경을 보고한 여학생은 사람지향 진로계획을 보이지 않음으로써 부분적으로만 Roe 이론을 검증하였다. 그 밖에도, Medvene(1970)은 461명의 심리학과 남자 대학생을 대상으로 연구하였는데, 사람지향 학생들은 가정을 자주 정서적 집중과 수용이 있는 곳으로 보고한다는 것을 발견하였다.

국내에서 Roe의 이론과 관련된 연구라고 한다면 부모의 양육태도 혹은 부모-자녀관계 양식과 진로유형과의 관계에 대한 연구가 될 것이다. 하지만 국내에서 Roe 이론이 구체적으로 적용되어 실증적 연구로 연결된 것은 거의 없다. 학위논문으로 부모의 양육태도와 Holland 유형과의 관계에 대한 연구가 수행된 것(예: 김영숙, 2005; 윤효권, 2000; 이성전, 2004)이 있지만 Roe의 분류체계와 상관을 검증한 연구는 아니다. 다만, Roe의 부모-자녀관계 척도는 아니지만 부모-자녀관계, 부모의 양육태도와 같은 변인과 진로와 관련된 변인, 예컨대 자녀의 진로의식발달, 진로결정수준, 진로결정효능감, 진로성숙도와 같은 변인과의 관계에 대한 연구들은 비교적 활발히 수행되어 왔다. 예를 들면, 김희수(2005)의 연구에 의하면 고등학생이 지각한 부모의 양육태도는 진로결정 및 진로정체감 변인과 상관이 있었고, 특히 부모의 수용적 태도는 고등학생의 진로결정과 진로정체감을 유의미하게 예언하는 것으로 나타났다. 이현숙과 조한익(2004)은 대학생을 대상으로 지각된 부모의 양육태도와 진로결정수준과의 관계를 살펴보았는데, 부모의 양육태도가 수용적이거나 자율적이라고 지각할 때 진로확신이 높아지고 부모의 양육태도를 거부적이거나 통제적이라고 지각할 때 진로미결정이 높아지는 것으로 나타났다. 박성욱(2005)의 고등학생을 대상으로 한 연구에서는 남학생의 경우 어머니의 합리적인 차원의 양육이 진로의식발달과 진로결정수준을 가장 잘 설명하였고, 여학생의 경우 부모의 양육태도와 진로발달 간에 유의미한 관계가 발견되지 않았던 반면, 아버지와의 애정관계가 진로결정수준에 유의미한 영향을 미치는 것으로 나타났다. 그 외 여러 연구들에서도 대체적으로 부모의 양육태도는 진로관련 변인과 상관이 있는 것으로 나타나는 것을 확인할 수 있다.

이상에서 살펴본 것처럼 Roe의 연구에서 부모의 양육태도와 진로유형 간의 관계는 부분적으로 관련은 되지만 직접적인 관계가 있다고 보기에는 Roe의 말처럼 너무 구체적인 것으로 보인다.

특히 Roe 이론을 검증하고자 한 많은 연구들이 아동기 경험에 대한 회상 자료에 기반하여 연구하는 것이 어렵고, 특히 종단연구 요건을 충족시키는 것이 어렵다는 지적을 한다(Brown, 1990; Zunker, 2002). 또한 한 연구에 사용한 표본들이 너무 적고(Osipow, 1983) 부모 간의 자녀양육방식에 대한 차이점과 시간에 따른 양육방식의 변화 가능성이 변할 수 있다는 점을 간과하였다(Sharf, 2006). 진로상담과정에 구체적인 정보나 전략을 제공하지 않은 것도 Roe 이론의 발전을 제한하였다. Roe 자신이 말했듯이, 이 이론은 상담실제에 적용을 위한 이론으로 구성되지 않았기 때문인 듯하다. 다만, 국내 연구동향을 볼 때 부모-자녀관계 양식은 자녀의 진로발달과 상관이 높은 변인인 것으로 확인된다. 부모가 보다 수용적이고 애정적이며 민주적일 때 자녀의 진로와 관련된 태도가 보다 성숙된다는 것을 볼 때, 부모양육 변인과 진로관련 변인 관계는 지속적으로 연구되어 부모의 진로교육에 포함될 내용을 밝히는 데 기여할 수 있을 것으로 보인다.

3) 한국 내담자에 대한 적용 가능성

Roe 이론은 진로발달이론이라기보다는 진로선택이론이고, 실제적인 의사결정과정을 설명하지 못하고, 성격 형성과 직업선택 사이의 단계들을 명료화하지 않고 있다(Brown, 1990). Lunneborg(1990)는 Roe가 상담자가 아니기 때문에 진로상담자가 자신의 이론을 가지고 어떤 작업을 할지에 대해 구체화하지 않았다고 하였다. 따라서 Roe의 이론을 한국 내담자에게 어떻게 적용할 수 있는가에 대한 논의는 다분히 임의적일 수밖에 없다. 여기서는 Brooks(1990)가 진로이론들을 상담실제에 어떻게 적용할 수 있는가에 대해 했던 논의와 구체적인 사례를 통해 어떻게 진로상담을 할 수 있을 것인가에 대해 Lunneborg가 기술한 내용을 근거로 한국 내담자를 대상으로 한 진로상담 실제에 어떻게 적용 가능할 것인가를 기술하고자 한다. Lunneborg는 내담자가 상담에 왔을 때 평가, 정보수집, 탐색적 면담 및 활동계획 구축하기라는 네 가지 활동을 통해 내담자를 도울 수 있다고 하였다.

(1) 평가하기

내담자가 상담에 오게 되면, 우선 상담자는 내담자가 어떤 문제 때문에 상담에 왔는지를 파악해야 할 것이다. 그러자면 내담자가 이 시점에 진로상담에 오게 된 이유가 무엇일까를 알아보기 위해 내담자가 자신에 대해 진술하는 바를 들어야 한다. Roe 이론에서는 우리가 심리적 욕구에 근거해서 직업을 선택한다는 가정을 하고 있다. 그런 점에서 일차적으로 파악해야 할 것은 바로 내담자가 현재 진로와 관련해서 어떤 욕구를 가지고 있는지를 파악하는 일이다. 내담자는 진로문제의 원천으로 진로와 관련된 욕구인식의 부족, 어떤 욕구를 실현시켜 줄 것인가에 관한 지식의 부족, 현재의 직업에 대한 욕구불만 등을 거론할 수 있다(Brooks, 1990). 즉, 어떤 내담자의 경우는 직업을 통해서 자신이 어떤 욕구를 충족하고자 하는지에 대한 인식이 부족할 수 있다. 어떤 내담자는 자신의 욕구를 자각하고 있으나 어떤 직업이 이 욕구를 충족시켜 줄 수 있는지에 대한 정보가 부족할 수도 있다. 앞의 두 경우는 주로 자라나는 청소년들에게서 많이 발견되는 현상 중의 하나다. 이미 직업세계로 진입한 성인의 경우 진로상담을 하고자 왔다면 현재의 직업이 진로욕구를 충족시켜 주지 못하고 있을 가능성을 생각해 볼 수 있다. 혹은 경제적인 이유로 실직을 당할 수도 있으므로 내담자가 가지고 있는 진로욕구를 다시 한 번 확인해 주는 것이 필요할 것이다. 즉, 현재 직업을 어떻게 해서 선택하게 되었는지, 그 직업이 내담자의 어떤 욕구를 충족시켜 주었고 어떤 욕구를 충족시켜 주지 못하는지를 탐색해야 할 것이다. 어떤 경우이든, Roe 이론을 적용하자면 내담자에게 욕구인식을 분명하게 해 주는 과정이 제일 먼저 진행되어야 한다. 이때 내담자의 진술을 토대로 하되 상담실에서 사용하고 있는 여러 가지 진로관련 검사, 예컨대 흥미검사나 진로와 상관이 높은 성격검사 등을 실시한다면 내담자가 흥미를 보이는 영역을 보다 쉽게 발견할 수 있을 것이다.

(2) 정보수집하기

두 번째 단계에서는 내담자가 갖게 된 진로욕구가 어떻게 형성되었는지를 살펴봄으로써 내담자 자신에 대한 이해를 높이고, 내담자의 진로욕구를 충족시켜 줄 직업세계에 대한 다양한 정보를 수집한다. 부모들이 내담자에게 어떤 기대를 했는지, 어떤 양육방식을 보였는지, 아들과 딸에 대해 부모들이 각각 다르게 기대하고 양육을 했는지, 부모들 자신들의 욕구는 무엇이었는지, 가족의 가치는 무엇인지, 부모를 동일시하고 있는 점은 어떤 것인지 등에 대한 전반적인 탐사를 통해 내담자 자신을 이해하는 과정을 거친다. 이 과정에서 상담자는 위에 언급된 내용들을 구체적인 질문을 통해 확인하면서 내담자에게 정리를 해 주는 과정이 필요하다. 이는 우리가 선호하게 되는 일이 가족과 무관하게 이루어지는 것이 아님을 내담자와 확인하는 과정이 되며, 내담자가 자신이 갖게 된 진로욕구를 새로운 시각으로 평가해 보는 데 도움이 된다. 내담자의 자기 이해와 일에 관련된 여러 가지 정보를 수집하게 하기 위해 상담자는 내담자에게 책자나 영상물들을 접하게 하기도 한다. 만약 개인상담을 통해 내담자를 만나고 있을 때 진로 집단상담에 참가해 보는 것을 권유할 수도 있다.

(3) 탐색적 면담하기

내담자가 자신에 대한 이해와 일의 세계에 대한 정보를 어느 정도 확보하게 되면 상담자는 내담자에게 자신이 찾는 직업을 갖고 있는 사람들을 만나 보도록 권유한다. 즉, 내담자가 들어가고자 하는 학과나 전공 혹은 구체적인 직업영역에 있는 사람들을 만나서 면담을 하도록 한다. 이 과정을 통해 내담자 자신이 선택한 학과나 직업이 자신이 기대하는 구체적인 욕구를 충족시켜 줄 수 있는지를 확인할 수 있다. 예를 들면, 자신이 사람들과 적극적으로 교류하는 것을 좋아한다고 지각하는 내담자가 있다고 하자. 이 내담자는 심리학에서 상담분야가 자신의 성격특성을 잘 살려서 일할 수 있는 것이라고 판단하였다. 그래서 상담자를 만나서 상담자라는 직업에 대해 탐색을 하고자 하였다. 그런데 내담자가 보기에 개인 사무실에서 한 사람씩 사람을 만나고 있는 상담자 활동이 매우 답답해 보였다. 또한 사람에 대한 깊은 관심과 호기심이 필요하고, 끊임없이 탐구가 필요한 과정이 상담자의 길임을 알게 되었다. 그런데 자신은 사람을 만나는 것을 선호하지만 늘 새롭고 여러 사람들과 상호작용하는 양을 중요하게 고려한다는 것을 알게 되었다. 방학 중에 잠깐 해 본 판매직 아르바이트를 할 때 판매 실적도 좋았고, 사람들로부터 친절하다는 평가를 많이 받았다는 사실도 떠올랐다. 이와 같이 내담자가 우선 찾게 된 학과나 직업과 관련된 사람들을 직접 만나서 자신이 생각하던 것과 일이 일치하는지, 어떤 사람들이 이 분야에서 성공하는지, 보수는 어떠한지, 장래는 어떤지 등을 경험하게 하고 최종적인 결론을 내릴 수 있도록 돕는 과정을 진행한다.

(4) 활동계획 구축하기

이렇게 해서 내담자가 자신의 욕구를 충족시키는 학과나 직업을 발견하고 나면 목표에 도달하기 위해 구체적인 계획을 세우도록 독려한다. 의대를 지망하는 중학생 청소년의 경우 의대에 가기 위한 구체적인 계획들을 세워 봐야 할 것이다. 의대에 직접 갈 것인지, 의학전문대학원을 갈 것인지에 따라 고등학교 생활과 대학 생활이 달라진다. 과학고등학교에 갈 것인지, 일반 인문계고등학교에 가는 게 진로계획에 유리한지 평가해야 한다. 학업성취도가 높아야 하는 것은 기본이며, 학업성취도를 높이기 위해 어떻게 해야 하는지도 준비해야 한다. 즉, 몇 년 단위의 계획을 세우는 구체적인 진로활동 계획을 세워야 한다. 보다 장기적인 차원에서는 성인기의 활동까지도 염두에 두는 진로계획을 세울 수 있도록 하는 지침이 필요하다.

이상과 같이 Roe 이론을 상담실제에 적용하는 데 있어서 그녀의 직업분류체계도 함께 활용해 보는 것을 고려해 볼 만하다. 특히 진로상담실제에서 일반적으로 내담자에게 Roe의 사람지향-사물지향의 이원적 관점을 활용하는 경향이 있는데 이런 접근은 분류체계의 일반화 가능성을 높일 수 있다. 우리는 보통 일에 대해서 사람들과 잘 어울리고 또 그것을 좋아하는가 아니면 사물을 다루는 것을 더 좋아하는가를 중심으로 생각하는 경향이 있다. 문과와 이과를 구분하는 통속적인 기준도 사람지향 대 사물지향의 관점을 취하는 경우가 많다, 그런 점에서 2원 분류, 8개의 직업군에 대한 내용을 진로관련 프로그램의 내용에 포함시키거나 진로카드 개발에 활용할 수 있어 보인다. 이렇게 된다면 구체적인 상담 장면에서 Roe 이론을 보다 적극적으로 적용하는 것이 될 것이다. 앞으로 Roe 직업분류체계를 한국에 어떻게 적용시킬 것인가에 대한 논의가 활성화되기를 기대해 본다. 또한 부모-자녀관계와 직업선택이라는 직접적 매칭보다는 진로고민의 핵심에서 자신의 진로욕구를 찾도록 하고, 그런 진로욕구가 어떻게 형성되었는지를 생각해 보게 하며, 그런 욕구를 충족시킬 수 있는 직업정보를 발견하도록 하는 데 Roe 이론을 적용해 볼 수 있다. 부모교육에도 Roe 이론을 반영할 수 있어 보인다. 부모의 양육태도에 대한 국내 연구결과들 중에서 자녀의 진로발달을 돕는다고 알려진 양육방식에 대하여 부모를 대상으로 한 진로교육에 반영하여 자녀의 진로발달을 지원하도록 활용할 수 있을 것이다.

2. 애착이론

1) 애착이론의 개관

애착이론은 정신분석과 대상관계이론의 발달에 기원을 두고 있다. 아동이 주 양육자인 엄마와 갖는 관계의 특성이 어떠한가에 따라 자기가치감이 달라지고 정신건강까지 영향을 받는다는 관점이다. 대표적인 이론가는 Bowlby인데 그는 "애착이론은 어떤 사람에게 강한 애착을 느끼는 인간의 경향성을 개념화하고, 애착대상과의 원치 않는 분리 혹은 애착대상의 상실이 발생했을 때 수반되는 불안, 분노, 우울, 정서적 초연(emotional detachment)과 같은 다양한 정서적 고통과 성격장애를 설명하는 이론 중 하나다."(Bowlby, 1977, Marrone, 1998에서 재인용)라고 하였다.

실증적 연구를 통해서 애착이론을 구체화했던 사람은 Ainsworth와 그의 동료들이다. Ainsworth 등(1978)은 애착유형에 대한 매우 유명한 실험을 통해서 세 가지 유형을 밝혀낸 바 있다. 이들은 애착행동을 관찰하기 위해 '낯선 상황'이라는 방법을 활용해서 실험을 했다. 실험 조작은 아동들을 어머니와 함께 낯선 상황에 노출시켰다가 아동 혼자 두고 어머니를 나가게 한 다음 낯선 사람이 들어오게 하고, 맨 나중에 어머니를 다시 합류시켰을 때 아동이 보인 행동을 관찰하는 것이었다. 이때 아동들은 대체로 세 가지 애착유형을 보였다. 돌보는 사람에게 쉽게 반응하고 행동을 탐색하는 안정유형, 불안해하고 양가적인 행동을 보이며 탐색행동이 감소하는 불안정유형, 보살핌을 무시하거나 거부하고 타인을 신뢰하지 못하는 회피유형이 그것이다. 애착이론에 따르면 아동기 애착유형은 아동기를 넘어선 전 생애의 적응을 예언해 주는 지표다(Ainsworth, 1989; Sperling & Berman, 1994). 애착이론은 초기에 주로 정신병리와 관련되어서 이해되었지만 나중에는 다른 영역과 관련된 부분에 대해서도 적용 영역을 넓혀 갔다. 진로상담 분야에서는 개인의 애착관계 양식이 진로발달과 주요하게 관련되는 변인이 될 수 있음이 연구되어 왔다(예: Blustein et al., 1991; Blustein, Prezioso, & Schultheiss, 1995). 애착과 진로와 관련해서 연구자들이 관심을 보인 변인은 탐색이다(Hazan & Shaver, 1990). Bowlby(1982)에 의하면 탐색은 개인이 물리적, 사회적 상호작용이나 새로운 사회적 역할 속으로 뛰어들고 주도하는 것을 의미한다. 즉, 대상에 대한 안정적 애착은 탐색을 촉진시켜 세상에 대한 지식의 수준과 사회적 유능성 수준을 높인다(Blustein et al., 1995). 예를 들면, 6세까지의 안정적인 애착을 형성한 아동은 외계를 기꺼이 탐색하여 결국 자신의 세계와 직업의 세계에 대해 높은 친밀성을 갖게 된다는 주장 등이 그것이다(Sharf, 2006).

2) 국내외에서의 연구동향

애착이론과 진로의 관계에 대한 연구는 국내외적으로 많이 수행되어 왔다. Blustein 등(1995)에 의하면 애착은 진로탐색, 진로의사결정 및 성인진로행동에 공헌을 하는 중요 변인이다. Kenny(1990)는 대학생을 대상으로 한 연구에서 부모에 대한 애착이 진로성숙과 유의미한 상관이 있다는 것을 발견하였다. O' Brien(1996)은 어머니에 대한 애착과 정서적 친밀감 및 부모에 대한 태도적 의존이 진로결정 자기효능감, 진로방향 및 진로선택의 현실성과 유의미한 관계가 있다고 하였다. 애착변인만이 아니라 부모에 대한 심리적 독립변인도 자녀의 진로와 밀접한 관련이 있는 것으로 알려져 왔다. 대학생들을 대상으로 부모에 대한 독립과 진로선택 간의 관계를 연구한 Blustein 등(1991)은 부모에 대한 애착이 더 높고 부모와 갈등적 독립을 보이는 청소년들이 진로선택에 어려움을 겪는 경향이 덜하고 진로선택 진전과 정적 상관이 있다고 하였다. 하지만 애착변인과 진로관련 변인 간에 상관이 없다는 연구결과들도 있어 이에 대해서는 추가적인 연구와 논의가 필요한 상황이다. Ketterson과 Blustein(1997)은 부모애착과 진로탐색 행동과의 관련성에 대한 연구에서 이 두 변인의 상관관계가 나타나지 않았다고 보고하였다. O' Brien(1996) 역시 어머니에 대한 애착이 진로선택의 일치성과는 관계가 없다고 하였다. 애착과 진로 관련 변인들 간에 직접적인 영향관계인가 아니면 간접적인 영향관계인가, 혹은 어떤 변인과의 관계인가에 따라 영향이 달라지는 것처럼 보인다. 예컨대, Solberg(1998)는 애착이 진로관련 자기효능감의 발달에 영향을 주고 진로탐색 행동에는 간접적인 영향을 미치는 모형을 검증하기도 하였다.

우리나라에서 애착과 진로의 관계는 1990년대 후반부터 주로 연구되기 시작하였다. 진로미결정, 진로성숙도, 진로결정수준, 진로정체감, 진로효능감, 진로적응 등의 진로관련 변인 간의 관계에 대한 연구들이 수행되었고, 애착과의 관계는 변인에 따라 그 영향력이 다른 것으로 보고되었다. 선혜연과 김계현(2007)은 1997년부터 2006년까지 10년간 부모의 영향과 진로에 대한 국내 연구를 살펴보았는데, 부모영향 변인으로는 양육태도가 27.7%, 애착 및 독립변인이 31.7%의 비율로 가장 많이 연구되었고, 자녀의 진로변인으로는 진로미결정이 31.4%, 진로성숙이 29.5%의 높은 비율을 보여 특정 연구변인에 치우쳐서 연구가 이루어진 사실을 발견하였다.

최근에 이루어진 국내 연구들을 구체적으로 몇 개 살펴보면, 애착과 진로결정수준과 관련된 연구들이 상대적으로 많은 편이다. 애착수준과 진로결정수준(미결정)과의 관계가 상관이 있다는 결과를 보인 연구들(강차연, 박경, 2001; 장석진, 2005)이 있는가 하면, 부모에 따라 달라진다는 연구들(유지선, 2004; 최옥현, 2006)도 있고, 자녀들의 성에 따라 달라진다는 연구들(김은진, 천성문, 2001)도 있다. 최근에는 자녀의 진로발달에 자기효능감이 영향을 미친다는 가정을 검증하고자 하는 연구들이 이루어지고 있는데, 박은선(2008)은 아버지의 애착이 진로탐색 자기효능감에 영향을 미치고 직접적으로 진로탐색 행동에 영향을 미침을 검증하였다. 이득연(2004)도 부모의 애착은 진로결정 자기효능감에 유의미한 영향을 미치고, 진로결정 자기효능감이 진로탐색행동에 영향을 준다는 경로를 검증한 바 있다. 박수길(2000)은 부모애착이 진로결정수준에 직접적으로 영향을 주지는 못하지만 자기효능감 발달과 유의미한 관계가 있음을 밝힌 바 있다. 그 외에도 이복원(2008)의 연구에서는 남녀 청소년 모두에서 부모애착이 진로성숙도에 직접적 영향을 미치는 결과가 도출되기도 하였다. 선혜연(2008)은 진로결정수준, 진로몰입, 진로의사결정 자기효능감과 같은 진로변인과 애착 및 독립과의 관계를 살펴보고 애착과 갈등적 독립은 진로몰입과 진로결정수준에 영향을 미치지만 진로미결정에 대해서는 일관된 결과를 얻을 수 없다고 결론을 내린 바 있다. 이런 연구들을 살펴볼 때, 부모애착이나 독립변인이 자녀의 진로발달 변인과 관계되는 정도는 진로변인이 무엇으로 설정되었느냐, 그리고 그 영향이 직접적인가 간접적인가에 따라 달라지는 것으로 보인다. 추가적인 연구들을 더 활발하게 진행하여 안정된 연구결과들을 축적할 필요가 있다.

3) 한국 내담자에 대한 적용 가능성

애착이론은 부모-자녀관계가 남다른 한국 상황에서 진로문제를 논의할 때 부모에 대한 심리적 애착과 독립의 문제를 다룰 필요성을 제기한다. 하지만 애착변인이 연구에 활용되고 있는 것에 비해서 애착변인을 어떻게 상담실제에 적용하는가 하는 문제에 대해서는 방법론이나 논의가 빈약하다. 부모에 대한 자녀의 심리적 애착이 진로문제에 중요하다는 상식적인 인식 수준을 넘어서는 논의가 중요한 담론으로 등장할 필요성이 있다. 이러한 변인들은 대개 어린 시절이라는 생애 초기 경험에 근거해서 진로발달이나 선택이 이루어진다고 보기 때문에 진로문제를 경험하는 내담자가 현재 구체적으로 적용할 수 있는 부분에 대해 도움을 주는 것이 제한적이다.

그러나 여전히 부모에 대한 애착과 독립에 대한 이해는 진로선택과 진로적응을 연구하는 데 유용하다(Blustein et al., 1995). Sharf(2006)는 청소년기에 부모에 대한 독립과 애착의 문제를 논의하는 것이 진로탐색과 선택의 문제를 앞두고 불안을 경험할 수 있는 청소년들에게 안정감을 갖게 하는 데 도움이 될 것이라고 하였다. 진로선택을 앞두고 있는 청소년들이 무언가를 결정하고 도전해야 한다는 사실에 대해 불안감을 느끼고 있는 경우, 이 청소년 내담자에게 과거에 부모와의 관계가 어떠했는지, 현재는 어떠한지, 무언가를 결정하고 시도하고자 할 때 부모들이 어떻게 대하고 격려했는지 등을 탐색한다면 현재 내담자가 경험하는 불안이 현실적인 불안인지 과거에서 비롯된 것인지 이해하고 다룰 수 있도록 도움을 줄 수 있다는 말로 이해된다. 즉, 자신이 세상을 탐구하고자 하는 동기와 태도를 평가하게 함으로써 어떤 기제가 이런 탐색동기와 관련되는지를 알게 함으로써 진로행동의 방향을 가늠하게 하는 데 도움이 될 수 있다. 한편으로는 상담자 자신이 진로문제를 호소하는 내담자와 새로운 애착관계를 형성함으로써 작업동맹을 강화시키고, 이것이 내담자가 새로운 영역을 탐색하고 도전하도록 하는 지지로서 작용하게 할 수도 있다. 진로문제를 논의하는 과정에서 내담자가 부모와의 관계에 문제가 있다는 점이 밝혀지면 상담자는 내담자에게 새롭게 안정적인 애착대상이 됨으로써 상담기간 동안 내담자가 용기를 갖고 자신의 진로를 탐색하고 모험을 시도할 수 있도록 지원하는 대상으로서 기능을 할 수 있다. 결국 진로상담을 해 나가는 과정 속에서 내담자는 상담자로부터 안정적인 부모상을 내면화하게 되고 이것이 내담자가 안전하게 진로탐색과 행동을 하도록 이끌게 될 것이다.

성인 내담자들의 진로적응과 관련해서도 애착이론으로부터 시사점을 얻을 수 있다. Blustein 등(1995)은 애착이론이 진로와 관련된 대인행동의 특성에 대한 관심이 있는 심리학자들에게 유용한 이론적 근거가 되고 있으며, 진로행동 실행 이전과 이후에 있어서 친밀한 관계의 역할에 대한 이해를 증진시켜 줄 수 있다고 하였다. 즉, 성인 내담자가 직장생활을 하면서 어려움을 경험하고 있거나 직업전환을 하는 문제에 대해서 불안을 크게 느끼게 될 때 직장 내의 현실적인 여건을 살펴보는 것을 기본으로 해서 내담자가 과거에 경험한 부모와의 관계양식을 탐색하고 논의해 본다면 자신이 느끼고 있는 불안의 실체를 규명하는 데에도 도움을 줄 수 있다. 성인들이 직장생활에서 어려움을 경험하는 내용들은 매우 다양하지만 사람관계적인 측면에서 어려움을 겪을 때에는 문제해결이 쉽지 않은 경우가 많다. 상담자는 직장 내 관계에서의 어려움이 결국 타인과의 애착문제로 귀결될 수 있다는 점을 인식하고 직장 내의 다양한 인간관계를 어떻게 조정해서 내담자에게 관계형성 능력을 제공할지에 대한 방안을 모색하는 것이 필요하다. 예를 들면, 성인 내담자의 직장적응을 도와주기 위해서는 직장 내의 관계, 이를테면 직장 상사나 동료를 효과적으로 활용하여 애착대상을 새롭게 형성하도록 지원해 줄 수 있다.

애착이론을 진로상담에 활용하게 될 때에는 무엇보다 상담자 자신이 도구가 되어야 한다. 바로 이런 점이 부모와 애착의 문제를 상담실제에서 다루기 위해서는 진로상담에서 보다 구체적으로 내담자의 관계문제를 어떻게 질문하고 다룰 것인가에 대한 방법론들이 개발되고 검증되어야 할 과제를 제시한다고 볼 수 있다.

❑❑ 요 약

이 장에서는 부모-자녀관계이론으로 Roe 이론과 애착이론을 살펴보았다.

Roe 이론은 일종의 직업선택이론으로서 부모의 양육방식이 자녀의 직업선택과 관련된다는 것을 가정한다. 부모의 양육태도에 따라 사람지향적인 직업을 선택하거나 비사람지향적 직업을 선택한다는 것이다. 하지만 이 두 변인이 직접적으로 관계된다고 결론 내리기에는 직업선택에 너무 많은 변수들이 영향을 미친다고 Roe 자신이 결론을 내리고 있다. 오히려 그녀가 만든 직업분류체계가 미국에서 진로상담 실제에서 활용도가 높다는 상황을 고려해 본다면 우리나라에서도 Roe의 직업분류체계를 진로상담에 활용하는 방안을 생각해 봄직하다. Roe 이론은 진로욕구의 중요성을 강조한다는 점에서 상담실제에서 내담자의 진로욕구를 탐색하는 중요성에 대해서 우리에게 시사점을 준다. 비록 Roe 이론이 현대의 진로연구나 실제에 활발하게 적용 가능한 이론으로 평가받고 있지는 못하지만, 진로문제에 부모와의 관계방식이 관여될 수 있다는 발상은 여전히 오늘날 상담실제에 유용한 아이디어로 기능을 하고 있다고 평가할 수 있다.

Bowlby로부터 시작된 애착이론은 개인의 진로발달에 아동기 때 부모와의 애착경험이 중요하게 영향을 미칠 수 있음을 가정한다. 특히 진로발달에 중요한 요인으로서 평가받는 탐색행동은 아동기 초기 부모와의 애착관계 양식이 어떠했느냐에 따라 영향을 받는 것으로 알려져 있다. 외국의 경우 1970년대부터 애착이론과 진로변인 간 관계에 대한 연구가 수행되었지만 국내에서는 비교적 늦은 시기인 1990년대 이후로 연구가 이루어졌다. 국내외 모두에서 애착과 진로관련 변인에 대한 연구결과들이 일관적인 것이 아니라는 점에서 이 두 변인이 직접적인 관계인지, 간접적안 관계인지, 혹은 관계하는 변인들의 성격에 따라 어떠한지에 대해서는 추가적인 연구가 더 수행되어야 할 것으로 보인다.

Roe 이론과 애착이론 모두는 현대 진로상담이론의 주류로서 적극적으로 수용되고 있지는 못하다. 두 이론 모두가 생애 초기의 관계양식을 중시한다는 점, 종단적으로 변인 간의 관계를 확인하기 어렵다는 점, 진로상담 실제에 활용할 수 있는 구체적인 전략이 미흡하다는 점 등에서 기인하는 것으로 보인다. 하지만 이 이론들은 진로선택이나 진로발달이 대인관계 양식과 관련된다는 점에서 진로문제를 보다 포괄적으로 살펴보고, 특히 심리적 문제와 진로가 관련될 수 있다는 관점을 제공한다는 점에서 임상현상의 진로상담가들에게는 여전히 영향력이 있는 이론들로 판단된다. 특히 이런 관계적 접근은 매칭방법으로 도움이 되지 못하는 내담자를 도울 때 필요한 관점을 제공할 수 있다. 내담자의 흥미나 적성이 파악되고 원하는 직업이 선택이 되었을지라도 내담자가 행동으로 나아가지 못한다거나 최종적인 선택에 불안을 느끼고 직장 내에서 관계에 어려움을 겪는 내담자를 이해하는 시각을 제공해 줄 수 있다. 앞으로 부모-자녀관계 변인이 연구로서의 의미뿐만 아니라 상담실제에 구체적인 도움을 줄 수 있는 영향변인과 방법론에 대한 연구로 나아갈 필요성이 있어 보인다. 진로상담을 무조건적으로 심리상담화할 가능성을 경계하되, 진로상담 시 개인의 흥미, 욕구 및 가치 등의 선행조건에 대해 관심을 가질 필요성에 대한 인식이 제고될 필요성이 있다. 특히 직업부적응이나 진로미결정 등의 심리적 문제를 경험하는 내담자의 경우 부모-자녀관계 탐색의 필요성에 대한 정보를 상담자들에게 알려 주는 데 의의가 있다.

이제는 한국 상황에 맞는 '부모-자녀관계를 바라보는 새로운 틀'이 필요하며, 양육이나 애착과 같은 심리적 변인을 넘어서는 새로운 개념의 산출이 요청되는 시점으로 보인다. 더불어서 진로 프로그램에서 부모-자녀관계의 문제를 어떻게 다룰 것인지 내용과 방법론에 대해 고민할 필요성을 우리에게 제기한다. 부모교육 내용에 대한 고민도 요구되는데, 부모의 자녀에 대한 진로지도효능감을 높이기 위해서는 단지 심리적 변인의 중요성에 대한 강조를 넘어서 구체적으로 자녀의 진로문제를 도울 수 있는 방법론에 대한 개발이 이루어져야 할 것이다.

참고문헌

강차연, 박경(2001). 대학생들의 애착과 진로발달과의 관계. 한국심리학회지: 상담 및 심리치료, 13, 51-69.

김영숙(2005). 부모의 직업, 학력수준, 진로유형 및 양육태도가 자녀의 진로유형에 미치는 영향. 부산대학교 석사학위 청구논문.

김은진, 천성문(2001). 부모에 대한 갈등적 독립과 애착이 대학생의 진로결정 수준에 미치는 영향: 자아정체감 수준을 매개로. 한국동서정신과학회지, 4, 147-162.

김희수(2005). 고등학생이 지각한 부모의 양육태도와 학생의 자아존중감 및 진로결정과의 관계. 중등교육연구, 53, 63-88.

박성욱(2005). 부모-자녀관계와 부모양육태도가 고등학생의 진로의식 발달 및 진로결정수준에 미치는 영향. 계명대학교 석사학위 청구논문.

박수길(2000). 한국대학생의 진로결정 수준에 영향을 미치는 가족변인과 개인변인에 관한 연구. 숙명여자대학교 박사학위 청구논문.

박은선(2008). 아버지 애착과 지지가 대학생의 진로탐색 자기효능감과 진로탐색 행동에 미치는 영향. 홍익대학교 박사학위 청구논문.

선혜연(2008). 청소년기 진로의사결정에서 부모의 관여방식. 서울대학교 박사학위 청구논문.
선혜연, 김계현(2007). 청소년 진로선택 및 발달에 있어 부모의 영향에 관한 연구 분석-1997년~2006년. **상담학연구**, 8, 1511-1527.
손은령, 김계현(2002). 여자대학생 지각한 진로장벽 요인에 관한 연구. **한국심리학회지: 상담 및 심리치료**, 14, 121-139.
유지선(2004). 여대생의 진로미결정과 애착 및 자기효능감의 관계 연구. 서울대학교 박사학위 청구논문.
윤효권(2000). 부모의 양육태도와 진로유형과의 관계. 부산대학교 대학원 석사학위 청구논문.
이득연(2004). 진로탐색 행동에 영향을 미치는 변인 간의 관계-진로결정 수준별 공변량구조분석-. 전남대학교 박사학위 청구논문.
이복원(2008). 청소년의 애착요인 및 자아존중감이 진로성숙도에 미치는 영향. 숙명여자대학교 석사학위 청구논문.
이성전(2004). 중학생이 지각한 부모의 양육태도와 직업적 성격유형과의 관계. 부산대학교 석사학위 청구논문.
이현숙, 조한익(2004). 지각된 부모의 양육태도가 성취목표 및 진로결정수준에 미치는 영향. **한국상담심리학지**, 16, 89-105.
장석진(2005). 대학생의 애착과 진로결정준 및 진로결정 자기효능감의 관계. **학생생활연구**, 19. 상명대학교 학생생활연구소, 91-114.
최옥현(2006). 대학생의 애착관계 및 유형과 진로탐색효능감이 진로발달에 미치는 영향. 숙명여자대학교 박사학위 청구논문.

Ainsworth, M. D. (1989). Attachment beyond infancy. *American Psychologist, 44,* 709-716.
Ainsworth, M, D., Blehar, M. C., Waters, E., & Wall, S. (1978). *Patters of attachment: A psychological study of the strange situation*. Hillsdale, NJ: Erlbaum.
Blustein, D. L., Palladino, D. E., & Flum, H. (2004). Toward a relational perspective of the psychology of career and working: A social constructionist analysis. *Journal of Vocational Behavior, 64,* 423-440.
Blustein, D. L., Prezioso, M. S., & Schultheiss, D. P. (1995). Attachment theory and career development: Current status and future directions.

The Counseling Psychologist, 23, 416-432.

Blustein, D. L., Walbridge, M. M., Friedlander, M. L., & Palladino, D. E. (1991). Contribution of psychological separation and parental attachment to the career development process. *Journal of Counseling Psychology, 38,* 39-50.

Bowlby, J. (1977). 'The making and breaking of affectional bonds(I: Aetiology and psychopathology in the light of attachment theory; II: Some principles of psychotherapy).' *British Journal of Psychiatry, 130,* 201-210 and 421-431.

Bowlby, J. (1982). *Attachment and loss: Vol. 1. Attachment* (2nd ed.). New York: Norton & Co.

Brooks, L. (1990). Career counseling methods and practice. In Brown, D., Brooks, L., & Associates. (Eds.), *Career choice and development* (pp. 455-472). San Francisco: Jossey-Bass.

Brown, D. (1990). Summary, comparison, and critique of the major theories. In Brown, D., Brooks, L., & Associates (Eds.), *Career choice and development* (pp. 338-363). San Francisco: Jossey-Bass.

Green, L. B., & Parker, H, J. (1965). Parental Influence upon Adolescents' Occupational Choice: A Test of an aspect of Roe' s Theory. *Journal of Counseling Psychology, 12,* 379-383.

Grigg, A. E. (1959). Childhood Experience and parental Attitudes: A Test of Roe' s Hypothesis. *Journal of Counseling Psychology, 6,* 153-156.

Hargrove, B. K., Creagh, M. G., & Burgess, B. L. (2001). Family interaction pattern as predictors of vocational identity and career decision-making self-efficacy. *Journal of Vocational Behavior, 14,* 119-133.

Hazan, C., & Shaver, P. R. (1990). Love and work: An attachment-theoretical perspective. *Journal of Personality and Social Psychology, 59,* 270-280.

Kenny, M. (1990). College seniors' perceptions of parental attachment: The value and stability of family ties. *Journal of College Student Development, 31,* 39-46.

Ketterson, T. U., & Blustein, D. L. (1997). Attachment relationships and the career exploration process. *The Career Development Quarterly, 46,* 167-178.

Marrone, M. (1998). *Attachment and interaction.* Jessica Kingsley Publishers Ltd. 이민희 역(2002). 애착이론과 심리치료. 서울: 시그마프레스.

Medvene, A. M. (1970). Person-oriented and Non-person-oriented Occupations in Psychology. *Journal of Counseling Psychology, 17,* 243-246.

O' Brien, K. M. (1996). The influence of psychological separation and parental attachment on the career development of adolescent women. *Journal of Vocational Behavior, 48,* 257-274.

Osipow, S. H. (1983). *Theories of career development* (3rd ed.). Englewood Cliffs, NJ: Pretice-Hall.

Phillips, S. D., Cristopher-Sisk, E. K., & Gravino, K. L. (2001). Making career decisions in a relational context. *The Counseling Psychologist, 29,* 193-213.

Roe, A. (1956). *The psychology of occupations.* New York: Wiley.

Roe, A., & Klos, D. (1969). Occupational classification. *The Counseling Psychologist, 1,* 84-92.

Roe, A., & Lunneborg, P. W. (1990). Personality development and career choice. In Brown, D., Brooks, L., & Associates. (Eds.), *Career choice and development* (pp. 68-101). San Francisco: Jossey-Bass.

Roe, A., & Siegelman, M. (1964). The origin of interests. *The APGA inquiry series, 1.* Washington, DC: American Personnel and Guidance Association.

Sharf, R. S. (2006). *Applying career development theory to counseling.* Belmont, CA: Brooks/Cole.

Solberg, V. S. (1998). Assessing career search self-efficacy: Construct evidence and developmental antecedents. *Journal of Career Assessment, 6,* 181-194.

Zunker, V. G. (2004). *Career Counseling: Applied concepts of life planning* (6th ed.). CA: Pacific Grove, Brooks Cole.

Watkins, C. E., Jr., & Savickas, M. L. (1990). Psychodynamic career counseling. In W. B. Walsh, & S. H. Osipow (Eds.), *Career counseling: Contemporary topics in vocational psychology* (pp. 79-116). Hillsdale, NJ: Lawrence Erlbaum.

제7장

Krumboltz의 사회학습이론

진로상담에 대한 사회학습이론은 진로상담과정에서 학습의 측면을 강조한 입장으로 1975년에 Krumboltz, Mitchell과 Gelatt(1975)가 제안하였다. 그 후 Mitchell과 Krumboltz(1990, 1996) 등이 초기의 사회학습이론을 발전시켜 오고 있다.

1. 이론의 개관

진로상담자 또는 연구자들이 궁금해하는 것 중 하나는 '사람들은 어떻게 해서 현재의 직업(진로)을 선택하게 되었을까?' 하는 것이다. 진로선택 및 발달이론들은 이러한 질문에 대해 다양한 입장에서 설명하고 있는데, Mitchell과 Krumboltz(1996)는 개인의 진로에 영향을 미치는 네 가지 요인을 설명하고 있다.

1) 진로선택에 영향을 미치는 네 가지 요인

(1) 선천적으로 타고난 능력

개인의 타고난 유전적 재능이다. 이는 학습된 것이 아니라 물려받거나 타고난 개인의 특성에 해당하는 것으로 신체적인 외모, 특정 질병에 걸릴 소인 그리고 그 밖의 기질을 포함한다. 예를 들어, 체력적으로 달리기를 잘하는 사람, 음악적으로 절대 음감이 뛰어난 사람, 손재주가 뛰어난 사람들이 있다. 물론 이러한 능력이 후천적으로 학습에 의해서도 길러질 수 있지만 어느 정도는 타고난 능력이며 이러한 유전적인 요인은 진로에 영향을 미치게 된다.

(2) 환경적 상황과 여러 가지 일들

개인이 속해 있는 사회의 다양한 여건들도 한 개인의 진로에 영향을 미치는 요인이 된다. 이는 개인의 통제를 벗어나는 것도 있고, 통제할 수 있는 것도 있으며, 계획된 것도 있고, 계획되지 않은 우연적인 것도 있을 수 있다. Mitchell과 Krumboltz(1996)는 일의 기회, 소수민족 보호와 같은 사회정책, 직업에 제공되는 보상, 노동법, 물리적 여건, 자연환경, 기술의 발전, 사회조직의 변화, 가족자원, 교육체제, 공동체 및 지역사회 영향 등 12가지 환경조건의 범주를 제시하였다. 예를 들어, 국가의 정책에 따라 어떤 직종의 일자리가 많아지기도 하고 세계 경제의 흐름에 따라 고용의 기회가 늘거나 감소하기도 한다. 또한 기후나 자연재해, 사건 등에 의해서도 개인의 진로선택이 달라질 수 있다.

(3) 학습경험

'사회학습이론' 이라는 용어에서 알 수 있듯이 이 이론에서는 진로상담 과정에서 학습의 측면을 강조하고 있다. 진로상담과정에서 학습의 측면을 강조한다는 것은 무슨 뜻일까? 이는 한 개인이 어떤 진로에 대해 이것은 '좋다' 혹은 '싫다' 라는 경향을 갖게 되는데 이러한 경향성을 갖게 되는 것은 이전 학습경험의 결과에 의한 것이라는 뜻이다. 즉, 어떤 경험을 하였는가에 따라 어떤 사람은 A라는 직업에 호감을 가질 수도 있고, 그렇지 않을 수도 있다는 것이다. 학습경험은 크게 '도구적 학습경험' 과 '연합적 학습경험' 두 가지 유형으로 구분할 수 있다.

① 도구적 학습경험(조작적 조건화)

도구적 학습경험이란 학습이론에서 행동과 그 행동의 결과와의 관계를 학습하게 된다는 것으로, 행동의 결과가 긍정적이라면 그 행동은 증가할 것이라는 가정에 기초한다. 이를 진로선택과 관련지어 보았을 때, 어떤 사람이 행동의 결과로 긍정적인 것을 경험했는가 부정적인 것을 경험했는가에 따라 어떤 일에 대한 호감 여부가 달라질 수 있다는 것이다. 예를 들어, 수업시간에 발표를 했는데(행동) 선생님으로부터 말을 조리 있게 잘한다는 칭찬을 들었다면(긍정적 결과) 아나운서와 같은 직업에 관심을 가질 수 있을 것이다. 또한 수학시험(행동)에서 좋은 성적(긍정적 결과)을 받았다면 수학과 관련된 분야의 직업에 호감을 가질 수 있을 것이다.

② 연합적 학습경험(고전적 조건화)

연합적 학습이란 이전에는 중립적이던 자극이 긍정적 또는 부정적 자극과 함께 짝지어 경험되면서 중립적 자극이 부정적 또는 긍정적인 자극의 성격을 띠게 되는 것을 말한다. 연합적 학습경험의 두 가지 유형은 고전적 조건화와 관찰이다. 고전적 조건화의 예를 들면, 자동차라는 것은 그 자체로는 긍정적이지도 부정적이지도 않은 중립적인 자극이지만 자동차 사고를 경험한 사람은 자동차에 대해 부정적인 느낌을 갖게 된다는 것이다. 이런 사람은 자동차와 관련된 직업에 대해서도 싫어하는 태도를 보일 수 있을 것이다.

관찰의 예를 들면, 교사나 버스기사가 그들의 직업을 수행하는 것을 관찰하고, 그러한 관찰경험이 긍정적인 것이라면 그 직업에 대해 호감을 가질 수 있을 것이고, 반대로 부정적인 것이라면 싫어하는 경향을 보일 수 있을 것이다.

독서나 타인으로부터 어떤 이야기를 듣는 것도 연합적 학습경험의 예에 속하는데, 예를 들어 '정치가들은 믿을 만하지 못하다.' 라는 말을 들은 사람은 정치인이라는 직업에 대해 호감을 갖지 않을 가능성이 높다.

Mitchell과 Krumboltz(1996)는 대리경험이나 간접경험도 연합학습의 일종으로 볼 수 있다고 지적하고 있다. 대리학습이란 자신이 직접 경험하여 무엇인가를 학습하는 것과 대조되는 학습의 종류로, 타인의 행동에 대한 직접 관찰이나 영화, 텔레비전, 책 등을 통한 간접 관찰을 통해 학습하는 것을 말한다. 예를 들어, 사진 찍는 일을 하며 매우 행복해하는 사람을 주위에서 본다면 사진 찍는 일에 호감을 갖기 쉬우며, 텔레비전에 나오는 주인공이 바리스타란 직업을 갖고 멋지게 사는 모습을 보게 되면 바리스타란 직업에 관심을 갖게 되는 경우를 생각해 볼 수 있다.

③ 학습경험이 진로선호에 미치는 영향

Krumboltz(1994b)는 그의 진로의사결정에 관한 학습이론으로부터 여섯 가지 검증 가능한 가정을 제안하였다. 첫 세 가지는 어떤 직업에 대해 선호 경향을 갖게 되는 경우에 대한 것인데, 그 직업의 전형적인 과제에서 성공한 사람, 그 일을 하는 역할 모형이 강화받는 것을 지켜본 사람, 그 직업에 대해 좋은 이야기를 들은 사람은 그 직업을 좋아하게 될 것이라는 가정이다.

나머지 세 가지는 어떤 직업에 대해 비선호 경향을 갖게 되는 경우에 대한 것인데, 그 직업의 전형적인 과제에서 실패한 사람, 그 일을 하는 역할 모형이 강화받지 못하는 것을 본 사람, 그 직업에 대해 좋지 않은 이야기를 들은 사람은 그 직업을 피하게 될 것이라는 가정이다.

(4) 당면한 여러 가지 문제들을 다루는 기술[5)]

이는 개인이 자신에게 맞는 진로를 선택하기 위해 매우 중요한 능력이며, 앞에 제시한 선천적 능력, 환경적 상황, 학습경험 등을 기반으로 하여 갖추게 되는 기술이다. 다시 말해, 개인이 어떤 당면한 문제를 성취하기 위해 동원하는 기술로, 여기에는 수행에 대한 기대, 업무습관, 인지적 과정, 정서적 반응 등이 포함된다. 예를 들어, 대학교 3학년인데, 여전히 자신이 무엇을 해야 할지 결정하지 못한 학생 A와 B가 있다고 하자. A는 매일 매일 학교생활이 너무 바빠서 당장 해야 할 일을 하며 지내기에도 늘 쫓기며 자신이 무엇을 해야 할지 머릿속으로 고민만 하고 있다. 이에 비해 B는 바쁜 일상생활 속에서도 시간을 내어 자신의 특성을 알아볼 수 있는 심리검사도 받아 보고, 최근 취업에 성공한 선배를 만나 이야기도 나눠 보고, 취업 관련 정보도 스크랩 하고 있다. A와 B 가운데 누가 자신이 당면한 문제를 해결해 가는 기술이 더 뛰어나다고 생각하는가? 물론 B다.

여기서 든 예는 일반적이고 평범한 것이지만 우리가 살아가면서 부딪히는 진로관련 문제는 더 복잡하고 막막한 문제일 수도 있다. 예컨대, 10년 이상 자신이 하던 일을 그만두고 새롭게 다른 분야의 일에 관심이 생겨 전직을 고민하는 경우, 뜻하지 않게 직장을 잃게 되는 경우 등 다양한 상황이 있을 수 있다. 이러한 상황에서 개인이 문제를 해결하고 자신에게 적합한 새로운 선택을 하게 되는가 그렇지 못한가 하는 것은 개인이 이러한 당면한 여러 가지 문제를 다루는 기술을 얼마나 갖추고 있는가에 달려 있다는 것이다.

이상에서 살펴본 네 가지 요인은 서로 영향을 주고받으면서, 한 개인에게 '나는 이러이러하구나.' 또는 '세상은 이러이러하구나.' 하는 일반화된 생각을 하도록 만든다. 이러한 자기 자신과 세상에 대한 일반화를 각

5) Task approach skill에 해당하는 용어로, 다른 책에서는 '과제접근기술' 로 번역되어 있다.

각 '자기관찰 일반화(self-observation generalization)' 와 '세계관 일반화(worldview generalization)' 라 한다.

한 개인의 자신에 대한 일반화는 자기 자신에 대한 관찰결과 얻어진 것이라는 의미에서 '자기관찰 일반화' 라 명명하며 이는 자신의 태도, 업무습관, 가치관, 흥미, 능력수준에 대한 일반화를 포함하고 있다. 이러한 일반화는 겉으로 표현되기도 하고, 내면과정에 잘 드러나지 않기도 하며, 학습경험과 일반화 간에 상호작용이 일어나기도 한다. 예를 들어, 과학경진대회에 나가 상을 탄(학습경험) 여학생은 자신이 과학을 잘한다고 생각한다(일반화). 이러한 생각은 과학 공부를 더 열심히 하도록 만들고, 이러한 행동을 통해 얻는 학습경험은 다시 자신에 대한 일반화에 영향을 미치게 될 것이다.

또한 세상에 대한 일반화는 자신을 둘러싸고 있는 환경에 대한 일반화된 생각을 말하며, 이 역시 학습경험의 결과로 갖게 되는 것이다. 예를 들어, 주변 사람들로부터 존중과 사랑을 받는 경험을 하며 살아온 사람은 '사람들은 믿을 만하고, 내가 어려울 때 다른 사람들이 도와줄 것이다.' 라는 생각을 갖게 될 것이다. 반면, 가난 때문에 무시받은 경험을 한 사람은 '돈이 없으면 사람은 무시받으며 사람답게 살기 위해 가장 중요한 것은 돈이다.' 라는 생각을 갖고 살 가능성이 높다.

그런데 이러한 일반화된 생각은 경험으로 인해 갖게 된 생각이며 이러한 경험은 제한된 것일 수밖에 없으므로 일반화된 생각은 어느 정도 오류를 포함할 수 있다는 것이다. 즉, 사람은 제한된 경험으로부터 자신과 세상에 대해 일반화된 생각을 하게 되며 이러한 제한된 생각 중에는 진로발달과 진로선택을 방해하는 잘못된 생각이 있을 수 있다는 것이다. 이런 이유로 사회학습이론에서는 진로에 방해되는 생각이 무엇인지를 찾아내는 데 관심을 가진다.

2) 진로와 관련된 내담자의 인지

진로와 관련하여 갖게 되는 사고와 신념은 앞에서 살펴본 네 가지 요인들, 즉 유전적 요인, 환경적 조건, 학습경험, 당면한 여러 가지 문제들을 다루는 기술에 의해 형성된다. 개인은 이전의 경험을 통해 '나는 이것을 잘해.' '나는 이것을 좋아하고 저것은 싫어.' '나에게 중요한 것은 이것이야.' 와 같이 자신의 능력, 흥미, 가치에 대해 일반화를 하게 된다. 또한 세상에 대해서도 '세상은 이래, 사람들은 이래.' 하는 나름대로의 일반화를 하게 된다.

그런데 앞서 설명하였듯이, 이러한 일반화는 어느 정도 오류가 있게 마련이다. 개인은 자신의 능력, 흥미, 가치에 대해 정확하게 평가하기 어렵고, 세상에 대해서도 객관적으로 정확한 평가를 내리기 어렵기 때문이다. 따라서 이러한 개인의 생각은 주관적이며 어느 정도 틀릴 수 있는 가능성이 있다. 사회학습이론에서는 상담과정에서 진로신념검사를 통해 내담자의 진로선택에 방해가 되는 이러한 생각들을 밝혀내는 것이 중요함을 강조한다.

(1) 진로신념검사

진로신념검사(Career Belief Inventory: CBI)는 내담자의 진로발달 및 진로선택을 방해하는 생각, 가정(비합리적 신념)을 명료화하여 상담에서 구체적으로 다루기 위한 목적으로 개발되었다(Krumboltz, 1994a). 이 검사의 내용은 크게 5개 영역, 25개의 척도, 96문항으로 구성되어 있으며 5점 척도로 평정하게 되어 있다.[6)]

- 영역 1: 나의 현재 진로 상태

6) 본 글에서 제시된 영역과 척도는 필자가 Krumboltz(1994a)의 내용 일부를 번역하여 실은 것이며 이경희(2001)가 '진로신념검사'를 번안하여 제시한 것(부록)과는 척도명의 번역에 다소 차이가 있다.

- 척도: 취업상태, 진로계획, 진로를 계획하는 것에 대한 불안, 자유롭게 이야기하려는 의지
- 영역 2: 나의 행복을 위해 필요하다고 생각되는 것
- 척도: 성취, 대학교육, 좋아하는 일, 앞서고자 하는 의욕, 구조화된 업무환경
- 영역 3: 나의 결정에 영향 미치는 요인들
- 척도: 책임이 누구에게 있는가, '전문가'에 대해서 기대하는 것은 무엇인가, 누구를 기쁘게 하려고 하는가, 누구와 경쟁하는가, 선택하고자 하는 것이 얼마나 다양한가, 진로가 얼마나 경직되어 있는가
- 영역 4: 내가 이루고자 하는 변화
- 척도: 초기에 훈련받은 것과 다른 것을 하고자 하는가, 새로운 직업을 찾아보려 하는가, 직장을 옮기려 하는가
- 영역 5: 내가 주도적으로 문제를 해결하고자 하는 노력
- 척도: 기술을 향상시키려고 하는가, 어떤 힘든 일이 있을 때 일을 시작해 보기도 전에 최종 결정을 내리지는 않는가, 실패에 대한 생각으로 무기력해 있지는 않는가, 직업훈련 받는 것을 싫어하지 않는가, 현재 직장에서 좀 더 잘 지내기 위해 어떻게 해야 하는지 알고 있는가, 자신을 방해하고 있는 장애물은 무엇인가, 성공하기 위해서는 고된 일도 있게 마련이라는 생각을 하는가

진로신념검사는 내담자들이 진로문제 해결을 하기 어렵게 만드는 정신적 장애물들이 무엇인가를 명료화하게 해 주는 상담도구다. 진로상담자들은 상담초기에 검사를 실시하여 내담자가 어떤 영역에서 진로에 방해되는 생각들을 갖고 있는지 확인하고, 이러한 영역에 초점을 맞추어 상담을 진행할 수 있다.[7)]

7) 진로신념검사에 대한 보다 자세한 사항은 이경희(2001)를 참고하기 바란다.

3) '계획된 우연' 모형

한 개인의 진로발달과정에는 어느 정도 우연적인 요인, 즉 개인이 통제하기 어려운 요인이 있다는 것을 생각할 수 있을 것이다. 예를 들어, 현재 전직을 고민하는 박 ○○씨는 어느 날 우연히 고교동창에게 전화를 했고, 그 동창이 얼굴이나 한번 보자고 하여 만나게 되었다. 만나서 이런저런 이야기를 하면서 새로운 직장으로 옮겨 볼까 고민 중이라는 이야기를 하게 되었고, 그 동창은 도움이 될 만한 또 다른 사람을 소개해 주었다. 그 사람을 만나 본 결과, 박 ○○씨는 그 일에 마음이 끌렸고, 전직을 결심하게 되었다. 이와 유사한 예는 우리의 삶에서도 어렵지 않게 찾아볼 수 있을 것이다.

Mitchell, Levin과 Krumboltz(1999)는 삶에서 나타나게 되는 다양한 우연적인 사건에 주목하면서 한 사람의 진로발달과정에서 예기치 않은 사건이 일어날 수밖에 없고, 이러한 사건은 그 사람의 진로에 긍정적 또는 부정적으로 작용하게 된다고 하였다. 그런데 사람의 노력 여하에 따라 이러한 예기치 않은 사건들이 진로에 긍정적 또는 부정적으로 작용하도록 할 수 있으며 이렇게 긍정적으로 작용하는 경우를 가리켜 '계획된 우연(planned happenstances)' 이라 부른다.

우연하게 일어나는 다양한 일들을 자신의 진로에 적극적으로 유리하게 만들어 가는 능력은 저절로 갖게 되는 것이 아니며 교육하고 가르칠 때 갖춰질 수 있다. 이런 맥락에서 사회학습이론에서는 진로상담자의 교육적 역할을 중요시한다. 진로상담자는 내담자에게 개인의 삶에서 일어나는 사건들이 자신의 진로에 도움이 되는 기회가 되도록 적극적으로 가르치고 내담자로 하여금 배우도록 하는 역할을 하게 된다.

삶에서 일어나는 우연한 일들을 자신의 진로에 유리하게 활용하기 위해 도움이 되는 기술로는 호기심(curiosity), 인내심(persistence), 융통성(flexibility), 낙관성(optimism), 위험감수(risk taking) 등이 있으며 진로상담자는 내담자들이 이러한 기술을 발달시킬 수 있도록 도울 수 있다 (Mitchell, Levin, & Krumboltz, 1999).

- 호기심: 새로운 학습기회를 탐색하는 것
- 인내심: 좌절에도 불구하고 노력을 지속하는 것
- 융통성: 태도와 상황을 변화시키는 것
- 낙관성: 새로운 기회가 올 때, 그것을 긍정적으로 보는 것
- 위험감수: 불확실한 결과 앞에서도 행동화하는 것

Mitchell, Levin과 Krumboltz(1999)는 진로상담과정에 '계획된 우연'에 대한 견해가 접목될 필요가 있음을 설명하면서 다음과 같은 네 가지 단계를 제시하였다.

- 단계 1: 내담자로 하여금 '계획된 우연한 일'은 삶에서 자연스럽게 일어날 수 있는 것임을 받아들이도록 한다.

  전통적인 진로상담에서 상담의 첫 회기는 내담자와의 래포 형성과 기본적인 정보를 얻는 데 초점을 맞추어 진행된다. 이에 비해 '계획된 우연' 모형에서는 자신이 당한 우연한 일에서 자신이 어떤 행동을 취했는지를 인식하도록 하는 것이 중요하다. 왜냐하면 이러한 인식을 통해 앞으로 다가오는 기회를 자신의 진로에 도움이 되도록 할 수 있기 때문이다. 단계 1에서는 내담자로 하여금 계획되지 않은 우연한 일들이 모든 사람에게 영향을 미치며 그러한 일 전과 후에 어떤 행동을 취하는가가 매우 중요한 영향을 미친다는 것을 인식하도록 돕는 것이 핵심이다. 이를 위하여 진로상담자는 다음과 같은 질문을 던져볼 수 있다. "계획하지 않은 일들이 ○○씨의 진로에 어떤 영향을 주었나요?" "○○씨는 어떻게 그러한 각각의 일들이 ○○씨 자신에게 영향을 미치도록 할 수 있었나요?" "앞으로도 ○○씨의 삶에서

계획하지 않은 일들이 일어날 수 있을 텐데, 어떻게 느끼나요?"

• 단계 2: 내담자가 갖는 호기심을 학습과 탐색을 위한 기회로 활용하도록 돕는다.

내담자들은 뜻하지 않은 일을 겪을 때, 그것을 자신의 진로에 유리하게 만들 수 있는 기회임을 알고, 그렇게 만들 수 있어야 한다. '계획된 일' 모형에서 진로상담자들은 이러한 일들이 새로운 것을 배우고 탐색해 볼 수 있는 기회가 되도록 돕는다. 이를 위하여 진로상담자는 다음과 같은 질문을 던져 볼 수 있다. "○○씨는 어떨 때 호기심을 느끼게 되나요?" "우연한 사건(일)들이 어떻게 ○○씨의 호기심을 자극할 수 있었나요?" "자신의 호기심을 높이기 위해 어떤 행동을 해 왔나요?" "○○씨는 어떻게 씨의 호기심 속에 담겨진 진로관련 의미들을 찾아볼 수 있을까요?"

• 단계 3: 자신의 진로에 우연적인 일들을 바람직하게 만들어 내도록 가르친다.

내담자는 자신의 삶에서 일어나는 우연적인 일을 자신에게 도움이 되도록 만들 뿐 아니라, 더 나아가 자신 스스로 바람직한 기회를 만들 수 있어야 한다는 것이다. 진로상담자들은 내담자들에게 뜻하지 않은 일들이 불가피하게 일어나게 되지만, 자신이 주도적으로 바람직한 상황을 만들 수도 있다는 것을 강조해야 한다. 예를 들어, 자신이 관심을 갖고 있는 대학의 학과 홈페이지를 방문해 본다든가, 공통의 관심사를 가진 친구들과 의논하여 자신들이 희망하는 직업에 종사하는 선배를 만나 볼 수도 있다. 또한 최근 도움을 받은 사람들에게 이메일을 보내 친분을 쌓고 인적 네트워크를 만들 수도 있다. 이러한 다양한 일들이 자신의 진로를 개척하는 데 중요함을 인식하도록 하는 것이 3단계의 핵심이다. 이를 위하여 진로상담자는 다음과 같은 질문을 던져 볼 수 있다. "자신에게 일어났으면 하고 바라는 우연적 일이 있다면, 어떤 것이 있는지요?" "그런 바람직한 일이 일어날 가능성을 증가시키기 위하여 지금 ○○씨가 할 수 있는 일은 무엇일까요?" "만약 ○○씨가 그렇게 행동한다면, 삶이 어떻게 바뀔까요?" "만약 ○○씨가 아무것도 하지 않는다면, 삶이 어떻게 바뀔까요?"

- 단계 4: 실천하는 데 방해되는 것들을 극복하도록 가르친다.

상담자들은 내담자들이 단지 이렇게 하면 좋겠다는 것을 이야기하도록 하는 것이 아니라, 실제 행동으로 옮길 수 있도록 도와야 한다. 어떤 내담자들은 앞서 설명한 호기심, 인내심, 융통성, 낙관성, 위험감수 등의 능력이 부족하여 우연한 사건을 이로운 상황으로 만드는 것을 꺼릴 수 있다. 또한 어떤 내담자들은 뜻하지 않은 기회를 학습과 탐색의 기회로 삼거나 자신의 호기심을 살려 새로운 도전을 해 보고 실천해 보는 것을 방해하는 신념이 있을 수 있다. 예를 들면, 문제상황을 매우 두려운 것으로 보는 것, 다른 사람의 반응에 대해 두려움을 갖는 것, 새로운 기술을 배우려고 하지 않는 것 등이다. 이러한 내담자의 생각을 살펴보기 위해 진로상담자는 다음과 같은 질문을 던져 볼 수 있다. "○○씨가 원하는 것을 하는 데 어떤 어려움을 겪어왔는가?" "그러한 어려움이 얼마나 지속적인지를 어떻게 알 수 있었는가?" "다른 사람들은 그러한 어려움을 어떻게 극복하던가?" "○○씨는 어떻게 그러한 어려움을 극복하려는 첫 시도를 할 수 있을까?

Krumboltz와 Levin(2004)은 삶에서 우연히 일어나는 일들을 이롭게 활용하는 데 도움을 주기 위하여 『행운은 우연이 아니다: 당신의 삶과 진로에서 우연사건을 이용하기』라는 책을 집필하였다. 이 책에는 개인의 삶에서 나타나는 다양한 사건들이 어떻게 유용하게 이용될 수 있는지에 대한 사례가 제시되어 있다.

2. 국내에서의 연구동향

Krumboltz의 사회학습이론에 대한 국내 연구를 찾아보기 위하여 국회 전자도서관 및 한국교육학술정보원(KERIS) 학술연구정보서비스에서 '사회학습진로상담' 'Krumboltz(크롬볼츠)' '진로신념' '진로사고' 등의 용어로 검색해 보았다. 검색결과, 연구는 크게 두 가지 종류로 구분할 수 있었는데, 이론을 소개하는 연구들과 진로신념검사에 관련된 연구들이다.

우리나라에서 Krumboltz의 사회학습이론을 학술지에 소개한 연구로는 임은경(1999)의 연구와 조인수, 이상욱(1992)의 연구를 찾을 수 있었다. 이 가운데 조인수, 이상욱(1992)은 다양한 진로선택의 발달이론을 검토하면서 그 가운데 하나의 이론으로 '진로선택의 사회학습이론'을 언급하고 있었다. 이에 비해 임은경(1999)은 Krumboltz의 사회학습이론에 초점을 두어 소개하고, 이를 진로상담에 어떻게 적용할 것인가에 대해 살펴보았다.

Krumboltz의 사회학습이론에 관한 또 한 부류의 연구는 Krumboltz가 개발한 진로신념검사와 관련된 연구들로, 진로신념검사를 번안하고, 우리나라 상황에 활용할 수 있는가를 살펴본 연구(이경희, 2001)와 진로신념검사를 활용하여 진로신념 변인을 다른 변인과 관련하여 살펴본 연구들이 있다(예: 김미희, 2002; 최석규, 2007).

이경희(2001)는 진로신념검사를 연구에 사용할 것을 허가받은 후, 번역과 역번역, 여러 차례의 수정과정을 거쳐 CBI를 번안하였다. 그리고 각 문항에 대해 상담심리전문가 3인으로 하여금 우리나라 남녀 대학생들에게 사용하기에 적절한지를 '상 · 중 · 하'로 평정하게 하였다. 평정 결과, 3인 모두 '상'으로 평정한 문항은 12개였고, 평균 '중' 이하의 판정을 받은 3개의 문항은 부적절한 문항이라 판단되었다. 다음으로, 문항분석을 위해 남녀 대학생 47명을 대상으로 검사를 실시한 후, 각 문항별로 평균과 표준편차를 살펴본 결과, 평균이 극단적으로 높거나 낮고 표준편차가 매우 작은 6개의 문항은 대부분의 응답자가 동의 또는 부동의하는 문항이어서 부적절한 문항으로 간주하였다. 그리고 문항의 변별력을 알아보기 위하여 문항 전체 상관을 구해 본 결과, 상관계수가 비교적 낮은 9개의 문항은 문항의 변별력이 낮다고 판단하였다. 이러한 과정을 통해 우리나라에서 사용하기에 적절치 않은 문항을 밝히고, 이를 제외한 후 총 76문항으로 이루어진 진로신념검사를 제안하였다(Cronbach $\alpha = .80$).

Krumboltz가 개발한 진로신념검사를 활용하여 진로신념을 살펴본 연구로는 김미희(2002)와 최석규(2007)의 연구가 있다. 김미희(2002)는 대학생의 진로계획과 진로신념에 관해 살펴보았다. 그 결과, 대학생들은 일반적으로 성취, 협의/탐색, 직업기술 배우기, 개방성, 내적 만족 척도에서 매우 긍정적인 신념을 보인 반면, 직업대안, 진로계획, 동료경쟁, 구조화된 업무환경, 타인의 인정 척도 점수는 낮게 나타나, 이런 측면들이 진로계획과 행동에 방해가 될 수 있음을 시사하였다.

최석규(2007)는 대학생의 진로신화가 진로신념에 미치는 영향을 살펴본 그의 연구에서 완벽성 신화가 진로신념에 대한 전문교육의 필요성에 유의한 영향을 미치는 것으로 나타났다. 또한 진로유연성에 대한 신념에는 검사 신화, 완벽성 신화, 자기존중감 신화가 유의한 영향을 미치는 것으로 나타났으며, 노력가치존중에 대한 신념에는 완벽성 신화와 자기존중감 신화가 유의한 영향을 보였다. 진로대안에 대한 신념에서는 검사 신화가 정적인 영향을, 완벽성 신화가 부적인 영향을 미치는 것으로 나타났다.

국내 학위논문이나 학술지에 실린 Krumboltz 사회학습이론은 이상에서 살펴본 연구 이외에는 찾기가 어려웠다. Krumboltz 사회학습이론과 직접적으로 관련되는 것은 아니지만, 진로신념검사와 유사한 검사로 진로사고검사(Career Thought Inventory: CTI)가 있으며 이 검사를 사용하여 진로에서의 역기능적 사고를 살펴본 연구들은 다수 찾아볼 수 있었다(예: 구미라, 2007; 김선우, 2006; 김세정, 2004; 김수리, 2004; 김유현, 2005; 신민숙, 2006; 이경민, 2004; 최태한, 2007; 최현영, 2005; 홍마리, 2006).

CTI는 Sampson 등(1996)이 인지적 정보처리이론과 인지치료를 이론적 기반으로 하여 개발한 검사다(총 48문항). 이 검사를 통해 효과적인 진로문제해결과 진로의사결정을 방해하는 전반적인 역기능적 사고 정도를 평가할 수 있으며 세 개의 하위척도(수행불안, 외적 갈등, 의사결정 혼란)로 구성되어 있다.

수행불안(commitment anxiety, 10개 항목) 척도는 진로의사결정과정의 결과에 관한 불안으로 인해 진로와 관련된 결정을 실행할 수 없음을 나타내며 이러한 불안은 진로미결정을 지속시키게 된다. 수행불안이 높은 사람은 주어진 대안 중 한 가지 대안을 선택하거나 대안에 대한 우선순위를 매기는 등, 일련의 선택과정에서 결단을 내리기가 어렵다.

외적 갈등(external conflict, 5항목) 척도는 진로의사결정과정에서 자신에게 중요한 것과 의미 있는 타인의 의견 간의 차이로 인해 갈등하는 것을 나타낸다.

의사결정 혼란(decision making confusion, 14항목) 척도는 의사결정과정 자체에 대한 이해부족이나 혹은 정서적 문제로 인해 의사결정과정을 시작하거나 지속시키는 것과 관련된 어려움을 나타내는 것이다.

진로사고검사는 우리나라에서 이재창, 최인화, 박미진(2003)이 번안하고 타당화 작업을 하여, 현재 출판되고 있기에 구입이 용이하다. 이에 비해 진로신념검사는 진로문제해결과 진로의사결정에 방해되는 생각을 명료화하여 이를 다루기 위한 도구라는 점에서 진로사고검사와 유사한 면이 있으나, 우리나라에서 정식으로 타당화 과정을 거치지 않았고, 문항수도 많아(96문항) 상담실제와 연구에서 사용하기에 용이하지 않은 측면이 있다.

이상에서 살펴보았듯이, 우리나라에서 Krumboltz 사회학습이론에 대한 연구는 찾아보기 어려운 상황이다. 왜 그럴까? 아마도 가장 큰 이유는 진로신념검사가 알려져 있지 않다는 데서 찾을 수 있을 것이다. 어떤 이론이 활발히 연구되는 경우를 보면, 그 이론을 대표하는 측정도구가 있고, 연구자들은 그 측정도구를 사용하여 그 이론에서 설명하는 가설을 검증하게 된다. 그런데 Krumboltz가 개발한 진로신념검사는 아직 우리나라에서 타당화 과정을 거쳐 출판되지 않았고, 또한 문항 수도 많아 연구에 사용하기에는 부담스런 면이 있다. 이에 비해 진로사고검사는 우리나라에서 타당화 과정을 거쳐 출판되었으며 문항 수도 48문항으로 연구와 상담실제에서 사용하기에 부담이 크지 않다. 국회전자도서관에서 1970년부터 2009년 사이 '진로사고'의 용어로 검색해 보았을 때, 진로사고검사를 활용한 연구는 학위논문 13건, 국내학술지 20건으로 검색되었다.[8] 검색된 연구들은 모두 우리나라에서 진로사고검사가 출판된 2001년 이후의 연구였다.

3. 한국 내담자에 대한 적용 가능성

Krumboltz 사회학습이론을 한국의 내담자들에게 적용할 때 몇 가지 고려할 사항들이 있을 것이다. 이 절에서는 사회학습이론을 우리나라 내담자들에게 적용할 때의 유용성과 유의점 등에 대해 생각해 보고자 한다. 이 이론의 주요 내용인 학습을 강조하는 측면, 진로신념검사, '계획된 우연' 모형 등 크게 세 가지 측면에서 살펴보기로 하겠다.

1) 학습을 강조하는 측면

사회학습이론에서의 진로상담목표는 끊임없는 직업환경 변화 속에서 내담자가 만족스런 삶을 창조할 수 있는 기술, 흥미, 신념, 가치, 업무습

8) 검색일은 2009년 2월 15일이다.

관, 개인적 특성에 대한 학습을 촉진하는 것이다. 여기서는 진로선택과정에서의 학습을 중요시한다. 즉, 내담자가 자신의 진로를 능동적으로 선택해 나갈 수 있는 능력을 갖추도록 하는 것이 중요한 상담목표이며 이를 위해 상담자는 교육자로서의 역할을 하게 된다(Sharf, 2006).

구체적으로 사회학습이론에서 추구하는 상담목표는 다음 같은 것들이다. '진로선택과 발달에 영향을 주는 비합리적 신념을 확인하고 변화시키기' '의사결정 기술과 과제접근 기술[9]이 부족하다면 가르치기' '탐색과 실제 경험을 하도록 격려하여 내담자의 선택의 폭을 넓혀 주기' '내담자가 긍정적인 강화를 받을 수 있는 다양한 경험의 기회를 만들기' '내담자가 긍정적인 역할 모형을 가질 수 있는 기회를 만들기' '내담자가 자기 스스로 목표를 선택해 나갈 수 있도록 적절한 진로설계 기술(탐색, 정보수집, 선택을 구체화하기, 대안을 심사숙고하기)을 향상시키기' '내담자로 하여금 불확실한 상태라는 것이 정상적인 상황임을 받아들이고, 우연한 상황에서 새로운 경험을 하도록 돕기' 등이다. 이처럼 교육적 측면을 강조하는 사회학습이론은 다음의 몇 가지 점에서 우리나라 내담자들에게 유용하게 적용될 수 있을 것으로 보인다.

첫째, 현재 상담실제에서 한 개인의 진로를 결정하는 요인으로 많은 관심을 받고 있는 것이 '흥미'다. 진로상담과 교육 장면에서는 개인이 좋아하는 것을 밝혀내고 그에 맞는 진로를 찾을 수 있도록 돕는 매칭이론(matching theory)에 근거하여 내담자들을 돕고 있다. 그러나 이러한 방법이 갖고 있는 문제점은 개인에 따라 발달된 흥미는 제한적일 수 있다는 데 있다. 다시 말해, 현재 개인의 흥미는 이제까지 개인이 해 온 제한된 경험에 의해 갖게 된 것이다. 따라서 내담자 상담에서는 이러한 현재의 흥미에 국한하여 개인의 진로를 찾도록 하는 것에서 더 나아가 개인이 아직

9) Task approach skill에 해당하는 용어로, 이 책(p. 185)에서는 '당면한 여러 가지 문제들을 다루는 기술'로 번역하여 설명하였다.

발달시키지 못한 흥미영역에 대해서도 찾을 수 있도록 해야 할 필요성이 있다. 특히 자신이 무엇을 좋아하는지에 대해 뚜렷한 선호도를 나타내지 못하는 사람에 대해서는 더욱 이러한 필요성을 느끼게 된다. 사회학습이론은 현재 개인의 흥미영역을 확장시키는 새로운 경험을 하도록 돕는 것이 중요함을 강조한다는 점에서 진로상담의 현실적인 대안을 제시해 준다고 하겠다.

둘째, 지시적인 상담, 보다 구조화된 상담을 선호하는 내담자들에게 적합한 방법일 수 있다는 것이다. 사회학습이론에서의 진로상담은 일반적으로 진로사고검사를 통해 비합리적 생각을 찾아내고, 그러한 생각에 대해 탐색하면서 자신의 진로에 방해되는 점이 무엇인지를 알아보고, 새로운 경험을 할 수 있도록 함께 계획도 세워 보고, 구체적으로 어떻게 노력해야 하는지 그 방법에 대해서도 이야기를 해 주는 방식으로 진행된다. 이러한 점에서 보면, 사회학습이론은 상담자의 보다 적극적인 역할이 기대되고 구조화된 상담이 필요한 경우, 유용하게 활용될 수 있을 것이다.

2) 진로신념검사

진로신념검사는 상담의 초기에 내담자의 진로를 방해하는 생각이 무엇인지를 명료화해 줌으로써 진로상담의 목표설정 및 구체적인 상담진행을 용이하게 도울 수 있는 도구다. 그러나 우리나라에서 이 검사를 처음으로 번안하고, 문항분석을 시도한 이경희(2001)의 연구에 의하면, Krumboltz가 개발한 96문항을 우리나라에서 그대로 사용하는 것은 적절하지 않다.

개인의 사고는 그 개인이 속한 사회의 문화적 영향을 받기 마련이다. 진로를 방해한다고 여겨지는 생각들도 문화에 따라 다를 수 있다. 예컨대, 문항 중 '다른 사람들보다 일을 더 잘하고 싶다'(8척도)라는 생각이 진로를 방해할 수 있는 사고로 나타나 있다. 그러나 다른 사람들보다 잘하고 싶은 생각이 더욱 열심히 노력하고자 하는 긍정적인 마음의 자세로 여겨질 수도 있다. 또한 '자신에게 중요한 타인들이 자신의 일을 인정해 주기를 바란다'(12척도)는 생각도 진로를 방해하는 사고로 나타나 있다. 그러나 이러한 생각 역시 우리나라에서는 사람이 가질 수 있는 자연스러운 생각일 수 있다고 여겨지는 면이 강하다. 따라서 진로신념검사가 우리나라 내담자들의 진로 방해 생각을 보다 분명히 밝혀낼 수 있는 도구로 활용되려면, 문화적 차이를 고려한 검사의 수정 · 보완 작업이 선행될 필요가 있다.

이러한 문제점이 보완된다면, 진로신념검사는 다음과 같은 점에서 유용하게 활용될 수 있을 것이다.

첫째, CBI 문항에 대한 탐색은 진로와 관련된 개인적 문제도 함께 다룰 수 있도록 하여 심층진로(직업)상담에 유용하게 활용될 수 있어 보인다. 현재 우리나라 공공기관 직업상담의 대표적인 기관인 고용지원센터에서는 단순히 취업관련 정보만을 제공하는 데에서 벗어나 진로선택과 관련된 갈등을 돕고 각 개인에게 적절한 직업을 선택할 수 있도록 돕는 심층상담제도가 실행되고 있다. 현재 고용지원센터에서 실행하고 있는 검사 중에는 내담자의 인지에 초점을 두어 살펴보는 검사가 포함되어 있지 않은데, 심층상담 초기에 내담자의 진로를 방해하는 생각을 밝혀낸다면 내담자의 문제를 돕는 데 보다 효율적일 것이다.

둘째, CBI 검사는 내담자의 진로를 방해하는 생각뿐 아니라 진로에 도움이 되는 바람직한 생각도 알아낼 수 있다. 따라서 검사결과 이러한 긍정적인 측면을 강화해 줌으로써 내담자에게 심리적인 힘을 실어 줄 수 있을 것이다.

셋째, 내담자와 의미 있는 타인 간에 진로갈등이 있는 경우, 이러한 갈등이 어떤 생각에서 비롯되었는지를 구체적으로 살펴볼 수 있을 것이다. 예를 들어, 부모와 자녀 간 진로갈등이 있는 경우, 각자 CBI를 한 후 그 결과를 비교해 봄으로써 서로가 가진 생각의 차이를 살펴봄으로써 갈등 해결의 실마리를 찾아볼 수 있을 것이다.

넷째, 개인상담이 아닌 소집단 단위, 학급 단위로 진행하는 진로상담에서도 활용할 수 있다. 개인의 사고를 변화시키는 데 유용한 방법 중 하나는 타인의 피드백을 듣는 것이다. 집단 프로그램 진행 시 검사결과에 대해 서로의 생각을 나누게 함으로써 자신의 생각에서 잘못된 점을 인식할 수 있는 기회를 제공할 수 있을 것이다.

다섯째, 진로사고검사를 활용한 상담매뉴얼을 개발하되, 이를 단회상담용, 5회상담용 등으로 구분하여 실제 상담에서의 활용 가능성을 높이는 방안도 생각해 볼 수 있을 것이다.

3) '계획된 우연' 모형

'계획된 우연' 모형에서는 실제 삶에서 겪게 되는 예기치 못한 다양한 일들을 자신의 진로에 유용하게 활용하도록 가르치는 것이 중요함을 강조하고 있다. 이러한 입장은 한 개인의 진로에 영향을 미치는 요인 중 개인이 통제하기 힘든 '운'이라는 요인이 있음을 인정하고, 개인이 할 수 있는 이러한 '운'도 자신에게 최대한 이로운 기회로 만들도록 한다. 이러한 점에서 개인의 진로결정과정에서 흥미, 타협, 자기효능감 등에 초점을 두어 합리적 측면을 강조한 다른 이론들에 비해 상당히 현실적인 진로상담모형을 제시해 준다고 하겠다.

진로상담자가 삶에서 겪게 되는 다양한 사건을 개인의 진로에 유리하게 활용할 수 있는 방법의 예를 제시하고, 자신에게 일어날 수 있는 상황에서 어떻게 그 기회를 활용할 것인지 그 방법에 대해 알도록 도와주기 위해서는 한국 상황에 알맞은 사례집을 만드는 것이 필요해 보인다. 이는 진로상담자들의 교육에도 활용할 수 있을 것이고, 내담자들의 교육을 위한 자료로도 활용할 수 있을 것이다.

❑❑ 요 약

Krumboltz 사회학습이론은 진로상담에서 학습의 중요성을 강조한 이론으로 상담과정을 통해 새로운 것을 학습하도록 도움으로써 진로선택 가능성을 넓혀 줄 수 있는 방법을 제안하고 있다. 즉, 현재 내담자의 흥미, 능력에 적절한 진로(직업)를 찾도록 돕는 것에 머무를 것이 아니라, 내담자의 삶에서 제한된 학습경험으로 미처 개발되지 못했고, 알지 못했던 흥미와 능력을 찾도록 도와주어 새로운 진로를 발달시켜 나가도록 한다. 특히 이 이론에서는 진로신념검사를 통해 내담자의 진로에 방해되는 생각이 무엇인지 밝혀내고 이러한 생각을 변화시키는 인지적인 방법을 설명하고 있다. 또한 기존의 이론과 달리, 진로선택과정에서 나타나는 우연적인 요소를 인정하고, 삶에서 이러한 우연적인 사건들을 유리하게 활용할 수 있는 능력을 강조하며, 예측하기 어려운 다양한 상황 속에서 내담자가 자신의 진로를 개척해 나갈 수 있는 태도와 능력을 갖추도록 하는 것이 중요한 진로상담자의 역할이라 본다.

참고문헌

구미라(2007). 인문계와 실업계 남자 고등학생의 역기능적 진로사고와 진로미결정의 관계. 이화여자대학교 석사학위 청구논문.

김미희(2002). 대학생의 진로계획과 진로신념에 관한 연구. 동아대학교 석사학위 청구논문.

김선우(2006). 성역할정체감과 진로결정자기효능감 및 역기능적 진로사고의 관계. 홍익대학교 석사학위 청구논문.

김세정(2004). 역기능적 진로사고와 통제소재에 따른 진로탐색행동. 가톨릭대학교 석사학위 청구논문.

김수리(2004). 부모지지, 진로결정자기효능감 및 역기능적 진로사고가 청소년의 진로발달에 미치는 영향. 홍익대학교 박사학위 청구논문.

김유현(2005). 사회적 지지와 자아존중감 및 역기능적 진로사고의 관계. 홍익대학교 석사학위 청구논문.

신민숙(2006). 고등학생의 완벽주의 및 역기능적 진로사고와 진로미결정의 관계. 전남대학교 석사학위 청구논문.

이경민(2004). 대학생들의 부모에 대한 애착과 심리적 독립 및 역기능적 진로사고의 관계. 홍익대학교 석사학위 청구논문.

이경희(2001). 진로신념검사의 번안과 문항분석. 서울대학교 석사학위 청구논문.

이재창, 최인화, 박미진(2003). 진로사고검사의 한국 표준화 연구. 한국심리학회지: 상담 및 심리치료, 15(3), 529-550.

임은경(1999). 진로상담에 대한 사회학습적 접근의 적용. 한국진로상담학회지, 4(11), 163-183.

조인수, 이상욱(1992). 진로선택의 발달이론적 분석연구. 직업재활연구, 2, pp. 85-120.

최석규(2007). 대학생의 진로신화가 진로신념에 미치는 영향. 경기대학교 석사학위 청구논문.

최태한(2007). 인지적 정보처리 이론에 기반한 대학생 진로개발 프로그램과 수용-전념 치료모형의 적용. 아주대학교 석사학위 청구논문.

최현영(2005). 대학생이 지각한 부모와의 애착과 역기능적 진로사고의 관계. 건국대학교 석사학위 청구논문.

홍마리(2006). 부모의 양육태도와 다면적 자아개념이 역기능적 진로사고에 미치는 영향. 가톨릭대학교 석사학위 청구논문.

Krumboltz, J. D. (1994a). The career beliefs inventory. *Journal of Counseling & Development, 72,* 424-428.

Krumboltz, J. D. (1994b). Improving career development theory from a social learning perspective. In M. L. Savickas & R. W. Lent (Eds.), *Convergence in career development theories: Implications for science and practice* (pp. 9-31). Palo Alto, CA: Consulting Psychologist Press.

Krumboltz, J. D. (1996). A learning theory of career counseling. In M. L. Savickas & W. B. Walsh (Eds.), *Handbook of career counseling theory and practice* (pp. 55-80). Palo Alto, CA: Consulting Psychologists Press.

Krumboltz, J. D., & Baker, R. (1973). Behavioral counseling for vocational decisions. In H. Borow (Ed.), *Career guidance for a new age* (pp.

235–284). Boston: Houghton Mifflin.

Krumboltz, J. D., & Levin, A. S. (2004). *Luck is no accident: Making the most of happenstance in your life and career.* Atascadero, CA: Impact.

Krumboltz, J. D., Mitchell, A., & Gelatt, H. G. (1975). Applications of social learning theory of career selection. *Focus on Guidance, 8,* 1–16.

Mitchell, L. K., & Krumboltz, J. D. (1990). Social learning approach to career decision making: Krumboltz' s theory. In D. Brown et al., *Career choice and development: Applying contemporary theories to practice* (2nd ed.). San Francisco: Jossey-Bass.

Mitchell, L. K., & Krumboltz, J. D. (1996). Krumboltz' s learning theory of career choice and counseling. In D. Brown, L. Brooks, & Associates (Eds.), *Career choice and development* (3rd ed., pp. 230–280). San Francisco: Jossey-Bass.

Mitchell, L. K., Levin, A. S., & Krumboltz, J. D. (1999). Planned happenstance: Constructing unexpected career opportunities. *Journal of counseling and Development, 77,* 115–124.

Sampson, J. P., Peterson, G. W., Lenz, J. G., Reardon, R. C., & Saunders. D. E. (1996). *Career Thought Inventory: Professional manual.* Odessa. FL: Psychological Assessment Resources, Inc.

Sharf, R. S. (2006). *Applying career development theory to counseling* (4th ed.). 이재창 외 공역(2008). 진로발달이론을 적용한 진로상담. 아카데미프레스.

〈부록〉

척도별 번안 문항[10)]

척도명	문 항
1. 취업상태	35. 나는 지금 직장이 없는 상태다. 39. 나는 현재 시간제 근무(파트타임) 이상의 일을 하고 있다.
2. 진로계획	4. 내가 어떤 종류의 일을 하고 싶어 하는지 나는 알고 있다. 87. 나는 어떤 직업을 선택할지 결정하지 않은 상태다.
3. 진로미결정 수용	3. 내가 어떤 직업을 원하는지 모를 수도 있다는 사실은 지금 시점에서는 충분히 있을 수 있는 일이다. 52. 내가 어떤 직업을 원하는지 현 시점에서 반드시 알아야 한다.
4. 개방성	17. 내가 이런 진로선택을 하게 된 진짜 이유를 말하면 사람들은 나를 비웃을 것이다. 48. 내 진로선택의 이유를 다른 사람들에게 떳떳하게 말할 수 있다. 51. 내 진로선택에 대한 진짜 이유를 사람들에게 말해도 상관없다. 83. 내가 이런 진로를 선택한 이유는 알지만 그 이유를 어느 누구에게도 드러내고 싶지 않다.
5. 성취	9. 더러 실패가 있더라도 나는 내가 하는 모든 일에서 최고가 되고 싶다. 45. 내가 직업훈련을 받기 위해 학교에 들어간다면 최고의 훈련을 제공하는 학교를 선택할 것이다.
6. 대학교육	20. 좋은 일자리를 얻기 위해 대학교육을 받는 것이 필요하다. 28. 대학교육을 받지 않아도 좋은 직업을 얻을 수 있다.
7. 내적 만족	12. 썩 좋아하진 않더라도 내가 잘할 수 있는 일에 종사해야 한다고 생각한다. 16. 업무는 내게 흥미로워야 한다. 41. 대학생들은 좋은 학점을 받지 못할지라도 자신이 가장 재미있어 하는 과목을 전공해야 한다. 57. 업무 후 여가를 즐길 수 있다면 나는 따분한 일자리라도 받아들일 수 있다. 93. 내 일은 내가 그다지 잘하지는 못하더라도 즐길 수 있는 일이어야 한다.
8. 동료 경쟁	13. 나는 내가 속한 조직에서 다른 사람들보다 일을 더 잘하고 싶다. 65. 나는 내가 선호하는 직업에 종사하는 사람 중 적어도 한 사람보다는 자질이 더 뛰어나다. 68. 모든 일에서 내가 최고라는 것을 다른 사람에게 보여 주고 싶다.

10) Krumboltz가 개발한 진로신념검사를 이경희(2001)가 번안한 것임.

9. 구조화된 업무환경	60. 누군가가 내 일을 감독하는 것이 싫다. 89. 최고의 성과를 얻으려면 업무 시간을 내가 선택할 수 있어야 한다.
10. 통제	23. 다른 사람들이 반대한다면 나는 내가 좋아하는 일이라도 시작할 수 없다. 76. 다른 사람이 나를 설득한다면 나는 진로를 바꿀 수도 있다.
11. 책임	21. 어떤 일이 내게 가장 적합한지는 오직 나만이 알 수 있다. 42. 내가 어떤 직업을 선택하면 좋을지 알려 주는 검사를 받고 싶다. 61. 검사를 한다고 해서 내가 어떤 직업을 선택해야 하는지 알 수는 없다. 64. 고용센터나 직업소개소에서 내게 알맞은 일자리를 찾을 수 있을 것이다. 71. 누군가가 내게 가장 잘 어울리는 일이 무엇인지 알려 주었으면 좋겠다.
12. 타인의 인정	32. 내게 중요한 사람들이 내가 선택한 일을 인정하지 않아도 신경 쓰지 않는다. 37. 내게 중요한 사람들이 내가 하는 일을 인정해 주기를 바란다.
13. 타인과의 비교	5. 나는 내가 아는 어떤 특별한 사람처럼 되고 싶다. 15. 내 능력을 내가 이상적이라고 생각하는 사람의 능력과 비교하지 않는다. 33. 내 자질을 나와 다른 직업에 종사하는 사람들의 자질과 비교할 필요는 없다. 80. 내가 본받고 싶어 할 만한 사람이 없다.
14. 직업과 대학의 다양성 이해	14. 어떤 직업에서든지 다양한 인재들과 인물들이 있는 법이다. 19. 내가 원하는 직업에 종사하는 사람들이 모두 똑같은 직무를 수행해야 한다. 46. 어떤 대학이 이 사람에게는 잘 맞을 수 있지만 다른 사람에겐 그렇지 않을 수 있다. 81. 같은 직업에 종사하는 사람들은 매우 비슷하다. 90. 어느 대학이든지 기본적으로는 비슷하다.
15. 진로 유용성	31. 취업하기 전에 그 일을 하는 방법을 알아 둘 필요가 있다. 63. 첫 직업은 다음에 내가 무엇을 할 수 있는지 결정할 것이다. 67. 내가 어떤 일자리를 택하든지 나는 상사의 지시에 따라 일하게 될 것이다. 69. 모든 것이 내가 지금 어떤 진로를 선택하는가에 달려 있다
16. 진로전환	2. 내가 어느 한 가지 일을 하는 데 많은 시간과 노력을 들였다면, 이후에 그 일을 그만두고 다른 일로 바꾸지 않을 것이다. 26. 내가 훈련받은 분야의 일을 하는 것이 중요하다. 36. 내게 적합한 진로를 찾지 못한다면, 나는 감정적으로 굉장히 동요할 것이다. 79. 내가 한 가지 일을 위해 여러 해를 준비했는데 사실은 그 일을 좋아하지 않는다는 것을 나중에 알게 된다면 기분이 매우 나쁠 것이다. 94. 나는 지금까지 훈련받은 분야의 일과 전혀 다른 직업을 제안받는다고 해도 받아들일 수 있다.

17. 직업 대안	1. 나는 일단 진로를 결정하면 그것을 고수할 것이다. 6. 나는 한 직업에서 다른 직업으로 옮길 수도 있다. 25. 내가 원하는 직업에서 일할 수 없다 하더라도 그만큼 좋은 다른 일을 찾을 수 있으리라고 확신한다. 44. 현재 진로를 잘못 선택하더라도 나중에 언제라도 진로를 바꿀 수 있으니 괜찮다. 53. 내가 어떤 경력을 가졌든지 간에 기꺼이 다른 분야의 일로 바꿀 용의가 있다. 62. 내가 어떤 직업에 종사하더라도 나는 행복하게 일할 수 있을 것이다. 74. 내가 선택한 일이 잘 되지 않아도 그 밖에 다른 일을 시도할 수 있기 때문에 괜찮다. 84. 내가 잘 모르는 분야의 일이더라도 좋은 일자리를 제안받는다면 일단 받아들이고 그 뒤에 일을 배울 것이다.
18. 직장의 위치	10. 나는 내가 살던 곳을 떠나 낯선 곳에서 새로운 생활을 시작해야 한다고 하더라도, 좋은 직업 제안이라면 받아들이겠다. 27. 내가 아무리 좋은 취업 제안을 받더라도 결코 이사하고 싶지 않은 지역들이 있다. 85. 직장의 위치는 내게 중요하지 않다. 92. 좋은 직장을 얻을 수 있다면 나는 전국 어디든지 기꺼이 돌아다닐 것이다. 96. 나는 친구들이나 가족과 멀리 떨어져 지내야 한다면 좋은 일자리라도 그 제안을 거절하겠다.
19. 자기 향상	7. 현재의 내 기능 수준에 만족한다. 50. 현재의 내 업무 수행 능력에 만족한다.
20. 불분명한 진로에서 노력 지속	22. 진로목표가 불분명하면 나는 현재의 일을 그다지 열심히 하려고 하지 않는다. 24. 내 진로선택에 문제가 생기면, 나는 문제해결을 위해 노력하겠다. 30. 나는 업무 수행 능력을 향상시키기 위해 끊임없이 노력한다. 40. 진로목표가 불분명하더라도 나는 현재의 일에 최선을 다할 것이다. 73. 나는 내 능력을 최대한 발휘하기 위해 노력하고 있다.
21. 실패의 위험 감수	11. 내가 한 가지 일을 위해 훈련을 받았는데 나중에 그 일을 좋아하지 않는다는 사실을 알게 되더라도 내가 배운 것에 대해 여전히 좋은 느낌을 가질 것이다. 34. 내가 정말 열심히 노력했지만 결국 실패한다면 노력이 헛일이었다는 사실에 기분이 나쁠 것이다. 38. 내가 정말 열심히 노력했지만 결국 실패했다 해도 최선을 다했다는 사실에 좋은 느낌을 가질 것이다. 58. 내가 열심히 노력하지 않았기 때문에 실패한 것이라면 기분이 좀 낫다.

22. 직업 기술 배우기	86. 나는 내가 원하는 일을 하고 싶지만 그 일을 하기 위해 필요한 훈련을 견딜 수 없을 것 같다. 88. 나는 내 업무 수행에 필요한 훈련을 받는 것을 즐긴다.
23. 협의/탐색	8. 내가 만족할 만한 직업이 없다. 29. 내게 알맞은 직업이 있다고 생각하지 않는다. 54. 내 일에 싫증이 난다면 나는 그 원인을 찾아 변화시키려고 노력하겠다. 82. 나는 직업을 결정하기 전에 그 직업에 관한 좋고 나쁜 모든 정보를 알아볼 것이다.
24. 장애 극복	18. 나는 내가 원하는 일을 하는 데 필요한 기술이 부족하기 때문에 그 일을 할 수 없다. 43. 내가 원하는 일자리를 얻을 기회가 부족하다. 47. 아무도 내가 하고 싶은 일을 못하게 할 수는 없다. 55. 나는 내가 좋아하는 직업이라면 어떤 일에서든 성공할 수 있다. 70. 내가 원하는 직업을 얻기 위해 필요하다면 어떤 기술이든 배울 수 있다. 72. 나는 내가 원한다면 언제라도 좋은 취업 기회를 얻을 수 있다고 확신한다. 75. 열심히 일하고, 인내심이 있으며, 좋은 판단력을 갖춘 사람들이 자기 일에서 성공한다. 78. 나는 내가 좋아하는 일을 발견할 수 있고 새로 만들 수도 있다.
25. 노력	49. 실패의 위험을 피하기 위해서 나는 목표치를 낮게 잡는다. 56. 내가 직업훈련을 받기 위해 학교에 들어가야 한다면 가장 들어가기 쉬운 학교를 선택할 것이다. 59. 내가 좋아하는 일을 성공적으로 수행하는 데 필요한 것들을 갖추지 못했다. 66. 매우 많은 사람들이 얼마 되지 않는 일자리를 얻기 위해 서로 경쟁하기 때문에 내가 일자리를 얻기 위해 아무리 노력한다 해도 소용이 없다. 77. 나는 내가 존경하는 사람만큼 유능해질 수 없을 것 같아 염려스럽다. 91. 내 진로선택에 문제가 생긴다면 나는 그 문제가 저절로 해결되기를 바라며 기다리겠다. 95. 내가 원하는 일자리가 타고난 내 특성에 맞지 않기 때문에 나는 그 일을 할 수 없을 것이다.

제8장

사회인지진로이론

1. 이론의 개관

사회인지진로이론(Social Cognitive Career Theory: SCCT)은 1980년대를 전후하여 Bandura(1986)의 사회인지이론을 바탕으로 Hackett와 Betz(1981)가 여성의 진로발달 및 선택을 설명하려는 시도에서 태동되었다. 이들은 여성들이 진로대안을 넓게 설정하지 못하는 이유에 관심을 가졌고 이렇게 진로대안 영역이 제한되는 과정에서 Bandura가 제안한 자기효능감의 역할에 대해 주목하였다. 전통적인 진로발달 및 진로결정과 관련된 이론들은 개인의 진로선택이 주로 개인의 타고난 성향과 환경 간의 상호작용의 결과라고 설명하였다. 그러나 Hackett 등은 진로선택이 이 변인들 간의 단순한 조합의 결과가 아니라고 생각하고 자기효능감이라는 개념을 도입함으로써 진로발달과 선택에서 진로와 관련된 자신에 대한 평가와 믿음이라는 인지적 측면의 역할을 강조하였다.

이 이론은 처음에는 여성의 진로발달과 선택과 관련하여 Bandura가 제안한 자기효능감이란 개념을 적용하는 것에서 시작되었지만(Betz &

Heckett, 1981; Heckett & Betz, 1981) 이후 남성과 여성 모두를 대상으로 개인 특성과 환경변인 등을 아우르며 개인의 흥미, 선택, 실행 등 진로발달과 선택의 과정을 설명하는 것으로 확장되어 1990년대 중반에서야 전체적인 모습을 나타내게 되었다(Lent, Brown, & Hackett, 1994). 이 이론의 주도자들은 전통적인 진로발달 및 선택 이론들과 이 이론들이 제안한 개념들을 통합하는 것이 과학적, 실증적으로 유익하다는 것을 인지하였기 때문이다. 이들은 개인 특성과 환경변인 등의 선행변인들과 진로결정 및 만족과 같은 결과변인들을 통합적으로 파악하고 이들 간의 관계에 대해 설명하는 것이 필요하다고 주장하였다(Hackett & Lent, 1992). 이 과정에서 이들은 또 다른 인지적 측면의 변인으로 결과기대와 개인적 목표(Bandura, 1986)라는 개념을 도입하였으며, SCCT는 이 두 변인이 자기효능감과 함께 상호작용하여 개인이 스스로 진로관련 행동의 방향을 결정하게 한다고 제안한다.

물론 SCCT는 진로발달 및 선택 과정에서의 인지적 측면만을 강조하고 있는 것은 아니다. SCCT가 처음 등장할 때 관심을 가졌던 대상이 사회적 소수자였던 여성이었던 것에서 알 수 있듯이 SCCT는 성, 인종, 사회적 계층과 같이 개인이 선택할 수 없는 인구학적 특성을 포함하는 개인 특성과 이런 인구학적 특성에 의해 개인에게 이익과 불이익을 주는 환경적 배경 등이 개인의 진로발달 및 선택에 어떤 영향을 미치는지를 설명하기 위해 이론 범위를 확장해 왔다. SCCT는 개인 특성과 환경적 배경에 의해 의식적으로 혹은 무의식적으로 내면화한 왜곡된 자기 평가와 부당한 환경적 장애를 극복하기 위해 진로상담자가 해야 할 일에 대한 많은 시사점을 제공하고 있다.

2. 이론적 배경

SCCT의 주창자들은 다양한 배경의 이론들을 통합하며 SCCT를 확장 발전시켜 왔지만 이 이론의 가장 중요한 이론적 틀은 Bandura(1986)의 사회학습(인지)이론에 바탕을 둔, 진로와 관련된 Krumboltz(1979)의 사회학습이론 그리고 여성 진로발달에 자기효능감 개념을 적용한 Hackett과 Betz(1981)의 연구에서 왔다고 할 수 있다(Lent, Brown, & Hackett, 2002). 진로와 관련된 Krumboltz의 사회학습이론은 주로 개인의 진로 흥미에 영향을 주는 개인의 직·간접적 학습경험을 강조하고 있다. 그는 학습이론에서의 연합적 학습과 도구적 학습과정을 통해 긍정적 자극과 연합되거나 긍정적 강화를 받은 행동을 학습함으로써 개인의 진로관련 흥미와 행동이 형성된다고 생각하였다. 이와 함께 타고난 재능 등 유전적 요인과 노동 환경, 정부 정책 등 사회적 환경 요인이 개인의 진로선택에 영향을 미치고 있음을 인정하고 있다. SCCT에서도 진로 흥미, 가치 등의 발달을 설명하기 위해 Krumboltz의 이론과 마찬가지로 연합적, 도구적 학습의 중요성과 유전 및 환경 요인을 언급하고 있다.

Krumboltz는 진로선택의 과정에서 과제접근기술이란 요인을 언급함으로써 진로발달에서의 인지적 측면을 다루고 있다. 그러나 Krumboltz가 언급한 과제접근기술은 정신과정의 중요성을 강조하기보다는 여전히 학습경험의 결과로서 습득된 것으로 다루어지고 있으며, 개인의 신념과 동기 등 Bandura가 전통적 학습-조건화 이론을 넘어 새롭게 제기한 인지적 측면에 대해서는 충분히 다루지 않고 있다. 이에 비해 SCCT는 학습경험이 흥미, 선택과 수행 행동을 형성하는 데 있어 자기효능감, 결과기대 등의 인지적 요인들이 어떤 역할을 하는지를 잘 설명하고 있다. 즉, SCCT는 단순히 개인의 학습경험에 의해 진로발달 및 선택 행동이 영향을 받는다는 설명에서 한 걸음 더 나아가 유사한 학습경험을 하더라도 서로 다른 진로발달의 과정을 밟고 서로 다른 진로선택 행동을 하게 되는 이유를 설명하는 개인의 신념 체계를 강조하고 있다. 또한 Krumboltz는 진로와 관련된 요인들과 바람직한 학습경험이 무엇인지를 설명하는 데 관심을 둔 반면, SCCT는 다양한 진로관련 변인들이 서로 영향을 주고받는 이론적 경로를 규명하는 데 관심을 두고 있다.

SCCT의 직접적인 기원은 Hackett와 Betz(1981)가 여성의 진로발달을 설명하기 위해 Bandura(1986)의 자기효능감 이론을 도입한 논문이다. 이들은 Gottfredson(1981)의 주장과 같이 여성이 타고난 재능과 능력을 충분히 발휘하지 못하는 이유가 여성의 사회화에 뿌리를 두고 있다고 믿었다. 즉, 여성의 성사회화가 여성의 진로자기효능감에 부정적 영향을 주어 결과적으로 여성은 자신의 재능을 실현할 수 있는 진로를 선택하는 데 어려움을 겪는다는 것이다. Hackett와 Betz는 진로와 관련된 자기효능감을 발달시킬 수 있는 사회적 자원에 대한 접근에서 남녀 간 차별이 존재함을 설명하고 결과적으로 이 같은 차별이 여성의 진로자기효능감의 발달을 가로막는다고 주장하였다. 그들의 논문은 진로행동에 대한 개인적, 환경적 요인의 영향력을 매개하는 인지적 요인의 중요성에 대한 인식을 재고하였으며, 그들의 생각을 확장, 발전시킨 SCCT가 성과 사회문화적 주제들을 중시하는 관점을 제공하였다.

Bandura(1982, 1986)의 사회인지이론은 SCCT에 자기효능감, 결과기대, 개인적 목표 등 인지적 측면에서의 개념들을 제공했을 뿐 아니라, SCCT가 진로와 관련된 개인 특성, 환경 그리고 행동 요인들을 이론적 틀 안에 포함시키고 이들 간의 관계를 설명하는 데 크게 기여하였다. Bandura는 관찰 가능한 행동의 변화보다는 행동을 변화시킬 수 있는 내적 정신구조의 변화에 주목하였다. 이 내적 정신구조 중에서도 그는 자신에 대한 신념과 기대, 즉 자기효능감과 결과기대 등이 인지적으로 학습된 행동을 수행할 것인가 혹은 수행하지 않을 것인가를 결정한다. 자기효능감 등의 개념에 대해서는 다음 절에서 보다 자세히 소개할 것이다.

한편, 전통적으로 주요 진로이론들은 진로행동이 개인 특성과 환경의 영향에 의해 결정된다고 설명하였다(Osipow, 1990). 즉, 행동은 개인 특성과 환경에 의해 결정되는 일방적 관계였다. 예를 들어, Holland(1997)는 비교적 안정적인 개인 특성과 환경적 요인의 일치가 바람직한 개인의 진로행동이라고 설명하고 있으며, 이 과정에서 개인의 인지적 역할은 비교적 과소평가되고 있다. Bandura는 인지적 측면을 포함한 개인 내 요인, 환경, 행동의 일방적 혹은 단선적 인과관계를 부정하고 이들이 서로 영향을 주고받는 상보적 인과관계라고 설명하고 있다. 그는 개인 내 요인과 환경이 행동에 영향을 미칠 뿐 아니라 행동이 또한 정서, 인지 등 개인 내 요인과 환경에 다시 영향을 미친다고 생각하였다. SCCT는 Bandura의 개인 특성, 외적 환경, 행동 간의 상보적 인과관계를 수용하였다. 이 관점에서 개인의 진로발달 및 결정은 개인 특성과 환경의 단순한 결과물이라기보다는 개인의 의지와 인지적 판단이 포함된 세 요인 간의 끊임없는 상호작용의 과정이다. 이때 개인은 유전과 환경의 결과물이 아닌 진로발달의 역동적 주체가 된다.

3. 사회인지진로이론 기본 구인

진로발달의 역동적 주체로서의 개인이란 개념을 설명하기 위해 SCCT는 사회인지이론으로부터 세 가지 주요 개념을 도입하고 있다. 이 세 가지 개념은 자기효능감(self-efficacy), 결과기대(outcome expectations) 그리고 목표(personal goals)다. 이 중 자기효능감은 SCCT가 태동할 때부터 가장 많은 관심을 받은 개념이다.

1) 자기효능감

자기효능감이란 목표한 과업을 완성하기 위해 필요한 행동을 계획하고 수행할 수 있는 자신의 능력에 대한 신념을 말한다(Bandura, 1986). 일반적으로 자기효능감은 특정 영역에 한정되며 다른 영역으로 전이되지 않는다. 자기효능감은 주로 개인의 과거 수행 성취, 대리학습, 사회적 설득, 특정 영역에서의 생리적 · 정서적 경험에 의해 형성되고 변화되지만 이 중 가장 영향력 있는 요인은 과거 수행에서의 성취라고 알려져 있다. Bandura는 개인이 무엇을 할 수 있는가가 바로 행동의 실행으로 이어진다기보다 무엇을 해낼 수 있다는 자신감이 행동의 실행을 결정한다고 가정한다. 예를 들어, 지금까지 수학 성적이 우수하고 그것이 자신의 재능 때문이라고 믿는 학생의 경우 대학의 수학과에서 수학 시험을 통해 장학생을 선발하는 기회에 응시할 가능성이 높지만, 수학 성적이 우수하면서도 수학에 대한 재능이 있다고 생각하지 않는 학생의 경우에는 같은 기회를 포기할 가능성이 높을 것이다.

2) 결과기대

결과기대는 특정한 과업을 수행했을 때 자신과 주변에 일어날 일에 대한 평가를 말한다(Bandura, 1986). 즉, 내가 이 일을 하면 어떤 상황이 벌어질까에 대한 예측이라고 할 수 있다. 이것은 자기효능감과는 명백히 다른 개념이다. 자기효능감은 내가 이 일을 할 수 있을까에 대한 믿음이지만, 결과기대는 능력과 상관없이 단순히 자신이 어떤 과업을 수행했을 때 자신과 타인에게 일어날 일에 대한 믿음이다. 예를 들어, 학교 성적이 우수한 어떤 남학생이 지금까지 취미로 한국무용을 배워 왔고 아마추어 대회에서 많은 상을 타 왔다면 그는 한국무용을 잘할 수 있다는 믿음을 가지게 될 것이다(자기효능감). 그는 자신이 대학에서 한국무용을 전공하려할 때, 배고픈 예술가로서의 삶과 자신이 의대에 진학하기를 바라는 아버지의 실망을 예측할 수 있을 것이고, 그럼에도 불구하고 자신이 원하는 삶을 선택하는 스스로의 의지에 대한 만족감과 자신이 좋아하는 일을 하면서 경험할 몰입의 즐거움에 대해 생각하게 될 것이다(결과기대). 결과기대에는 이처럼 물리적 보상, 사회적 평가, 자신에 대한 평가 등의 측면이 있는데 이 중 특히 개인이 중요한 가치를 두고 있는 측면에서의 결과기대는 개인 행동 수행의 중요한 동기가 된다.

결과기대는 대개 자기효능감과 유사한 원인에 의해 형성된다. 과거 자신의 성취에 대한 강화나 만족감, 혹은 형제나 자매의 성취에 주어지는 강화에 대한 관찰, 특정 행동을 하면 부모가 기뻐할 것이란 주변의 설득 등의 경험은 개인이 특정 영역에서 이루는 수행의 결과를 예측하는 중요한 근거가 된다. 또한 결과기대는 특정 과업의 수행을 전제로 하기 때문에 자기효능감의 영향을 받는다. 수행에서 오는 개인의 만족감이나 부모의 긍정적 반응 등은 결국 해당 과업에서의 성공적 수행을 어느 정도 전제로 하기 때문이다. 따라서 일반적으로 특정 행동을 시도할 것인가 말 것인가에 대한 판단은 결과기대보다는 자기효능감의 영향을 더 많이 받을 것으로 생각된다.

3) 목표

목표는 단순히 환경이나 경험에 대한 반응자로서의 개인에서 벗어나 자신의 행동을 주체적으로 이끄는 인지적 주체로서의 개인을 추론할 수 있도록 하는 개념이다. 개인은 특정 목표를 세우는 결심을 통해 필요한 행동을 실행하고 어떤 성취를 추구하게 된다(Bandrura, 1986). 진로발달은 오랫동안의 노력을 요구하는데, 목표는 당장의 성과가 눈에 보이지 않아도 장기간 동안 개인의 행동을 조직하고 유지시키는 데 도움을 준다. 예를 들어, 건축가가 되고자 하는 사람은 중학교에 재학할 때부터 수학과

물리 등의 학과목을 수강하고 좋은 성적을 얻으려 노력할 것이다. 또한 예술적 시각을 키우기 위해 여가활동으로서 미술반을 선택할 수 있다.

자기효능감, 결과기대 그리고 목표라는 인지적 개념들은 서로 영향을 미친다. 건축가인 아버지가 자신의 직업에 만족하고 자신의 자녀도 건축가가 되어 자신의 건축사무실을 계승하기를 바란다는 것을 인식하게 될 때 소녀는 자신도 건축가가 되면 만족한 삶을 살 수 있고 부모를 만족시킬 수 있다는 기대를 가지게 되면서 건축가가 되고자 하는 목표를 세울 수 있다. 건축가가 되고 싶은 소녀는 수학과 역학에 일찍 관심을 가지고 공부하여 좋은 성적을 거둠으로써 훌륭한 건축가가 될 수 있다는 자신감을 갖게 되고 이것은 소녀의 결심을 더욱 확고하게 할 것이다. 그러나 만약 소녀가 미술반 활동을 하면서 자신의 미적 재능을 의심하게 될 때 소녀는 훌륭한 건축설계자가 되겠다는 목표를 수정할 수도 있다.

4) 개인변인과 환경변인

SCCT의 주창자들이 전통적 진로이론들을 SCCT에서 통합하고자 하였기 때문에 당연히 SCCT는 Bandura가 사회인지이론에서 제안한 개념들 외에도 다양한 개인변인과 환경변인들을 포함하고 있다. SCCT는 성(gender), 민족 혹은 인종, 신체적 건강 혹은 장애, 유전적 재능 등을 개인의 진로흥미나 선택에 영향을 미치는 중요한 개인변인으로 여긴다. 이런 개인변인들은 독립적으로 진로흥미나 선택에 영향을 미친다기보다는 사회문화적 환경과의 상호작용 아래에서 개인의 경험을 형성하는 것으로 이해된다. 성사회화는 성과 사회문화적 환경의 상호작용이 개인의 진로발달에 영향을 미치는 과정을 설명하는 좋은 예가 된다. 예컨대, 여성은 남성과는 다른 행동을 하기를 기대받으며 이런 기대를 내면화시키고 이 같은 성사회화는 여성의 특정 직업에 대한 자기효능감과 결과기대에 영향을 미침으로써 궁극적으로 진로선택의 범위를 제한시킨다. 한편, 전통적 진로이론에서 주요 변인으로 등장하는 적성과 가치관 등에 대해서도 SCCT는 그 중요성을 인정하지만, 이들 변인들은 자기효능감이나 결과기대 등을 통해 간접적으로 다루어진다.

SCCT는 환경변인을 크게 배경 맥락 요인과 근접 맥락 요인으로 나누어 개념화하고 있다. 배경맥락변인은 개인이 진로발달의 과정에서 자신이 속한 가족, 사회, 문화에 의해 사회적 기능을 익히고 역할을 내면화할 때 스며들어 결국 자기효능감, 결과기대 등에 영향을 미치고 궁극적으로는 직업적 흥미를 형성한다. 이에 반해 근접맥락변인은 비교적 진로선택의 시점에 직접적으로 작용하는 환경적 요인으로서, 특정 진로를 추구할 수 있는 가족의 정서적 및 재정적 지원, 당시의 경제 상황, 해당 시기의 사회문화적 진로장벽 등이 해당된다. 근접맥락변인은 개인의 진로선택과정에 중재적 영향을 미칠 수도 있고 직접적 영향을 미칠 수도 있다. 중재적 영향의 예로서는 개인이 음악에 흥미를 가지고 있을 때 가족의 경제적 곤란이 개인의 흥미가 미술과 관련된 진로로 이어질 수도 이어질 수 없게도 하는 것이다. 한편, 부모가 자녀의 진로를 결정하는 사회에서는 개인의 흥미와 관계없이 부모의 선택이 곧 자녀의 선택이 되며 이것은 근접맥락변인의 직접적 영향의 예가 된다. SCCT에서 맥락변인이 중요한 것은 이 변인이 진로상담에서 개입의 대상이 되기 때문이다. 개인의 타고난 생물학적 성에 대해 개입하기는 어렵지만, 한 사회 내에서 성사회화가 개인의 진로발달을 제한하는 것은 상담 개입에 의해 극복할 수 있다.

4. 사회인지진로이론 모형

SCCT는 진로발달과 관련하여 흥미발달모형, 선택모형, 수행모형 등 세 가지 모형을 제시하고 있다. 각 모형을 살펴보면 선택모형은 흥미발달모형과 수행모형을 내포하고 있음을 알 수 있다. 이 모형들은 SCCT의 주요 구인들인 자기효능감, 결과기대, 목표, 개인변인, 환경변인들이 진로와 관련된 홍미, 선택, 수행 과정에 어떻게 영향을 미치는지를 설명하고 있다. Lent, Brown과 Hackett(2002)은 이 모형들을 진로모형이라 부르고 있지만 그들은 또한 이 모형이 학업적 홍미발달, 선택, 수행의 과정도 포함하고 있음을 강조하고 있다.

1) 흥미발달모형

진로상담의 실제에서 개인 특성으로 흔히 측정되는 것 중 하나인 흥미는 전통적인 진로상담 모형에서 개인의 진로를 결정하는 중요한 요인으로 다루어진다. Holland(1997)는 흥미와 같은 개인 특성을 유전, 가족 및 친구, 사회문화적 환경 간의 상호작용의 결과라 생각한다. SCCT에서는 흥미가 자기효능감과 결과기대에 의해 직접적으로 형성된다고 설명한다([그림 8-1] 참조). 개인은 자신이 잘할 수 있다고 믿고 해당 과업을 성취하면 자신이 가치를 두고 있는 강화를 받을 수 있다고 여길 때 관련된 진로에 대한 강한 흥미를 발달시킬 수 있다. 만약 자신이 잘할 수 없다고 여기거나 해당 과업을 성취했을 때 자신이 가치를 두고 있는 강화를 받을 수

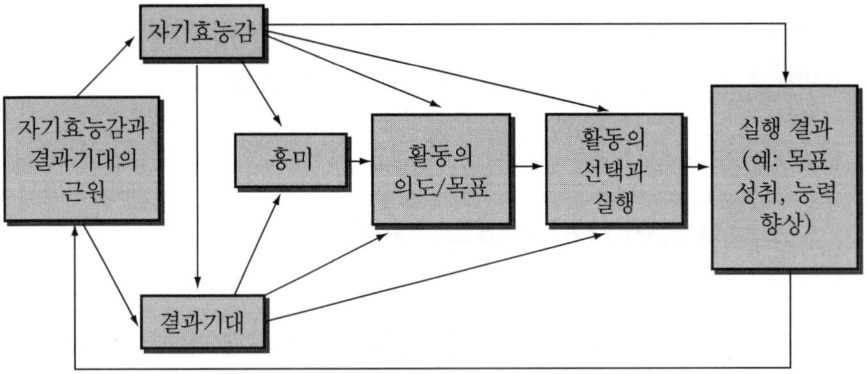

[그림 8-1] 사회인지진로이론에서의 흥미발달모형

출처: Lent, Brown, & Heckett, 2002.

없거나 혹은 처벌을 가져온다고 생각한다면 개인은 관련 진로에 대하여 홍미를 발달시키기 어렵다. 자기효능감 및 결과기대는 다시 홍미와 함께 활동 의도 및 목표, 활동 선택과 실행에 영향을 미치며 궁극적으로 실행 결과에도 영향을 미친다. 실행 결과는 다시 자기효능감과 결과기대를 높이거나 저하시키고, 다시 홍미에 영향을 준다.

진로와 관련된 개인의 홍미는 청소년기에 비교적 안정적으로 형성되지만, 환경이 개인에게 우호적이지 않을 때 용이하게 조절된다(Gottfredson, 1981). 따라서 개인의 홍미는 인생의 어느 시점에서도 변화될 수 있다. SCCT의 주창자들은 자녀 탄생 등 개인의 삶의 중요한 전환기 혹은 기술의 변혁 등 사회 환경의 변환기에 새로운 경험과 기술에 노출될 때 홍미의 변화가 생길 수 있다고 생각한다. 물론 그들은 여전히 자기효능감과 결과기대가 새로운 경험과 기술에의 단순한 노출보다 홍미에 더 직접적인 영향을 미친다고 믿는다. SCCT에서는 이처럼 진로홍미발달을 전 생애적 관점에서 봄으로써 일생 동안 진로발달이 이루어진다는 Super(1980)의 생각에 동의한다. 그러나 Super가 진로발달이 고유한 발달과업을 가진 단계를 거친다고 한 것과는 달리 SCCT는 진로홍미발달을 계속되는 학습경험에 의한 연속적 개념으로 보고 있다.

SCCT는 홍미가 단순히 자기효능감이나 결과기대에 의해서만 형성된다고 생각하지 않는다. 홍미발달모형이 확장된 선택모형([그림 8-2] 참조)을 보면 알 수 있듯이 SCCT는 자기효능감과 결과기대의 근원으로서 학습경험이 개인적 배경과 환경적 배경에 의해 제한받는다고 설명한다. 유교적 가문에서 태어나 한 번도 부엌에 들어가 본 경험이 없는 소년은 요리사로서의 자기효능감을 키우거나 혹은 요리사가 되었을 때 가족들이 함께 기뻐해 줄 것이란 기대를 할 수는 없을 것이고 따라서 음식 만들기에 대한 홍미를 형성하는 것이 어려울 것이다. 그러나 요리에 대한 타고난 재능이 있고 청소년기에 친구들과 함께 간 캠핑에서 우연히 요리할 기회를 얻어 만들어 본 음식에 대해 친구들의 칭찬을 들었을 때 소년은 음식 만들기에 대한 흥미를 형성할 수 있으며 이 흥미가 소년에게 요리사가 되고자 하는 목표를 가지게 하고 요리사로서의 수련의 길을 선택하는 것으로 이어질 수 있다.

2) 선택모형

선택모형은 진로흥미발달이 진로와 관련된 선택으로 이어지는 과정을 설명하고 있다. 그리고 개인변인, 맥락변인이 진로관련 선택에 직·간접적으로 영향을 미치고 있음을 보여 준다([그림 8-2] 참조). 즉, 선택모형은 흥미발달과 함께 기본적으로 개인의 진로선택에 관련된 목표 선택, 활동 선택, 미래 직업 선택의 문제를 설명한다. 이 모형은 크게 세 부분으로 나눌 수 있는데 첫 부분은 흥미발달, 두 번째는 진로관련 목표의 형성 그리고 세 번째 부분은 이 목표를 달성하기 위한 실행과 실제 성취다.

흥미발달모형에서 이미 설명했던 것처럼, 선택모형에서 개인변인과 배

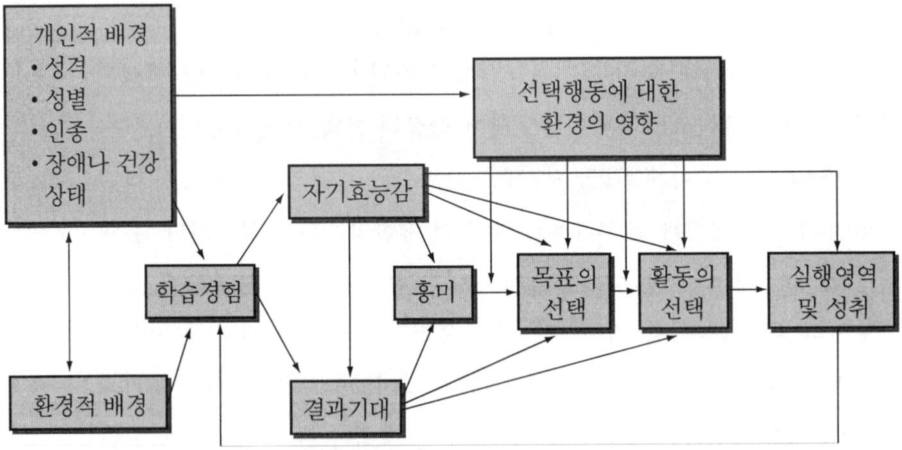

[그림 8-2] 사회인지진로이론에서의 선택모형

출처: Lent, Brown, & Heckett, 2002.

경맥락변인은 자기효능감과 결과기대를 설명하는 학습경험의 범위에 영향을 미친다. 각 개인은 직접학습과 대리학습을 통해 특정 영역의 경험에 대한 차별적 강화와 처벌을 경험한다. 차별적 강화와 처벌의 반복은 개인의 특정 영역에 대한 경험을 누적시키거나 포기하게 한다. 이를 통해 각 개인은 특정 영역에 대한 기술을 개발하고 궁극적으로 해당 영역에 대한 자기효능감과 결과기대를 형성한다. 개인이 특정 영역에서의 기술에 자신감을 가지며(자기효능감), 그 영역에서의 성취가 중요한 가치를 두고 있는 강화물을 얻을 수 있다고 믿을 때(결과기대), 이것은 특정 영역과 관련된 진로흥미의 발달에 직접 영향을 준다.

특정 영역에 대해 향상된 흥미와 자기효능감, 결과기대는 해당 영역의 활동에 계속 참여하고자 하는 의도를 증가시키고 활동의 내용도 좀 더 높은 수준의 것을 선택하게 한다(목표 형성). 예를 들어, 수학에 대한 자기효능감과 결과기대의 향상 그리고 이로 인한 흥미의 증가는 중학교 학생이 더 다양한 수학 과목을 수강하게 하며 보다 높은 수준의 내용을 공부하게 할 것이다. 개인은 자신이 설정한 목표에 따라 무엇을 해야 할지 결정하고 행동에 옮기게 된다(실행). 즉, 고등 수학을 공부하고자 결심한 중학생은 대학에서 개설하는 영재 수학 교실에 참여하거나 대학의 수학 교재를 구입해 문제 풀이 연습을 하고 새로운 논문을 읽을 것이다. 이렇게 자신이 세운 목표를 얻기 위해 필요한 행동을 실천에 옮긴 개인은 자신의 수행에 따른 결과(실제 성취)를 얻을 것이다.

진로흥미가 진로목표와 실천으로 이어지는 것이 바람직하다고 생각되지만, 실제로 개인의 흥미 영역이 진로 목표와 실천으로 이어지지 않는 경우도 적지 않다. SCCT는 이 이유를 근접맥락변인이란 개념을 통해 설명하고 있다. 예컨대, 개인이 비록 특정 영역에서의 흥미를 형성하더라도 진로를 선택할 당시의 경제적 상황이 침체기여서 해당 영역에서 원하는 일자리가 제공되지 않는다든지 혹은 부모가 취미로서 해당 활동에 참여하는 것에 대해서는 반대하지 않지만 해당 영역에서의 직업을 추구하는 것은 반대할 수도 있다. 즉, 개인의 흥미가 자유롭게 진로목표와 실천으로 연결될 수 있는 최적의 환경(맥락)에서 개인의 흥미가 진로목표와 실천으로 이어질 가능성이 높아지는 것이다. 이런 점에서 SCCT는 개인이 자유롭게 자신의 흥미와 일치하는 환경을 찾아가기 위해서 이를 위한 최적의 우호적 조건이 필요하다는 Holland(1997)의 견해와 일치한다. 그러나 흥미와 실천 사이에 Bandura가 제안한 인지적 변인인 목표라는 매개변인을 두고 있다는 점, 그리고 또 다른 인지적 변인인 자기효능감, 결과기대가 목표와 함께 실천에 영향을 준다는 점에 주목하고 있는 것에서 주로 개인변인으로서의 흥미와 환경 요인의 일치를 강조하고 있는 Holland 이론과는 차이를 보인다.

SCCT에서 흥미가 진로목표나 실천으로 이어지기 어렵게 만드는 근접맥락변인을 설명하면서 등장한 개념 중 하나가 진로장벽이다. 진로장벽은 전통적으로 진로목표의 성취를 가로막는 개인적, 환경적 요인들을 포괄적으로 일컫는 개념이지만(공윤정, 2005), 사회인지이론에서는 주로 환경 요인 중에서도 주로 근접맥락변인에서의 방해 요인을 말한다고 할 수 있다. SCCT는 선택모형을 통해 진로장벽이 흥미를 목표나 실천으로 전환시키는 개인의 의지나 능력에 부정적으로 작용하며 이에 대처하는 개입이 개인의 진로선택의 폭을 넓히는 데 필요하다고 말하고 있다.

3) 수행모형

수행모형은 개인의 수행수준과 수행의 지속성을 설명하기 위해 능력, 자기효능감, 결과기대 그리고 목표라는 요인을 포함하고 있다([그림 8-3] 참조). 능력은 주로 개인의 과거 수행수준에 의해 파악할 수 있는데, 개인의 수행수준과 수행의 지속성에 직접 영향을 주기도 하고, 자기효능감 등 인지적 변인들을 통해 간접적으로 영향을 미치기도 한다. 예를 들어, 수학에 재능이 있는 학생은 수학경시대회에서 좋은 성적을 거둘 가능성이

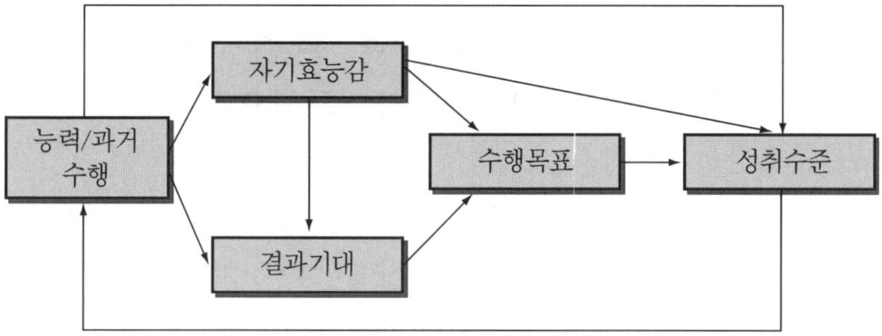

[그림 8-3] 사회인지진로이론에서의 수행모형

출처: Lent, Brown, & Heckett, 2002.

높지만(직접 영향), 자신의 재능에 대해 충분히 인식하지 못하고 있다면 (낮은 자기효능감) 높은 수학적 재능에도 불구하고 처음부터 수학경시대회에 참여하지 않거나 참여하더라도 좋은 성적을 거둘 가능성이 낮아진다 (간접 영향). 한편, 수행모형에 직접 나타나 있지는 않지만, 개인의 능력, 자기효능감 등의 형성에는 개인에게 학습경험을 제공하는 교사의 수준 등 환경맥락변인들의 역할이 크다는 것을 SCCT는 인정하고 있다.

수행모형에서의 목표는 선택모형에서의 목표와는 개념적으로 구분된다. 선택모형에서 목표란 '무엇(내용)'을 할 것인가와 관련되어 있지만, 수행모형에서의 목표는 '얼마나 잘(수준)' 할 것인가와 관련되어 있다. 물론 얼마나 어려운 내용을 선택할 것인가와 같이 내용과 수준을 완전히 구분하는 것은 어렵다. 수행수준 목표와 그 수준에 이르기까지의 하위 목표들이 명확하고 잘 조직되어 있을 때 높은 수준의 수행이 보다 용이해질 것이다.

5. 사회인지진로이론과 관련 연구: 한국에서의 연구동향을 중심으로

SCCT의 주창자들은 다양한 실증적 연구를 통해 SCCT의 타당성을 경험적으로 증명하려 애써 왔다. 많은 연구들이 주로 자기효능감과 학업, 진로에서의 흥미, 선택, 수행 간 의미 있는 관계가 있음을 보여 주었다. 결과기대와 관련된 연구들도 역시 흥미, 선택, 수행과의 연관을 보여 주었으나 자기효능감 관련 연구만큼 많은 연구가 이루어지지는 않은 듯하다. 또한 학업, 진로와 관련된 자기효능감, 결과기대 등에 있어 성차는 남성과 여성이 서로 다른 영역에서 경력을 추구하는 경향성을 설명하고 있다. SCCT 안에서 성차에 대한 연구는 여성이 경험하는 진로장벽과 관련하여 많은 시사점을 주고 있다.

SCCT에 포함된 다양한 변인들 간의 관계를 살펴본 연구들은 한국에서도 적지 않다. SCCT 수행모형에서 알 수 있듯 맥락요인들은 SCCT에 포함된 다른 요인들 간의 관계에 중재변인으로서의 역할을 하기 때문에 SCCT에 기반한 진로상담이 한국에서 이루어지기 위해서는 먼저 SCCT가 한국 문화의 맥락에서 진로발달 혹은 진로결정을 잘 설명하고 있는지에 대한 검증이 선행되어야 할 것이다. SCCT와 관련하여 한국에서 이루어진 몇몇 연구들을 살펴보면 미국에서처럼 주로 진로자기효능감을 중심으로 연구가 수행되었음을 알 수 있다. 이와 함께 성과 진로장벽에 관련된 연구들도 활발하게 이루어지고 있다. 또한 집단진로상담 프로그램이 학업 및 진로자기효능감을 향상시키는지를 확인하는 연구들도 함께 수행되었다.

먼저 개인 및 환경변인들이 학업 및 진로와 관련된 자기효능감에 영향을 미치는지, 혹은 자기효능감이 흥미나 성취 등의 변량을 얼마나 설명하는지에 대해 한국의 연구자들은 관심을 가졌다. 김수겸(2005)은 특정 영역에서의 성공경험이 해당 영역에서의 자기효능감에 영향을 미치고 다시 이 자기효능감이 수행에서의 성취에 영향을 미침을 보임으로써 SCCT에서의 순환적 경로를 부분적으로 검증하였다. 최옥현과 김봉환(2007)은 진로준비행동 중에서 진로탐색이란 개념에 관심을 가지고 개인변인인 애착관계 및 애착유형이 진로탐색효능감에 미치는 영향을 살펴보았다. 양진희와 김봉환(2008)은 여대생을 대상으로 한 연구에서 독립성, 진로정체감, 진로결정자기효능감과 진로준비행동 간의 관계가 유의미함을 보였다. 한편, 유나현, 박용두, 이기학(2007)은 SCCT에 기초하여 예술형 진로에서 성역할정체감, 자기효능감, 흥미, 진로선택 간의 관계모형을 만들고 서로 비교하였다. 그들은 자기효능감이 흥미의 원인인 연구모형과 흥미가 효능감의 원인인 대안모형의 적합성을 비교하였는데 SCCT의 설명을 따른 연구모형이 더 적합함을 보였다. 이처럼 한국에서는 개인 및 개인을 둘러싼 환경과 자기효능감, 자기효능감과 수행 간의 관계를 살핀 연구들이 이루어졌으나 SCCT에서 다루고 있는 결과기대나 목표와 같은 다른 인지적 변인들에 대한 연구들은 미국에서와 마찬가지로 크게 부족하다.

SCCT가 미국에서 여성의 진로발달에 대한 관심(Hackett & Betz, 1981)으로부터 시작되었듯이 한국에서도 유사한 맥락에서 여성의 학업 및 진로발달에 대한 연구가 다수 이루어졌다. 양은주와 한종철(1999)은 여성의 진로결정수준과 관련하여 남성과 다른 여성의 독특한 개인변인이 중요한 역할을 할 것이라고 가정하고 이 개인변인으로서 다중역할계획이란 개념에 주목하였다. 가정과 직업 간의 다중역할이 주로 여성에게 요구된다고 전제할 때 이 연구는 내면화된 여성 성역할과 진로결정수준과의 관계를 살핀 것이라고 할 수 있으며 이 연구에서는 다중역할에 대한 지식이 많을 때 진로결정수준이 높아졌다. 또한 여대생들은 남성우세직업에 대한 효능감이 높을수록 진로결정수준이 높아지고, 여성우세직업에 대한 효능감이 높을수록 진로결정수준이 낮아지는 것으로 나타났는데 이는 여성차별적인 직업시장의 현실을 반영한 것으로 해석되었다. 양난미(2008)는 중학생을 대상으로 성역할 고정관념, 진로효능감, 진로포부 간의 관계를 탐색하였다. 남학생의 경우 성고정관념이 진로효능감과 진로포부에 미치는 영향력은 큰 의미가 없었으나, 여학생의 경우는 성고정관념과 진로포부와의 관계를 진로효능감이 매개하고 있었다. 이 결과로부터 양난미는 여학생을 대상으로 진로상담을 제공할 때 성고정관념에서 벗어난 진로선택이 가능하도록 조력하는 것이 중요하다고 제안하고 있다.

여성의 진로발달과 관련하여 중요한 개념이 진로장벽이다. 한국에서도 한국의 문화를 반영한 여성의 진로장벽 요인들이 개념화되고 척도들이 개발되었다(손은령, 2001; 황매향, 이은설, 유성경, 2005). 이종희와 김진숙(2003)은 학업과 관련하여 여고생이 지각하는 진학장벽이 무엇인지를 개념화하였다. 이 척도들을 활용하여 한국의 여성이 지각하는 진로장벽이 실제 진로발달에 부정적 영향을 끼치는지를 확인하는 연구들이 수행되었다(손은령, 2001; 이현림, 김순미, 2007). 다만 한국에서 개발된 진로장벽척도들은 SCCT에서 개념화하고 있는 맥락요인으로서의 진로장벽만을 포함하는 것이 아니라 개인의 심리적 진로장벽까지 포함하고 있다.

다양한 측면에서의 실증적 연구들을 통해 한국의 청소년 및 대학생의 진로자기효능감에 영향을 미치는 변인들과 진로장벽에 포함될 요인들이 확인되어 왔다. 이를 바탕으로 상담실무에서 진로장벽을 극복하고 진로자기효능감을 향상시킬 목적의 집단 프로그램들이 개발되었고 그 효과성이 검증되었다(김봉환, 2007; 이정애, 최웅용, 2008; 정희영, 김순미, 이현림, 2008). 한편, 학업적 자기효능감을 향상시키려는 프로그램도 이 같은 노력에 포함된다(유나현, 정영희, 이세용, 이기학, 2007).

지금까지 한국에서의 SCCT 관련 연구들을 살펴보면 이론을 검증하는 연구이든 이론을 상담실제에 실천하는 연구이든 주로 진로 및 학업과 관련한 자기효능감이란 개념을 중심으로 이루어져 왔음을 알 수 있다. 그러나 SCCT 모형이 내포하고 있는 세 가지 인지적 변인 중 결과기대나 목표에 대한 연구는 찾아보기 어렵다. 또한 SCCT의 수행모형들을 보면 다수의 선행변인들에 의해 궁극적으로 진로와 관련하여 얼마나 성취할 것인가가 관심의 대상인데 이와 관련한 연구는 학업 혹은 진로결정수준에 집중되어 있으며 직업영역에서의 만족감이나 성취수준에 대한 연구는 제한적이다. 한편, SCCT가 여성의 진로발달 연구에 그 뿌리를 두고 있기 때문에 한국에서도 SCCT를 여성의 진로발달 연구에 주로 적용해 온 것은 피할 수 없는 결과다. 하지만 성과 관련한 차별이 점차 축소되어 가고 다른 한편으로는 성과 관련한 고정관념이 남성에게 더 많이 나타나는 현상은 남성의 진로발달과 관련한 연구의 필요성을 보여 준다(김지현, 2003). 진로장벽과 관련한 연구에서도 진로결정 등의 종속변인과 진로장벽 간의 직접적 관계를 주로 탐색하였는데 SCCT의 선택모형에서 볼 수 있듯이 진로장벽은 근접맥락변인으로서 중재변인의 역할을 할 수도 있으나 이에 대한 연구는 흔치 않다. 따라서 앞으로 한국에서의 SCCT 관련 연구들은 이처럼 지금까지 소외되었던 측면에 더 많이 주목하여야 SCCT 모형이 전체적으로 한국 현실과 문화에 적합한지를 검증할 수 있을 것이다.

6. 사회인지진로이론과 진로상담: 한국 진로상담에의 적용을 중심으로

SCCT는 진로상담에서 주목해야 할 개인변인으로 능력, 가치관, 흥미뿐 아니라 자기효능감, 결과기대, 목표와 같은 인지적 변인의 중요성을 강조하고 있다. SCCT가 제안하는 모형들에 의하면 개인의 진로선택에 직접적인 영향을 주는 것은 실질적인 능력, 가치관, 흥미라기보다는 이와 관련된 인지적 변인들이기 때문이다. 따라서 SCCT를 기반으로 한 진로상담은 현실에 근거하여 이 인지적 변인들을 바람직하게 변화시킬 수 있는 경험을 제공하고 이러한 자기효능감, 결과기대, 목표가 실질적인 진로선택행동으로 이어지도록 맥락적 변인들을 우호적으로 최적화하는 데 초점이 맞추어진다. SCCT는 진로상담뿐 아니라 학업 발달과 관련된 상담에도 적용된다.

1) 진로대안 확대: 자신과 직업에 대한 이해

일반적으로 진로상담이란 진로를 선택하게 하는 것, 즉 진로대안의 수를 줄여 나가는 과정이라고 생각하여 왔다. 그러나 SCCT에서의 진로상담은 상담 초기에 오히려 진로대안의 수를 확장하려는 경향이 있다. 왜곡된 자기효능감, 결과기대, 목표에 의해 제외시켰던 진로대안들을 다시 고려하고 이와 관련한 자기효능감 등을 바로잡고자 하기 때문이다. 진로대안의 확대는 특히 한국의 청소년 내담자에게 중요한 의미를 가진다. 미국 청소년의 경우 진로대안영역이 발달단계에 따라 꾸준히 감소하여 가지만, 한국 청소년의 경우 초등학교, 중학교, 고등학교를 거치면서 진로대안영역이 꾸준히 감소하다가 대학생이 되면 다시 넓어지는 경향을 보인다(Hwang, Kim, Ryu, & Heppner, 2006). 이는 아시아적 집단문화 속에서 특히 한국 부모들이 자녀의 진로선택에 대해 큰 영향을 미쳐 한국 청소년들이 진로와 관련하여 일종의 정체감유실 상태에 있기 때문으로 생각된다. 따라서 한국 청소년들을 위한 진로지도 혹은 진로상담에서는 새로운 진로영역의 탐색이 요구된다.

한국의 부모들이 기대하는 자녀의 진로는 '전문직'이다. 그 이유는 한국 부모들이 직업을 평가하는 중요한 가치, 즉 소득, 지위와 안정성을 전문직이 만족시킬 것이라고 생각하기 때문이다. 그리고 직업이 높은 소득, 지위와 안정성을 제공할 때 자녀들의 삶의 만족도가 높을 것이라고 부모들은 확신한다. 소득, 지위, 안정성이라는 가치는 그대로 자녀들에게 강요되고 이 기준을 모두 만족시키는 몇 가지의 직업을 획득하는 데 용이한 전공과 대학에 진학하는 것이 청소년기 삶의 목적이 된다. 문제는 SCCT 모형에서 보듯 자기효능감이나 결과기대에 영향을 미치는 요인이 여러 가지이며 개인에 따라 다르고 그 결과 삶의 만족을 주는 경험들도 서로 다를 수밖에 없음에도 불구하고, 많은 청소년들이 획일화된 진로목표를 성취하기 위해 같은 경험을 강요받고 공유하고 있음으로써 삶의 만족을 감소시키고 있다는 것이다. 이와 같은 획일성으로 인해 적지 않은 대학생들에게 대학에 입학한 후에야 다른 가치관 그리고 다양한 직업세계가 있다는 것을 깨닫게 한다. 그 결과 한국의 대학생들은 미국 대학생들이 아동기와 청소년기를 통해 경험한 진로발달과정을 대학생활 동안 압축하여 경험하게 되고 이 과정에서 다소간의 부작용을 경험하게 된다.

SCCT를 적용한 상담의 초기에 필요한 과정은 역설적이지만 전통적 진로상담에서 강조한 과정들, 즉 자신에 대한 이해와 직업정보의 탐색이다. 전통적 진로상담에서 자신에 대한 이해와 직업정보의 탐색은 자신의 특성에 부합하지 않는 진로대안영역을 제거해 나가는 과정이지만 SCCT를 적용한 상담의 초기에 이루어지는 자신에 대한 이해와 직업정보의 탐색은 내담자가 지금까지 미처 고려하지 못했던 자신의 가치관, 흥미, 재능을 깨닫게 하고 합리적인 목표 설정과 과업 수행에 의해 개인에게 적합한 진로대안영역을 확장해 나가게 하는 것이다. 이때 상담자와 내담자는 모두 당황하기도 한다. 내담자는 진로를 선택하는 데 도움을 얻기 위해, 즉 진로대안영역을 축소하기 위해 진로상담실을 찾았고 상담자는 내담자의 특성에 적합한 몇 개의 진로대안을 제공하는 진로상담에 익숙하기 때문이다. 내담자와 상담자는 진로대안영역의 확대가 궁극적으로는 진로대안영역의 축소 과정으로 가기 위한 선행과정이라는 점을 이해할 때 진로대안영역 확대라는 현상에 대한 저항을 피할 수 있을 것이다. 이렇게 확대된 진로대안영역을 대상으로 다시 상담자와 내담자는 개인이 현실적으로 수용할 수 있는 진로영역을 선택하게 되는데, 한국의 청소년 내담자를 대상으로 SCCT를 적용한 진로상담에서 진로가치의 확대가 이루어졌다면, 진로대안영역의 축소 과정에서는 Gottfredson(1981)이 제안한 가치타협이론이 적용될 수 있을 것이다.

2) 자기효능감 강화

SCCT의 핵심개념으로서 자기효능감은 연구에서뿐 아니라 진로상담의 실제에서도 많은 관심을 받고 있다. 많은 진로집단 프로그램의 내용을 살펴보면 청소년의 진로자기효능감 향상을 위한 내용을 포함하고 있다. 예를 들어, 진로상담에서 흥미 있는 직업탐색의 경험은 이후 내담자가 독립적으로 직업탐색 활동을 할 때 자기효능감의 원천으로서의 역할을 할 것이다. 성역할정체감 등 개인 요인의 변화를 가져오는 프로그램이나 상담도 특정 직업 영역에서의 자기효능감 변화에 기여할 것이다. 이처럼 내담자 자신의 활동 참여와 변화를 통해 진로와 관련된 인지적 요인을 변화시키고 궁극적으로 개인이 행복을 누릴 수 있는 직업을 선택할 수 있도록 조력하는 것은 진로상담자의 기본 책무다.

자기효능감을 향상시키는 데 있어 개인의 성공경험이 가장 직접적인 영향을 미친다는 것은 이미 Bandura(1986)에 의해 기술되었지만 이에 못지않게 중요한 요인이 아동과 청소년들이 매일 접하는 주요 타자의 강화다. 엄친아(엄마 친구 아들), 엄친딸(엄마 친구 딸)이란 말은 한국의 아동·청소년들이 얼마나 자주 다른 아동·청소년과 비교당하며 살고 있는지를 보여 주는 증거라고 생각된다. 한국의 아동·청소년은 언제나 완벽한 '엄친아' 와 '엄친딸' 에 주눅 들고, 칭찬보다는 꾸중을 가까이 하며 살아간다. 이와 같은 상황에서는 어떤 영역에서든 한국의 아동·청소년들이 긍정적 자기효능감을 형성하기를 바라기 어렵다. 따라서 진로상담자는 진로를 선택해야 하는 내담자에게 진로상담을 제공할 뿐 아니라 한국의 부모와 교사가 아동·청소년들 혹은 많은 잠재적 진로상담 내담자들에게 꾸중보다는 칭찬을 할 수 있도록 촉진하는 부모교육, 교사교육 프로그램을 구성 보급할 필요가 있다. 이는 자기효능감 향상을 위한 맥락변인의 변화에 해당할 것이다.

3) 진로장벽 등 맥락요인에 대한 문화적 접근

자기효능감 강화와 관련하여 부모와 교사 등 개인을 둘러싼 환경의 중요성에 대해 언급하였지만, 이외에도 개인의 바람직한 진로발달을 촉진하거나 저해하는 환경요인은 다양하다. 상담자는 내담자로 하여금 이와 같은 환경 조건에 대해 직면하고 이를 극복하거나 이용할 수 있는 의지를 키우도록 조력하여야 한다. 환경 조건은 경기 침체와 같이 대부분의 사람들에게 영향을 미치는 경우와 성이나 인종 등에 의해 제한된 집단에게 주로 영향을 미치는 경우로 나눌 수도 있다. 이 중 특히 문제가 되는 진로장벽은 주로 특정 집단에게 부정적 영향을 주는 사회적 편견과 같은 환경 조건이다.

한국의 경우 여성은 전통적인 남성우세직업에서 능력을 발휘하지 못한다는 편견을 극복해 가고 있으나 여전히 많은 직업에서 이 같은 편견은 여성의 진로발달에 부정적 영향을 주고 있다. 여성은 남성우세직업과 관련된 경험을 제한받고 있으며, 관련된 자기효능감과 결과기대를 향상시켜 직업흥미를 개발하여도 편견에 굴복하여 연관된 진로목표를 형성하지 못하거나 혹은 준비행동으로 옮겨지지 않는 경우가 적지 않다. 따라서 단순히 관련된 경험을 통한 자기효능감의 향상뿐 아니라, 이로 인해 개발된 흥미가 진로목표와 준비행동으로 연결되도록 이 단계에서의 상담자의 적극적인 인지적 설득이 필요하다.

인종 혹은 민족과 관련한 진로장벽은 한국에서 아직 관심 분야가 아니다. 그러나 다문화 가정과 이주 노동자의 증가는 앞으로 한국에서도 인종과 민족 문제가 개인의 진로발달의 맥락요인으로 작용할 가능성을 높이고 있다. 상담자는 사회적 소수자들에 대한 편견을 극복하고 그들이 처한 환경 조건에 대한 인식을 충분히 하여 상담자의 편견이 내담자의 진로발달을 가로막지 않도록 해야 한다.

4) 진로행동

SCCT는 자기효능감과 같은 인지적 변인들의 중요성을 강조하고 있지만, SCCT가 제안한 모형들에서도 분명히 나타났듯이 SCCT를 기반한 상담의 궁극적 목적은 진로과업을 수행하고 선택한 직업을 성취하는 것이다. 따라서 상담자는 내담자가 직업과 관련한 충분한 정보를 탐색하고, 특히 해당 직업에 진입하기 위해 무엇을 해야 하는지를 잘 인식할 수 있도록 도와야 한다. 여기서 한 걸음 더 나아가 상담자는 내담자로 하여금 그 행동을 실천에 옮기도록 조력해야 할 것이다. 이 과정에서 상담자는 내담자의 개인변인뿐 아니라 내담자의 진로행동을 촉진하거나 저해하는 내담자를 둘러싼 맥락변인에 대해 인식하고 이를 이용하거나 극복할 방안을 함께 찾아 나가야 한다. 특히 한국의 청소년들은 진로행동을 실천할 기회를 갖기 어려운 경우가 많은데 현장 방문 프로그램, 가상 체험 프로그램 등을 구성, 제공하여 실질적 진로준비행동을 할 환경을 조성하는 것은 학교 진로상담자의 중요한 과업이라 할 수 있다. 마지막으로 내담자의 성과에 대해 평가하고, 만약 만족스럽지 못한 결과를 얻었다면, 이것이 개인의 자기효능감이나 결과기대에 부정적 영향을 미치지 않도록 하여야 한다.

❑❑ 요 약

사회인지진로이론(Social Cognitive Career Theory: SCCT)은 Bandura의 사회인지이론, Hackett와 Betz의 여성진로발달연구 그리고 Krumboltz의 사회학습진로이론의 영향을 받아 형성되었다. SCCT의 주요 구인은 자기효능감, 결과기대, 목표, 개인변인과 환경변인이며, 이 중 자기효능감이 가장 큰 주목을 받았다. 자기효능감이란 특정 과업을 수행할 수 있는 개인 능력에 대한 신념을 말한다. 결과기대는 특정 과업을 수행했을 때 자신과 타인에게 일어날 일에 대한 믿음이다. 목표는 환경에 대해 수동적으로 반응하는 인간이 아닌 행동의 주체로서의 인간을 설명한다.

SCCT는 다양한 진로관련 변인들이 서로 영향을 주고받는 이론적 경로를 규명하고자 하였다. SCCT의 흥미발달모형은 흥미가 자기효능감과 결과기대에 의해 직접 설명된다고 가정한다. 선택모형은 진로선택이 자기효능감, 결과기대, 흥미뿐 아니라 개인 및 환경변인의 직·간접적 영향을 받는다고 설명하고 있다. 수행모형에서는 자기효능감, 결과기대, 수행목표가 수행수준과 지속성을 설명한다.

SCCT는 미국에서 처음 제안되어 미국 문화에서 적합성이 검증된 이론이지만, 한국에서의 다양한 경험적 연구를 통해 한국 사회의 문화에서도 그 적합성이 인정받고 있다. SCCT는 한국에서의 진로상담 실제에 많은 시사점을 주고 있다. 특히 SCCT는 진로대안의 축소뿐 아니라 확대에도 관심이 많은데, 이는 치열한 입시 등의 환경과 제한된 경험 등에 의해 진로대안영역이 부당하게 축소된 한국 청소년 및 대학생들에게 시사하는 바가 크다.

참고문헌

공윤정(2005). 진로장벽: 이론적 고찰 및 상담 실제에의 적용. **상담학연구**, 6. 861-874.

김봉환(2007). 집단진로상담프로그램이 여대생의 진로장벽 지각 및 진로결정효능감에 미치는 효과. **상담학연구**, 8, 1453-1466.

김수겸(2005). 성취목표성향과 자기효능감에 따른 성/패 경험이 초등학생의 운동수행 및 사후 자기효능감에 미치는 영향. **한국스포츠리서치**, 16, 509-518.

김지현(2003). 여성지배적 전공 남자대학생의 성역할, 성역할갈등과 진로미결정 및 진로정체감. **진로교육연구**, 16, 1-14.

손은령(2001). 여자대학생이 지각한 진로장벽과 진로결정. **상담학연구**, 2, 251-262.

양난미(2008). 중학생의 성역할고정관념과 진로포부의 관계에서 진로효능감의 매개효과 연구. **상담학연구**, 9, 537-550.

양은주, 한종철(1999). 여대생의 진로결정에 영향을 미치는 심리적 변인 연구. **한국심리학회지: 상담과 심리치료**, 11, 79-94.

양진희, 김봉환(2008). 여대생의 심리적 독립, 진로정체감, 진로결정자기효능감이 진로준비행동에 미치는 영향. 진로교육연구, 21, 57-72.

유나현, 박용두, 이기학(2007). 사회인지진로모형을 통한 Holland 예술형 직업선택과 성역할 정체감과의 관계 연구. 한국심리학회지: 여성, 12, 361-375.

유나현, 정영희, 이세용, 이기학(2007). 저소득층 중학생을 위한 방과 후 프로그램 효과성 평가. 한국심리학회지: 학교, 4, 41-53.

이정애, 최웅용(2008). 진로가치명료화프로그램이 대학생의 진로정체감, 진로결정수준, 진로결정 자기효능감 및 진로성숙에 미치는 영향. 상담학연구, 9, 129-146.

이종희, 김진숙(2003). 일반계 여고생이 지각한 진학장벽. 상담학연구, 4, 773-788.

이현림, 김순미(2007). 여고생이 지각하는 진학장벽과 진로신화가 진로발달에 미치는 영향. 진로교육연구, 20, 55-72.

정희영, 김순미, 이현림(2008). 진로집단상담이 중학생의 자아정체감과 진로결정 효능감에 미치는 효과. 진로교육연구, 21, 19-38.

최옥현, 김봉환(2007). 대학생의 애착관계 및 유형과 진로탐색효능감이 진로발달에 미치는 영향. 상담학연구, 8, 1063-1084.

황매향, 이은설, 유성경(2005). 청소년용 여성 진로장벽 척도의 개발 및 구인타당도 검증. 상담학연구, 6, 1250-1223.

Bandura, A. (1982). The self and mechanisms of agency. In J. Suls (Ed.), *Psychological perspectives on the self* (pp. 3-39). NJ: Erlbaum.

Bandura, A. (1986). *Social foundations of thought and action: A cocial cognitive theory*. NJ: Prentice Hall.

Betz, N. E., & Hackett, G. (1981). The relationship of career-related self-efficacy expectations to perceived career option in college women and men. *Journal of Counseling Psychology, 28,* 399-410.

Gottfredson, L. S. (1981). Circumscription and compromise: A developmental theory of occupational aspirations. *Journal of Counseling Psychology, 28,* 545-579.

Hackett, G., & Betz, N. E. (1981). A self-efficacy approach to the career development of women. *Journal of Vocational Behavior, 18,* 326-336.

Hackett, G., & Lent, R. W. (1992). Theoretical advances and current inquiry in career psychology. In S. D. Brown & R. W. Lent (Eds.), *Handbook of counseling psychology* (2nd ed., pp. 419–451). NY: Wiley.

Holland, J. L. (1997). *Making vocational choices* (3rd ed.). FL: Psychological Assessment Resources.

Hwang, M., Kim, J., Ryu, J., & Heppner, M. J. (2006). The circumscription process of career aspirations in South Korean Adolesents. *Asia Pacific Education Review, 7,* 133–143.

Krumboltz, J. D. (1979). A social learning theory of career decision making. In A. M. Mitchell, C. B Jones, & J. D. Krumboltz (Eds.), *Social learning and career decision making* (pp. 19–49). RI: Carroll.

Lent, R. W., Brown, S. D., & Hackett, G. (1994). Toward a unifying social cognitive theory of career and academic interest, choice, and performance. *Journal of Vocational Behavior, 45,* 79–122.

Lent, R. W., Brown, S. D., & Hackett, G. (2002). Social cognitive career theory. In D. Brown & Associates, *Career choice and development* (4th ed., pp. 255–311). San Francisco: Jossey-Bass.

Osipow, S. H. (1990). Convergence in theories of career choice and development: Review and prospect. *Journal of Vocational Behavior, 36,* 122–131.

Super, D. E. (1980). A life-span, Life-space approach to career development. *Journal of Vocational Behavior, 13,* 289–298.

제9장

진로의사결정이론

1. 이론의 개관

진로의사결정이론이란 개인의 진로결정 과정과 방법, 그리고 진로결정에 영향을 미치는 요인을 설명하고자 하는 이론을 말한다. 진로의사결정이론을 토대로 한 상담연구는 개인이 합리적이고 효과적인 결정을 내리기 위해 따라야 하는 과정은 무엇이고, 진로결정에 어려움을 갖고 있다면 그 원인은 무엇이며, 진로결정의 어려움을 지닌 개인을 돕는 데 어떤 점을 고려해야 하는가와 같은 주제를 다루어 왔다(고향자, 1993).

Chartrand와 Camp(1991)는 약 20년간의 진로발달 관련 문헌을 고찰하면서 진로의사결정에 관한 연구의 경향을 크게 세 가지로 언급하였다. 첫 번째 연구동향은 고전적 의사결정이론에 기초한 의사결정 모형에 관한 연구들(Janis & Mann, 1977; Vroom, 1964)이고, 둘째는 일련의 발달적 관점에서 진로의사결정을 기술하는 발달적 접근(Gelatt, 1962; Harren, 1979; Jepsen & Dilley, 1974; Mitchell & Krumboltz, 1984)이며, 세 번째 연구동향은 진로의사결정에서의 개인차를 밝히고자 하는 연구(Holland & Holland,

1977; Johnson, 1978; Salomone, 1982)다.

이 장에서는 진로의사결정에서의 개인차, 즉 진로의사결정 유형과 진로결정수준에 관한 연구를 중심으로 하여 최근 경험적 연구들을 개관하고, 한국 내담자에 대한 적용 가능성을 탐색해 보고자 한다.

1) 진로의사결정의 개념

일반적으로 진로의사결정(career decision making)이란 "개인이 정보를 조직하고, 여러 가지 대안들을 신중하게 검토하여, 진로선택을 위한 행동과정에 전념하는 심리적인 과정(Harren, 1979)"으로 정의된다. 진로의사결정은 진로상담과 진로지도의 최종적인 결과로 나타나기 때문에 진로상담에 있어서는 매우 핵심적인 개념으로 자리 잡고 있다(김봉환, 정철영, 김병석, 2006).

진로의사결정과 비슷한 의미로 사용되는 '진로선택(career choice)'이라는 개념이 있다. 일반적으로 진로의사결정이 과정에 초점을 두는 개념이라면, 진로선택은 결과에 초점을 두는 개념이라 할 수 있다. 진로의사결정은 다양한 선택시점에서 개인이 의사결정을 내릴 때 사용하는 심리적 과정을 기술하거나 탐구하는 데 주안점을 두고 있는데, 진로의사결정을 위해 정보를 조직하고 대안을 고려하는 심리적 과정을 기술하거나 연구한다(Phillips & Pazienza, 1988). 즉, 진로의사결정 연구는 진로발달의 미량분석(microanalysis)이라고 할 수 있다. 이것은 개인의 특정 진로선택에 대한 전체과정을 설명하고 있는 진로발달이론들과 다르게 직업이 선택되는 구체적인 과정과 그 선택에 영향을 미치는 선행요소(antecedents)를 설명하는 데 초점을 맞춘다는 점에서 구별된다(선혜연, 2008; Phillips & Pazienza, 1988).

2) 진로의사결정수준 이론

진로상담이나 교육의 최종적인 성과물은 진로결정의 형태로 나타나기 때문에 진로의사결정은 상담자와 연구자의 핵심 관심주제가 된다. 하지만 진로결정이 어느 한순간에 이루어지는 것이 아니고 결정된 것이라 하더라도 변경 가능하므로 진로결정이란 하나의 사건이라기보다는 '선택자에 대한 확신의 정도'로 보아야 한다는 관점이 제기되었다. 이러한 관점에서 '진로결정수준'이라는 개념이 제안되었는데, 진로결정수준이란 '자신의 전공 및 직업의 선택과 관련된 확신의 정도'라고 볼 수 있다. 확신의 정도가 높은 상태를 '결정'이라고 보고 마찬가지로 확신의 정도가 낮은 상태를 '미결정'이라고 개념화해 왔다. 이런 개념에서는 진로의 결정과 미결정을 하나의 연속선상에 있는 특성으로 보는데, 진로의사결정에 대한 상담영역에서의 연구는 진로의사결정이 이루어지지 않은 상태로서의 '미결정'에 관심을 두고 이루어져 왔다고 해도 과언이 아니다.

발달적인 관점에서 진로미결정은 직업을 결정하는 발달의 정상적인 과정에 존재하는 '아직 결정에 이르지 않은' 상태를 의미한다. 이들 '발달적인 미결정자들'은 정보가 부족하거나 의사결정능력이 부족하여 아직 결정을 못했거나 결정에 몰입하지 못하고 있는 개인일 수 있다. 반면, 발달과정에 있는 진로미결정자와는 달리 성격적인 특성에서, 우유부단한 성격특성을 동반하여 만성적인 미결정 상태에 남아 있는 진로미결정자들이 있다. 이들은 '우유부단함'이라는 성격특성 때문에 시간이 지나거나 정보가 제공되더라도 여전히 의사결정을 하지 못하는 이들로 보인다.

진로미결정과 관련한 연구들에서는 '구체적으로 진로를 결정하지 못한 사람'과 성격적으로 결단성이 부족한 사람을 구분하고 있다. '발달적인 미결정자'는 아직 구체적으로 진로를 결정하지 못한 사람들이지만 이들의 미결정은 정상적이고 일시적인 것이며 발달단계에 따라 나아가는 중이라고 간주된다. 이들은 진로와 관련된 결정을 하는 데 있어서 자기 자신, 직업의 세계 및 의사결정과정에 대한 추가적인 정보를 얻을 때까지 결정의 과정을 연기한 사람으로 볼 수 있다. 반면, '우유부단한 사람'은 성격적으로 결단성이 부족한 사람으로서, 진로와 관련된 결정뿐만 아니라 일상생활과 관련된 다양한 결정을 못하는 어떤 특성을 소유하고 있는 것으로 간주된다(Fuqua & Hartman, 1983; Harren, 1979). 즉, 진로결정수준 이론에서는 개인의 진로결정상태를 '진로결정'과 '진로미결정'으로 구분하고, 진로미결정은 미결정의 원인에 따라 정보부족으로 인한 진로미결정과 성격적인 원인으로 인한 진로미결정으로 구분하고 있다. 정보부족으로 인한 발달적 미결정은 결정하지 못한(undecided) 사람이라고 명명하였다. 또한 진로미결정은 물론 일반적인 결정상황에서 결정을 회피하려는 성격특성을 우유부단한 특성(indecision)으로 개념화하였다.

또한 미결정자들 중에는 미결정상태를 불편하게 여기고 결정에 이르고 싶어 하는 동기를 가진 이들과 그렇지 않은, 즉 미결정상태를 변화시키고자 하는 의지를 가지지 않은 편안한 미결정자 집단으로 분류하기도 한다. 최근에는 진로미결정의 개인을 동일하게 취급하는 것이 아니라 진로를 결정하지 못한 이유를 각기 밝히고, 서로 다른 하위집단으로 구분하여 유형화하는 데 관심이 집중되고 있다.

진로미결정을 측정하기 위해서 몇몇 도구들이 개발되어 사용되고 있다. 대표적인 것으로 진로결정척도(Career Decision Scale: CDS; Osipow, Carney, & Barak, 1976), 직업결정척도(Vocational Decision Scale; Jones & Chenery, 1980), 진로미결정척도(Career Decision Difficulties Questionnaire: CDDQ; Gati, Krausz, & Osipow, 1996) 등이 많이 활용되고 있다.

(1) 진로결정척도

이 도구는 내담자와의 면접을 통해 개발된 것으로 19개의 문항으로 구성되어 있으며, 진로미결정에 대해서 16개의 서로 구별되는 선행 요인들을 측정하도록 되어 있다. 이 도구는 전체적인 미결정 점수를 산출할 뿐만 아니라, 요인분석을 통해 추출해 낸, 구조와 확신의 부족, 접근-접근 갈등, 선호하는 선택에 대한 지각된 외적 장애물, 개인적 갈등이라는 진로미결정의 네 가지 원인을 진단하도록 되어 있다. 검사의 재검사 신뢰도는 .90 및 .82로 보고된 바 있다.

(2) 직업결정척도

이 도구는 진로결정성, 결정성 수준에 대한 편안함의 정도, 미결정에 대한 원인을 파악하기 위해서 개발되었다. 미결정의 원인을 자기 불확실성, 선택/일 중요성, 과도기적 자아 등으로 구분하였다. 이 척도는 후에 Career Decision Profiles(Jones, 1989)라는 이름으로 모습을 바꾸었는데 여기서는 결정한-편안한, 결정한-불편한, 결정하지 않은-편안한, 결정하지 않은-불편한으로 개인을 분류하였다. 미결정 이유에 대해서는 자기명료화의 부족, 직업에 대한 지식부족, 결단성 부족, 진로선택의 중요성을 들고 있다. 대부분의 진로미결정 측정 검사들은 진로미결정의 원인 혹은 진로미결정의 수준을 측정하는 것에 강조점을 두었다. 그러나 이 도구는 기존의 검사들과는 달리 진로미결정 요인을 불안 요인과 함께 측정하여 진로를 결정하지 못한 내담자들을 좀 더 명확하게 진단, 분류해 준다.

(3) 진로미결정척도

이 도구는 기존의 다른 진로미결정 측정도구들이 한두 가지 이론에 치우쳐 포괄적인 진로미결정 개념을 측정하지 못하거나 경험론적인 분류에만 초점을 두어 이론적인 연계 없이 개발되었던 단점을 보완하고자 개발되었다. 이 도구의 가장 큰 장점은 진로미결정에 대한 기존의 이론들과 경험적인 연구 업적들을 총괄하여 하나의 이론 분류체계를 만들고 이를 기반으로 문항을 제작하였다는 점이다. 이 도구는 위계적인 서열을 가지고 있으며 최상위에 진로결정에 대한 어려움, 그 하위에 세 가지 요인, 즉 준비의 부족, 정보의 부족, 정보에 대한 불일치 요인이 놓인다. 이 검사는 피검사자의 배경을 묻는 부분, 진로결정의 어려움을 묻는 세부 항목에 따른 44문항, 피검사자가 진로를 결정하는 데 있어 느끼는 전반적인 어려움에 대한 평가로 이루어진다.

3) 진로의사결정유형 이론

진로의사결정유형이란 어떤 개인이 결정을 내릴 때 선호하는 접근방식을 일컫는 개념으로, Harren(1979)은 "의사결정이 필요한 과제를 인식하고 그에 반응하는 개인의 특징적 유형, 개인이 의사결정을 내리는 방식"이라 정의하였다. 의사결정유형에 관한 아이디어는 Dinklage(1968)에서 시작된 것으로 보이는데, 그는 개인의 의사결정 방식을 계획형, 직관형, 순응형, 운명론형, 충동형, 지연형, 번민형, 마비형의 8가지로 분류하였다. 이 가운데 계획형은 가장 합리적인 의사결정유형으로, 그리고 직관형은 어느 정도 효과적인 유형으로 보고 나머지는 비효과적인 유형이라고 보고하였다. 이어 Harren(1979)은 Dinklage의 분류를 재분류하여 좀 더 포괄적인 유형분류방식을 제시하였는데, 분류의 기준은 의사결정에 대해 개인이 책임지는 정도와 의사결정과정에서 논리를 사용하는 정도였다.

Harren(1979)은 대학생 연령의 진로의사결정에 초점을 맞추어 진로발달과 진로의사결정에 포함되어 있는 여러 가지 중요한 변인들을 고려한 광범위한 모형을 발달시켰다. 그는 의사결정과정에서 인식, 계획, 확신, 이행의 4단계를 가정한다. 인식 단계는 분화가 일어나기 시작하는 시기로 개인이 심리적 불균형을 느끼고 어떤 결정을 해야 할 필요를 인식하는 것을 의미한다. 두 번째로 계획 단계는 여러 가지 대안을 탐색하고 그것들을 가치의 우선순위와 관련지으면서 교체하고, 확장하고, 제한하는 과정이다. 이어 확신 단계에서는 자신의 선택에 대해 깊이 탐색하고 다각도로 검토하여 선택의 장단점을 명료화한다.

마지막 이행 단계에서는 사회적 인정에 대한 욕구와 자신이 선택한 가치 사이에 조화와 균형을 추구하며 자신의 선택에 적응하게 된다.

Harren은 의사결정과정에 영향을 미치는 의사결정자의 개인적인 특징으로 자아개념과 의사결정유형을 제안했다. 직업적 자아개념은 "개인이 그 자신에게 귀인시키는 직업적으로 관련된 태도와 특성"(Harren, 1979, p. 124)을 의미하며 정체감과 자아존중감으로 나누어진다. 의사결정유형은 개인이 의사결정과제를 지각하고 그에 반응하는 특징적인 방식을 말하며 합리적 유형, 직관적 유형, 의존적 유형으로 나누어진다.

그는 의사결정과정에 영향을 미치는 변수로 의사결정상황(Decision Making Situation)을 제안하였는데, 이는 의사결정자와 그의 현재 심리상태에 영향을 미칠 수 있는 상황적 요인들을 의미하며 대인평가, 심리상태, 의사결정과업 조건들, 맥락조건들이 가정되었다. 대인평가는 의사결정자가 타인으로부터 받는 긍정적, 부정적 피드백을 뜻하는데 진로의사결정에서 확신과 이행 단계에 영향을 미친다. 심리상태는 의사결정자의 상태불안 수준을 말하는데, 지나치게 높은 불안이나 낮은 불안은 비효과적인 의사결정을 가져오나 적절한 불안은 의사결정과정을 촉진시키고 단계의 진전을 가져온다. 과업 조건들은 진로와 관련하여 의사결정자가 이행을 하기 전에 이용할 수 있는 시간의 양, 의사결정자가 지각하는 다수의 유용한 대안들, 그리고 자신과 타인에게 미치는 긍정적, 부정적 결과들을 포함한다. 맥락조건들은 이 모형의 모든 부분과 상호작용하는 부분으로서 의사결정에 영향을 미치는 타인들의 역할을 의미한다. 즉, 타인으로부터 받는 정서적 지원과 재정적 지원이 여기에 해당한다.

Harren(1979)의 연구에서 특히 주목받는 부분은 의사결정유형 이론이라 할 수 있다. 그는 진로의사결정유형을 합리적 유형, 직관적 유형, 의존적 유형의 세 가지로 나누었다. 이 세 가지 유형의 특징은 다음과 같다. 첫째, 합리적 유형은 자신과 상황에 대한 정확한 정보를 수집하고, 신중하고 논리적으로 의사결정을 수행해 나가며, 의사결정에 대한 책임을 자신이 진다. 둘째, 직관적 유형은 의사결정의 기초로 상상을 사용하고 현재의 감정에 주의를 기울이며, 정서적 자각을 사용한다. 선택에 대한 확신은 비교적 빨리 내리지만 그 결정의 적절성은 내적으로만 느낄 뿐 설명하지 못할 경우가 있다. 합리적 유형과 마찬가지로 결정의 책임을 자신이 지고자 하는 유형이다. 마지막으로 의존적 유형은 합리적, 직관적 유형과는 달리 의사결정에 대한 개인적 책임을 부정하고 그 책임을 외부로 돌리는 경향이 있다. 의사결정과정에서 타인의 영향을 많이 받고 수동적이고 순종적이고 사회적 인정에 대한 욕구가 높은 유형이다.

Harren의 모형에서는 효과적인 의사결정자란 어떤 특징을 지니는가에 대해 정의함으로써, 진로결정과 관련하여 조력을 필요로 하는 내담자를 변별하는 데 도움을 준다. 효과적인 의사결정자는 적절한 자아존중감과 잘 분화되고 통합된 자아개념을 갖고 있으며, 합리적 의사결정유형을 활용하고, 의사결정에 대한 책임을 지는 사람으로 성숙한 대인관계와 분명한 목적의식을 가진 사람이다.

Harren은 자신의 모형을 경험적으로 검증하기 위하여 직업결정 Q-Sort(Vocational Decision Making Q-Sort, 1966) 도구를 개발하였는데 이 도구는 그 후 몇 차례의 개정을 통해 현재의 진로결정검사(Assessment of Career Decision Making: ACDM)로 알려져 있다. 진로결정검사는 대학적응, 전공선택, 직업선택과 관련된 의사결정과정에서의 진행 단계와 개인이 결정을 내릴 때 활용하는 의사결정유형을 측정한다.

합리적 의사결정유형의 효과를 입증한 연구는 Harren 등(1978)에 의해 처음으로 시도되었다. 그들은 대학생을 대상으로 전공선택 여부와 그 선택에 따른 만족 여부에 영향을 미치는 요인들을 조사한 결과, 의사결정유형이 의사결정효과와 관련성이 높음을 입증하였다.

최근에 Scott와 Bruce(1995)는 Harren(1979)이 제시한 유형을 바탕으로 의사결정유형을 행동적인 관점에서 분류했다. 그들은 의사결정유형을 합리적(rational), 직관적(intuitive), 의존적(dependent) 그리고 즉흥적(spontaneous) 유형으로 분류했다. 합리적 유형은 대안을 탐색하고 논리적으로 평가하며, 직관적 유형은 직관이나 감정에 의존하며, 의존적 유형은 다른 사람의 충고나 지시를 구하고, 즉흥적인 의사결정을 피하고 가능한 한 빨리 의사결정은 끝내고자 하는 조급함으로 설명된다.

의사결정유형의 성차와 학년차에 관한 연구에서는 일관된 결과를 보이지 못하고 있다. 의사결정유형에 따른 성별 차이를 검증한 연구들은 남녀의 성에 따른 차이가 없음을 말하고 있는데, Phillips 등(1984)은 대학생의 경우 남학생보다 여학생이 의존형 척도에서 높은 점수를 보인다는 결과를 보고하였다. 학년별 차이에 관한 연구들도 일관된 결과를 보이지 못하고 있다.

2. 국내외 연구동향

진로결정 혹은 진로미결정에 관한 연구들은 활발하게 진행되어 왔다. 대부분의 연구들은 진로미결정의 하위차원들이 심리적 변인들과 어떻게 관련되었는지를 밝히는 데 초점을 두었다. 최근에는 진로결정효능감 척도를 사용한 연구들이 일관되게 자기효능감과 진로미결정 간에 부적 관계를 보고하여 진로결정효능감이 진로미결정을 예측하는 주요 변인임을 밝혀 주었다. 국내의 이기학과 이학주(2000), 유지선(2004), 한주옥(2004)의 연구에서도 진로의사결정에서 진로결정효능감의 중요성을 입증하였다.

초기의 연구들이 진로결정 및 미결정과 관련된 개인의 인지, 정서와 같은 변인들을 찾아내는 데 집중되었지만(서미경, 2002), 최근에는 부모, 친구 등 대인관계적인 변인이 진로결정에 영향을 미친다는 결과를 보여 주고 있다. 유지선(2004)은 부모와의 애착, 동료애착이 진로결정에 유의미한 영향을 주는 것을 밝혔다. 진로결정에 영향을 준 인물로 부모, 친구, 교수, 선후배 등이 있음을 보여 주는 연구도 있었다(길임주, 한대동, 2004).

선혜연(2008)은 부모의 진로지도행동이 자녀의 진로결정에 중요한 영향을 미침을, 조윤희(2009)는 교사와 학생의 의사소통이 학생의 진로결정수준에 영향을 미친다는 것을 밝히고 있다. 이러한 선행연구 결과 진로결정 과정에서 관계적인 변인 혹은 맥락적인 변인을 살펴볼 필요성이 제기되고 있다.

연구들의 결과를 요약하면, 불안과 진로미결정은 서로 관련이 있다고 할 수 있는데, 불안이 만성적인 미결정자를 확인하는 결정적인 역할을 한다는 연구(Fuqua & Hartman, 1983)가 있었고, O' Hare와 Tamburri(1986)는 불안과 미결정 간에는 의미 있는 관계가 있는 것으로 보고하고 있다. 그러나 Wanberg와 Muchinsky(1992)는 특성불안-상태불안과 진로미결정과의 관련성을 살펴보았는데 진로결정을 내린 사람들 중에서 확신에 찬 진로결정자들은 특성불안-상태불안의 수준이 낮았지만, 걱정하는 진로결정자들은 특성불안-상태불안의 수준이 높은 것으로 나타났다. 무관심한 진로미결정자들은 중간 정도의 특성불안-상태불안 수준을 나타냈고, 불안한 진로미결정자들은 특성불안-상태불안이 상당히 높은 것으로 나타났다. 따라서 기존 연구에서 진로결정 및 미결정 상태에 따라서 불안과 직접적인 관련성이 없는 것으로 나타난 이유는 진로결정 및 미결정만으로 구분되는 것이 아니라 진로결정 및 미결정이 각각의 하위 집단으로 구분되기 때문이라고 할 수 있다.

Wanberg와 Muchinsky(1992)는 내외 통제소재, 자아존중감과 진로미결정과의 관련성을 살펴보았는데, 진로결정을 내린 사람들 중에서 확신에 찬 진로결정자들은 내적 통제소재를 가지고 있기 때문에 다른 사람이나 우연에 의해서 자신의 삶이 통제되지 않는다고 생각하고 자아존중감이 높은 반면, 걱정하는 진로결정자들은 내외 통재소재가 중간 정도에 해당되는 사람들로 자아존중감이 낮은 특성을 보이는 것으로 나타났다. 무관심한 진로미결정자들은 중간 정도의 내외 통재소재 점수와 자기존중감 점수를 보이는 것으로 나타났고, 불안한 진로미결정자들은 통재소재가 외부에 있는 것으로 지각하고 있으며, 자아존중감이 낮은 것으로 나타났다.

Taylor와 Betz(1983)는 진로결정에 대한 자기효능감 척도를 개발하면서 진로미결정이 확신의 부족과 관련된다는 것을 밝혔는데 진로미결정 수준이 증가함에 따라서 진로결정자기효능감이 낮아지는 것으로 밝혀졌다. 또한 Taylor와 Popma(1990)는 진로결정자기효능감과 진로미결정 간의 관계를 검토하기 위해서 203명의 여자 대학생과 204명의 남자 대학생을 대상으로 연구를 하였는데 진로결정자기효능감과 진로미결정 간에는 유의한 부적 상관을 보이는 것으로 나타났다.

Holland와 Holland(1977)는 1,005명의 고등학생을 대상으로 진로결정한 사람과 그렇지 않은 사람을 구분하며, 이들이 정체성에서 차이를 보이는지를 확인하였는데 실제적인 차이를 보이는 것으로 나타났다. Schumrum과 Hartman(1988)은 진로미결정한 사람들의 특징 중에 하나로 자아정체감 혼미를 꼽았다. Jones(1989)는 Career Decision Profile을 제작하면서 Erickson의 정체성 이론에 기초하여 진로정체감과 진로정체감 성취 여부가 진로결정 상태와의 관련성을 살펴보았는데, 진로결정한 사람들과 그렇지 않은 사람들을 구분하는 것으로 나타났다. Cohen, Chartrand와 Jowdy(1995)는 대학생 집단을 대상으로 자아정체감 성취와 진로미결정유형의 관계에 대한 연구를 수행했는데 결과는 진로미결정한 사람일수록 자아정체감을 확립하지 못한 것으로 나타났다. Vondracek, Schulenberg, Skorikov, Gillespie와 Wahlheim(1995)은 7학년부터 12학년의 청소년기 학생들을 대상으로 한 연구에서 진로미결정과 자아정체감의 상태는 관련이 있는 것으로 보고하였다.

국내 진로의사결정유형에 관한 연구는 고향자의 연구에서 본격화되었다고 할 수 있는데, 고향자(1993)는 대학생의 진로의사결정유형을 분석하고 이에 따른 진로결정수준에 차이가 있는지를 분석하였다. 결과에 따르면 남자대학생이 여자 대학생에 비해, 대학교 4학년이 1, 2학년에 비해 합리적 의사결정유형에 속하는 빈도가 높았다. 전공에 따른 차이는 발견되지 않았다. 반면, 진로결정수준에서 남학생이 높은 점수를 보여 여학생에 비해 남학생의 진로결정수준이 높은 것으로 결론지었다. 이후 송은경(1995)과 이경자(2007)는 성역할 정체감에 따른 진로의사결정유형의 차이를 분석하였는데, 양성성을 나타내는 집단에서 합리적, 직관적인 의사결정의 성향을 보여 주는 것으로 나타났다.

보다 최근에는 진로의사결정유형에 따른 개인의 스트레스 대처방식이나 학교생활적응(한현숙, 2007), 부모-자녀 의사소통양식(김미숙, 2008), 그리고 심리적 자아분화 수준(한승희, 2008) 등 개인의 심리적 특성과의 관련성을 탐구하는 연구들이 이루어지고 있다.

진로의사결정과정을 구체적으로 분석한 연구는 2000년대 들어서 시작되었다고 할 수 있다. 황매향(2002)은 진로의사결정과정에서 나타나는 타협의 과정에 초점을 맞추어 분석하였다. Gottfredson의 이론에 근거하여 고등학생들의 대학과 학과선택과정에 작용하는 직업의 성과 지위에 대한 타협과정을 검토하였다.

진로의사결정과정에 대한 최근 연구는 기존의 진로의사결정과정에 대한 최근 고전적 모델이나 이론적 모델을 검증하기보다는 근거이론에 따른 질적 분석이나 참여관찰법으로 진로의사결정자들의 실제 의사결정과정에서 무엇이 일어나고 있는지를 기술하는 연구들이 활발히 진행되고 있다. 박정란(2006)은 여성 북한 이탈 주민의 진로의사결정과정을 직업가치유형에 따른 차이의 관점에서 발전적으로 접근하였다. 그 결과 직업가치의 형성과정이 진로의사결정과정과 밀접히 관련되어 있음을 발견하였다. 학업우수 여자고등학생의 직업결정과정을 질적 연구법에 기초하여 분석한 하정(2007)은 학업우수 여학생의 직업결정과정은 결정의 필요성 인식 단계, 탐색 단계, 선택 단계, 부모와 조율 단계, 내적 수용 단계, 그리고 결정 확신과 추진 단계 등 6단계로 보고하였다. 또한 진로유형의 분류를 시도해, 자기주도 성취형, 자기선택 만족형, 현실수용 타협형, 상황

의존 갈등형의 네 가지 유형을 발견해 각각의 특징을 기술하였다. 이어 선혜연(2008)은 진로의사결정과정에 관여하는 부모의 지원행동을 발견하고 유형화하는 연구성과를 거두었는데, 한국의 부모들이 보이는 진로지도행동으로 '격려와 지지' 및 '정보에 기초한 추천' '신뢰와 위임'의 관여 방식을 주로 보이는 반면, '구체적인 정보와 방법 제공'의 관여 방식은 거의 사용하지 않는 것으로 보고하였다.

3. 한국 내담자에 대한 적용 가능성

1) 의사결정이론의 내용적, 문화적 타당성 검토

진로의사결정이론의 핵심 개념은 진로의사결정유형론이라고 할 수 있다. 연구결과들에 따르면, 합리적 의사결정유형은 직관적 유형이나 의존적 유형보다 진로의사결정에 보다 효과적이라고 한다. 특히 직관적 유형이 합리적 유형과 비교하여 상대적으로 어느 정도 효과적인지를 밝힌 연구는 많지 않지만 의존적 유형이 가장 만족스럽지 못한 의사결정유형이라는 데는 어느 정도 의견의 일치를 보이고 있다. 여기에서 직관적 의사결정유형에 대한 심층적인 이해가 필요하다고 할 수 있다. 몇몇 연구들은 의사결정 훈련의 결과, 직관적 유형의 참여자들은 의사결정능력을 발휘하기 어려워지는 결과가 있었다는 보고가 있으며, 직관적 의사결정자들이 의사결정과정에서 밟아 나가는 내적 과정에 대해 밝혀진 바가 극히 적다는 점을 기억할 수 있다.

의존적 유형의 의사결정은 의사결정 시 자신이 내린 결론에 대해 책임지지 않으며, 외부적인 승인에 민감하여 스스로 자신이 선택할 수 있는 가능성을 제한하고 한정적인 것으로 지각하는 유형이다. 때로는 부모나 교사의 의견을 수용하고 따르는 행동을 보이는 유형이다. 개인주의에 기반한 관점에서 보면 의존적 의사결정방식에 비판적인 관점을 가지게 되겠지만, 집단주의적 문화 맥락에서는 의사결정자에게 영향을 주는 보다 다양한 맥락을 고려하는 것이 필요하다. 최태진(2004)은 진로의사결정유형검사를 한국의 문화에 맞도록 타당화 작업을 거쳐 상호 의존적 유형 척도를 추가한 '진로의사결정척도' 검사지를 개발하였다. 또 김현석(2008)은 한국 가족문화 속에서 청소년의 진로의사결정은 가족의 배경이나 문화자산과 밀접히 관련되어 있음을 보여 주었다. 의사결정자와 조언자 사이의 상호 의존적인 관계양식이 의사결정의 속도와 의사결정 결과에 어떤 영향을 미치는지 보다 면밀하게 탐구할 필요가 있다. 의존적 의사결정이 구체적으로 어떤 내적, 상호관계적 과정을 거쳐 결정에 이르는지에 대한 기술적인 이해로부터 출발하여, 진로의사결정이 이루어지는 과정이 문화적인 맥락과 함께 연구되는 것이 필요하다고 하겠다.

2) 진로의사결정의 맥락(부모, 학교, 지역 등)요인에 대한 관심 증대

지금까지의 진로의사결정 연구들은 진로의사결정과 관련된 몇몇 변인을 탐색하여 진로미결정을 설명하는 데 지나치게 집착하였다고 지적하면서 앞으로는 미결정의 서로 다른 유형을 밝히는 일로 관심을 전환해야 한다는 주장이 제기되었다(선혜연, 2008).

최근 진로 및 직업발달 영역에서 등장한 눈에 띄는 이론 중 하나는 진로발달에 있어 맥락요인(contextual factor)의 영향을 연구하는 맥락주의(contextualism)다. 맥락주의는 구성주의(constructivism)의 철학적 입장에 기초를 둔 최근 진로이론이다. 맥락주의는 진로 연구와 진로상담에 있어 맥락상의 행위를 설명하기 위해 구안된 방법으로서, 최근 급격하게 진행되고 있는 직업세계의 변화를 진로에 적극 반영하기 위한 하나의 방편인 동시에 기존의 주류 진로이론들, 즉 학문적으로나 실제적으로 진로개발에 영향을 미치고 있는 진로선택 및 발달이론들이 갖고 있는 단점을 보완하기 위한 노력으로 등장하였다.

Vondracek, Lerner 그리고 Schulenberg(1986)은 진로 및 직업발달이 변화하는 맥락 속의 발달하는 개인에 초점을 맞추는 맥락적 관점에서 가장 잘 이해될 수 있다고 주장하였다. 그들은 개인과 환경이 지속적으로 변화하기 때문에 진로발달은 역동적인 상호작용 관점 혹은 발달적 맥락 접근을 사용해서 보는 것이 가장 좋을 수 있다고 했다. 이러한 발달적 맥락주의(developmental contextualism)의 관점에서 '맥락' 이란 단순히 환경적 요인일 뿐만 아니라 개인의 특성에 직접적으로 영향을 미칠 수 있는 변인이다. 직업발달은 개인이 환경의 사회적, 문화적, 물리적 특성에 영향을 주고받는 상호작용과정이다. 그들은 직업발달에 영향을 미치는 맥락적 영향 중 특히 가족의 영향을 밝히는 것이 직업발달의 복합성을 이해하는 데 중요하다고 하였다. 즉, 맥락으로서의 가족 내에서 개인이 학습한 역할은 진로발달과 관계된 역할 및 역할기대와 관련이 있기 때문이다.

3) 대상의 특성에 따른 의사결정 과정연구의 필요성

진로의사결정의 연구는 연구대상의 특성에 국한되지 않은 일반적인 의사결정 방식을 찾아내거나 그와 관련된 주요 변인들을 탐구하는 방식으로 이루어져 왔다고 할 수 있다. 하지만 최근에 진로관련 연구대상이 연령적으로는 전생애적으로 확대되었고 재취업 여성이나 노령인구, 그리고 직업전환에 당면한 장년층 남성 등 다양한 연령층에 관한 연구가 실제로 수행되고 있다. 연구대상의 특수성을 고려한 연구들로는 여학생, 다재다능한 고등학생(남경민, 2009; 이은진, 2001)을 대상으로 한 연구를 들 수 있다. 이는 연구대상의 특성과 당면과제에 따라 진로의사결정의 양태가 매우 다를 수 있기 때문에 그들의 특성을 잘 반영할 수 있는 연구설계를 따르고자 하는 연구자들의 문제의식에 기인한 것으로 해석된다. 이러한 연구경향은 앞으로도 확대되는 것이 바람직하다고 판단된다. 특히 대학입시 시기 이외의 발달단계, 즉 중등학교 시기와 관련된 구체화된 연구(중학교에서 고등학교 진학 결정, 특히 특수목적고등학교 선택 등) 주제와, 고등학교 1학년 시기의 문과나 이과 선택, 실업계 고등학생의 진로결정, 대학교 1학년에서 전공선택 등 각 발달단계에서의 특성화 진로결정에 관한 연구가 필요하다고 볼 수 있다. 연구대상의 특성에 따라 다재다능하여 진로의사결정에 어려움을 겪는 경우, 혹은 학업부진을 겪는 중학생의 경우, 진로지도를 담당해야 하는 교사와 학부모의 진로결정지원활동에 관한 연구 등이 향후 더욱 활발하게 이루어질 것을 기대한다.

❑❑ 요 약

진로의사결정이론이란 개인의 진로결정과정과 방법, 그리고 그 과정에 영향을 미치는 요인을 설명하는 이론을 말한다. 진로의사결정에 관한 이론은 진로의사결정수준에 관한 이론과 진로의사결정유형에 관한 이론으로 대표된다. 진로의사결정수준 이론에서는 개인의 의사결정에 대한 확신의 정도에 따라 결정과 미결정으로 분류한다. 진로의사결정유형 이론에서는 진로의사결정과정의 방법과 독립성에 따라 합리적 유형, 직관적 유형 그리고 의존적 유형으로 분류하고 있다. 진로의사결정에 관한 연구들은 개인의 진로의사결정에 영향을 미치는 개인적 요인과 맥락적 요인을 밝히는 데 집중되고 있다.

참고문헌

고향자(1993). 한국 대학생의 의사결정유형과 진로결정수준의 분석 및 진로결정 상담의 효과. 숙명여자대학교 박사학위 청구논문.

고홍월, 김계현(2009). 진로의사결정측정도구에 관한 고찰. 한국상담학회: 상담학연구, 10(2), 967-987.

길임주, 한대동(2004). 학부제하의 남녀대학생의 진로결정수준에 대한 연구. 교육심리연구, 18, 233-260.

김미숙(2008). 부모-자녀 의사소통과 의사결정유형이 진로성숙도에 미치는 영향. 대구대학교 석사학위 청구논문.

김봉환, 정철영, 김병석(2006). 학교진로상담(2판). 서울: 학지사.

김수리(2005). 부모 지지, 진로결정 자기효능감 및 역기능적 진로사고가 청소년의 진로발달에 미치는 영향. 홍익대학교 박사학위 청구논문.

김현석(2008). 한국 가족문화 속의 청소년의 진로의사결정. 총신대학교 석사학위 청구논문.

남경민(2009). 학업우수 남자고등학생의 진로결정경험에 관한 질적 분석. 이화여자대학교 석사학위 청구논문.

박정란(2006). 여성 새터민의 직업가치와 진로의사결정과정 연구. 이화여자대학교 박사학위 청구논문.

서미경(2002). 고등학생의 진로미결정 측정도구의 개발에 관한 연구. 교육심리연구, 16, 67-91.

선혜연(2008). 청소년기 진로의사결정에서 부모의 관여방식. 서울대학교 박사학위 청구논문.

송은경(1995). 고등학생의 성역할 정체감과 진로의사결정유형 간의 관련 연구. 숙명여자대학교 석사학위 청구논문.

유지선(2004). 여대생의 진로미결정과 애착 및 자기효능감의 관계연구. 서울대학교 박사학위 청구논문.

이경자(2007). 중학생의 성역할 정체감에 따른 진로의사결정 유형의 차이. 숙명여자대학교 석사학위 청구논문.

이기학, 이학주(2000). 대학생의 진로 태도 성숙 정도에 대한 예언변인으로서의 자기효능감 효과 검증에 대한 연구. 한국심리학회지: 상담 및 심리치료, 12, 127-136.

이은진(2001). 다재다능한 대학생을 위한 진로 집단상담 프로그램의 효과. 연세대학교 박사학위 청구논문.

최태진(2004). 상호의존형 진로의사결정유형 척도의 개발: 개인주의-집단주의 관점. 한국상담학회: 상담학연구, 5(3), 647-666.

하정(2007). 학업우수 여자고등학생의 직업결정과정: 근거이론 접근. 이화여자대학교 박사학위 청구논문.

한승희(2008). 고등학생의 자아분화 수준에 따른 진로의사결정 유형과 진로결정 수준. 대구대학교 석사학위 청구논문.

한주옥(2004). 여대생의 자기결정성 수준과 진로미결정과의 관계에서 진로 결정 유능감의 매개효과 검증. 이화여자대학교 석사학위 청구논문.

한현숙(2007). 중학생의 진로의사결정 유형과 스트레스 대처방식 및 학교생활 부적응에 관한 연구. 건국대학교 석사학위 청구논문.

황매향(2002). 진로의사결정에서 나타나는 타협과정: 대학 및 학과선택을 중심으로. 서울대학교 박사학위 청구논문.

Chartrand, J. M., & Camp, C. C. (1991). Advances in the measurement of career development constructs: A 20-year review. *Journal of Vocational Behavior, 39,* 1-39.

Cohen, C. R., Chartrand, J. M., & Jowdy, D. (1995). Relationships between career indecision subtypes and ego identity development. *Journal of Counseling Psychology, 42* (4), 440-447.

Dinklage, L. B. (1968). Decision strategies of adolescents. Unpublished doctoral dissertation. Harvard University, Cambridge, MA.

Fuqua, D. R., & Hartman, B. W. (1983). Differential diagnosis and treatment of career indecision. *Personnel and Guidance Journal, 62,* 27-29.

Gati, I., Krausz, M., & Osipow, S. H. (1996). A taxonomy of difficulties in the career decision making. *Journal of counseling psychology, 43,* 510-526.

Gelatt, H. B. (1962). Decision making: A conceptual frame of reference for counseling. *Journal of Counseling Psychology, 9,* 240-245.

Ginzberg, E. (1972). Toward a theory of occupational choice: A restatement. *Vocational Guidance Quarterly, 20,* 169-176.

Ginzberg, E., Ginsberg, S. W., Axelrad, S., & Herma, J. L. (1951).

Occupational choice: An approach to a general theory. New York: Columbia University Press.

Harren, V. H. (1979). A model of decision making for college student. *Journal of Vocational Behavior, 14,* 119–133.

Heppner, P. P., Wampold, B. E., & Kivlighan, D. M. (2007). *Research Design in Counseling* (3rd ed.). Belmont, CA: Wadsworth Publishing.

Holland, J. L., & Holland, J. E. (1977). Vocational indecision: More evidence and speculation. *Journal of Counseling Psychology, 24,* 404–414.

Janis, I. L., & Mann, L. (1977). *Decision making: A psychological analysis of conflict, choice, and commitment*. New York: Free Press.

Jepsen, D. A., & Dilley, J. S. (1974). *Review of educational research, 44*(3), 331–349.

Johnson, R. H. (1978). Individual styles of decision making: A theoretical model for counseling. *Personnel and Guidance Journal, 56,* 530–536.

Jones, L. K. (1989). Measuring a three-dimensional construct of career indecision among college students: A revision of the Vocational Decision Scale: The Career Decision Profile. *Journal of Counseling Psychology, 36* (4), 477–486.

Jones, L. K., & Chenery, M. F. (1980). Multiple subtypes among vocationally undecided college students: A model and assessment instrument. *Journal of Counseling Psychology, 27,* 469–477.

Mitchell, L. K., & Krumboltz, Z. D. (1984). Research on human decision making: Implications for career decision making and counseling. In Brown, S. D., & Lent, R. W. (Eds.), *Handbook of counseling psychology* (pp. 238–280). New York: John Wiley & Sons.

O' Hare, M., & Tamburri, E. (1986). Coping as a moderator of the relation between anxiety and career decision making. *Journal of Counseling Psychology, 33* (3), 255–264.

Osipow, S. H., Carney, C. G., & Barak, A. (1976). A scale of education vocational undecidness: A typological approach. *Journal of Vocational Behavior, 9,* 233–243.

Phillips, S. D., & Pazienza, N. J. (1988). History and theory of the assessment of career development and decision making. In Walsh, W. B., & Osipow, S. H. (Eds.), *Career decision making* (pp. 1-31). Hillsdale, NJ: Erlbaum.

Salomone, P. R. (1982). Career counseling: Steps and stages beyond Parsons. *Career Development Quarterly, 36,* 218-221.

Schumrum, T., & Hartman, B. (1988). "Adult Children of Alcoholics and Chronic Indecision". *The Career Development Quarterly, 37,* 118-126.

Scott, S. G., & Bruce, R. A. (1995). "Decision-making style: the development and assessment of a new measure." *Educational and Psychological Measurement, 55* (5), 818-831.

Super, D. E. (1980). A life-span, life-space approach to career development. *Journal of Vocational Behavior, 16,* 282-298.

Taylor, K. M., & Betz, N. E. (1983). Applications of self-efficacy theory to the understanding and treatment of career indecision. *Journal of Vocational Behavior, 22,* 63-81.

Taylor, K. M., & Popma, J. (1990). "An examination of the relationships among career decision making self-efficacy, career salience, locus of control, and vocational indecision". *Journal of Vocational Behavior, 37,* 17-31.

Tiedeman, D. V., & O' Hara, R. P. (1963). *Career development: Choice and adjustment.* Prinston, NJ: College Entrance Examination Boad.

Vondracek, F. W., Lerner, R. M., & Schulenberg, J. M. (1986). *Career development: A life span approach.* Hillsdale, NJ: Lawrence Erlbaum.

Vondracek, F. W., Schulenberg, J., Skorikov, V., Gillespie, L. K., & Wahlheim, C. (1995). The relationship of identity status to career indecision during adolescence. *Journal of Adolescence, 18,* 17-29.

Vroom, V. H. (1964). *Work and motivation.* New York: Wiley.

Wanberg, C. R., & Muchinsky, P. M. (1992). A typology of career decision status: Validity extention of the vocational decision status model. *Journal of Counseling Psychology, 39,* 71-80.

제10장

다문화 진로상담

이 장에서는 다문화 진로상담에 대하여 검토한다. 다문화적 시각은 하나의 독립된 이론이라기보다는 모든 상담에서 고려해야 할 상담자의 내・외적 태도와 행동이다. Pedersen은 1990년에 다문화주의적 상담을 상담의 제4세력(the fourth force)이라고 명명하였는데, 이는 정신분석학, 행동주의, 인본주의의 뒤를 이어 1990년대 이후 앞으로는 다문화주의가 상담분야에 주된 세력으로 영향을 미칠 것이라는 점을 말해 주고 있다(Midgette & Meggert, 1991; Sue, Ivey, & Pedersen, 2008). 다문화 사회에서 다문화 상담에 관심을 갖는 것은 시대적인 요청이다. 상담과정은 기본적으로 다문화적 과정이다. 상담자와 내담자가 같은 한국 사람이라고 해도 서로 다른 가정에서 성장하였으며, 각 가정은 고유의 가족문화를 가지고 있기 때문이다. 그러나 인종, 성, 장애유무, 연령 등에 의한 차이는 개별 가족이나 개인적 차이보다 크며, 차별과 억압이라는 사회불평등적 요소를 가지고 있다. 다문화적 접근의 배경에는 이러한 불평등적 요소를 이슈화하여 개선하려는 의도가 강력하게 함의되어 있다. 인종, 성, 장애, 연령 등에 있어 소수이거나 약자이기 때문에 경험하는 현상들에 직면하여 진로발달을 이루도록 돕는 것을 다문화 진로상담이라고 볼 수 있을 것이다.

최근 한국 사회의 이슈가 되고 있는 다문화 인구는 북한 이탈 주민, 국제결혼 이주여성, 외국인 이주 근로자, 유학생이다. 이 장에서는 이들 네 집단을 염두에 두고 다문화 진로상담 관련이론과 국내외 연구를 검토하고, 한국 내담자에게 적용할 때 고려해야 할 사항들을 정리하였다.

1. 이론의 개관

진로상담이론은 주로 개인주의와 자율성, 풍요로움, 모두에게 개방된 기회구조, 사람들의 생활에서 일이 중심이 된다는 것, 직선적 · 점진적 · 합리적인 진로발달과정에 대한 가정을 골자로 하는 서부 유럽의 신념에 의해 영향을 받은 진로이론에 근거하고 있다(Gysbers, Heppner, & Duan, 1998). 그러나 다문화적 시각에서 볼 때는 이러한 이론을 모든 내담자들에게 일률적으로 적용하기 어렵다. 같은 국가에 거주하는 모든 인구에게 개방된 기회가 있는 것이 아니며, 어떤 민족의 경우에는 생활에서 일이 중심이 아닐 수도 있다. 진로발달의 과정도 누구에게나 직선적 · 점진적 · 합리적으로 일어나는 것은 아니다.

1) 다문화 상담의 의미

다문화주의란 말은 1960년대 말 '교차문화적(cross-cultural)' 이라는 말에서 시작되었다. Sue 등(1982)은 교차문화상담(cross-cultural counseling)에 대한 정의를 "상담에 참여하는 사람들 간에 문화적 배경, 가치, 생활자세 등에서 차이가 나는 상담관계" 라고 내렸다. 그런데 '교차(cross)' 라는 개념 자체는 크게 두 개의 집단을 전제로 하되 한 집단은 '표준집단' 이 되고, 나머지 집단이 '문화적으로 다른' 집단이 된다는 점을 의미한다. 실제로 교차문화상담의 쟁점이 처음 제기될 당시에는 백인 상담자가 비백인 내담자를 상담하는 경우에 주로 해당되었다. 그러나 비백인 상담자가 생기게 되고 또 그들이 백인을 상담하는 경우가 늘어나게 될 뿐 아니라 같은 백인 상담자-내담자 간에도 사회경제적 지위나 종교를 비롯한 여러 가지 문화적 배경이 다른 경우가 빈번하게 되자 이 모든 경우를 포괄하는 개념이 필요하게 되었다(설기문, 1993; Speight, Myers, Cox, & Highlen, 1991).

문화의 개념은 협의의 개념과 광의의 개념으로 이해할 수 있다. 협의의 문화는 국가, 민족, 종족의 테두리에서 이해되지만 광의의 문화에서는 성별, 주거지역, 나이, 교육적 배경까지도 관심의 대상이 될 수 있으므로(Atkinson, Morten, & Sue, 1979), 넓은 의미로 볼 때 모든 상담관계는 문화가 서로 다른 상담자-내담자 간의 관계로 이해될 수 있다(Herr, 1989; Pedersen, 1988). 이렇게 볼 때 특히 인종, 민족, 종족적인 차원에서의 차이에 기초하여 명명된 교차문화라는 용어는 적절하지 못하며 광의의 문화적 차이를 포괄하는 새로운 개념이 필요하게 되는데, 그것이 바로 다문화주의(multi-culturalism)다(설기문, 1993; Speight et al., 1991).

2) 다문화 상담의 필요성

전통적으로 상담은 미국문화의 주류인 WASP(White-Anglo-Saxon-Protestant)을 위한 것이었다. 그러나 1960년대 말 이후 미국 사회에서는 소수인종들의 수가 급증하면서 월남전에 대한 반전운동, 기존 질서와 체제에 반대하는 각종 반체제/반문명 운동과 흑인에 의해 주도된 민권운동, 빈부격차 등의 문제로 인한 소수집단의 각종 문제들이 사회적으로 부각되게 되었다(Lee & Richardson, 1991). 상담분야에서도 백인 위주의 상담적 접근에 대한 회의가 비백인들과 타문화에 대한 이해를 중시하는 학자 중심으로 일어나게 되었다(설기문, 1993; Herr, 1989).

백인 중심의 상담적 접근에 대한 회의는 현재 우리나라의 다문화 사회

형성과정에서도 검토될 필요가 있다. 국제결혼 이주여성, 외국인 근로자, 외국인 유학생, 북한 이탈 주민 등의 숫자와 비중이 커지면서, 한국인 중심의 상담 접근에서 나아가 이들 다문화 인구에게 적용할 수 있는 다문화 상담이 필요하게 되었다. 이들은 그들이 우리 사회의 일원이며, 함께 성장할 수 있도록 도움 받을 권리가 있다.

다문화 상담은 다음과 같은 면에서 전통적 상담과 기본적인 차이를 보인다. 첫째, 상담의 초점이 개인으로부터 가족과 문화적 이슈로 옮겨져야 하고, 자기 지향적 조력과 관계 지향적 조력 사이에 균형이 필요하다. 둘째, 상담자가 현재 사용하는 조력적 반응 중 어떤 것들은 문화적으로 다른 내담자들에게는 부적절할 수 있으므로 상담자는 조력방법을 다양화해야 한다. 셋째, 인간의 문제를 다루는 방법은 문화마다 다르고, 어떤 문화권에서는 전통적인 치료자들이 매우 높은 신망을 얻고 있으므로, 상담자들은 문화에 근거한 치료의 역할을 이해하도록 훈련받아야 한다. 넷째, 상담자들은 상담실 밖으로도 시야를 돌려서 지역사회의 변화를 주장하고, 소수민을 위한 직업 기회를 확대시키며, 내담자를 대신하여 개입을 할 수도 있다. 상담자들은 조언자, 옹호자, 토속적 조력 체계의 촉진자, 자문가 그리고 변화 매개체가 되어야 한다.

3) 다문화 진로상담 관련 이론

최근에 다양한 문화집단 간 차이에 민감한 상담이론들이 개발되어 왔다. 특히 Lent, Brown과 Hackett(1994)의 사회인지진로이론과 Cook 등(Zunker, 2006에서 재인용)의 진로발달에 대한 인종/성 생태학적 접근은 맥락적, 환경적 요인들이 개인의 진로의사결정 과정에 미치는 영향을 고려한 것들이다. 이들 진로이론들은 인종과 성차별, 사회경제적 위치, 역할 모형들이 인종적 소수자의 진로행동에 영향을 미치는 사회적, 경제적, 정치적 요인들을 고려한다. 이외에도 다문화 진로상담을 위해 사회학습이론을 비롯하여 다양한 신생 대안이론을 활용할 수 있는데, 7장과 11장에서 본격적으로 소개하고 있으므로, 여기에서는 사회인지진로이론과 인종/성 생태학적 이론만을 간략히 소개한다.

(1) 사회인지진로이론

사회인지진로이론(SCCT; Lent et al., 1994)은 개별 인종과 민족 집단의 직업행동을 설명할 때 유용하다. 이 이론이 제안된 이래로 다양한 소수민 집단을 대상으로 연구가 수행되었다. Lent와 동료들은 이 광범위한 이론을 흥미의 발달, 교육적 직업적 선택, 교육적 직업적 영역에서의 성취와 인내 등을 설명하기 위해 개발하였다. Lent 등(1994)은 Hackett과 Betz(1981)의 진로자기효능감 이론과 Bandura(1986)의 사회인지이론을 진로발달이론을 수립하기 위해 확장시켰다. 이 이론은 개인이 성격, 성별, 인종, 장애, 건강상태 등의 개인적 배경과 환경적 배경을 통해 접하는 학습경험이 흥미와 자기효능감 그리고 결과기대에 영향을 미친다고 가정한다. Lent 등(1994)에 따르면, 진로흥미가 목표와 행동의 선택에 직접적으로 영향을 미치고 목표와 행동의 선택은 진로 수행과 획득에 영향을 미친다. 근접한 맥락요인들이 진로선택과 진로행동에 직접적인 영향을 미치며, 흥미와 선택 사이를 중재한다.

(2) 인종/성 생태학적 모형

인종/성 생태학적 모형은 인간의 행동이 개인과 환경 간의 지속적이고 역동적인 상호작용에서 나온다고 주장한다. 직업행동은 맥락 속에서 일어나는 행동으로 이해될 수 있으며(Landrine, 1995), 맥락은 개인의 행동에 대하여 이름을 붙이고 의미를 부여하는 데 필수적이다. Bronfenbrenner(1977)는 인간의 행동에 영향을 미치는 네 가지 주요 하위체계로 미시체계(micorsystem), 중간체계(mesosystem), 외체계(exosytstem), 거시체계(macrosystem)를 제안하였다.

인종/성 생태학적 모형은 모든 개인이 특정 성과 인종에 속하고 있고 이것들이 결정적으로 개인의 전 생애 진로를 형성한다고 가정한다. 내담자는 인종이나 성으로 인해 기회와 장애에 직면하기 때문이다. 진로행동은 진공상태에서 발생하지 않고 개인과 환경 간의 전 생애에 걸친 역동적 상호작용에서 발생한다. 또 진로행동은 보다 큰 생태체계 안에 있는 하위체계들의 관계에 의해 결정된다. 상호관계는 다양한 수준에서 동시적으로 발생하며, 어떤 수준의 상호작용에 지나치게 초점을 맞추는 것은 주어진 순간의 진로행동을 형성하는 역동을 이해하는 것을 방해한다. 예를 들어, 거시체계로 작동하는 큰 문화가 진로신화를 일으키고, 인종과 성에 대한 선입견을 일으켜서 인종/성 차별을 제도화할 수 있다. 이런 거시체계는 백인의 특권, 유럽 중심적 세계관, 인종/성에 적절한 이념 또는 직업 선택에서의 인종/성 유형과 연결된다. 거시체계 가치는 내면화된 압제에 의해 개인적으로 학습되고, 강자가 성 또는 인종이 다른 약자를 다루는 방법을 결정하는 과정인 미시체계 수준에 영향을 미친다.

인종/성 생태학적 모형에 따르면, 진로상담자들은 다양한 방식으로 개인과 환경의 상호작용을 변화시킬 수 있음을 기억해야 한다. 이 모형은 전형적으로 심리내적 과정 중심의 개입들을 요구하는 것이 아니라 인생을 형성하는 복잡한 영향을 존중하는 광범위한 기술을 요구한다. 상담자들이 현재와 미래의 내담자 발달을 촉진할 수 있는 환경적 · 사회적 변화를 향해 작업하여 내담자의 옹호자로서 봉사하기를 요청한다. 내담자의 생태체계에 대한 주의 깊은 평가는 개별 내담자를 위한 진로상담 개입이 가장 효과적으로 이루어질 수 있는 방법을 결정하게 해 준다. 생태학적 진로상담자는 내담자와 파트너로서 내담자가 직업세계와 보다 성공적이고 만족스러운 상호작용을 하도록 돕는다.

2. 우리나라 다문화 인구의 특징

다문화 인구의 범위는 논의의 초점에 따라 달라질 수 있다. 광의의 문화 개념에 의하면 성, 연령, 계층, 장애 유무, 더 나아가 개인의 성장 배경의 차이로 인한 문화 차이까지 다문화의 논의 범주에 들어간다. 그중에서도 현재 우리나라 다문화 이슈의 초점이 되는 다문화 집단은 북한 이탈 주민, 국제결혼 이주여성, 외국인 근로자, 유학생이다.

1) 북한 이탈 주민

2009년 5월부터 교육과학기술부는 공식문서들에서 그전까지 사용해 오던 새터민이라는 용어 대신 북한 이탈 주민이라는 용어를 사용하고 있다. 북한 이탈 주민이라는 용어는 2004년 통일부에서 국민의 의견수렴을 거쳐 선정한 '탈북자'의 대체 용어이기도 하다. 북한 주민의 대규모 이탈이 본격화된 1996년부터 1998년 사이의 이탈 원인은 식량난으로 인한 생계형이 대부분이었으나 2000년 이후에는 경제난과 함께 외부 정보의 획득, 자유와 희망에 대한 소망, 그리고 미래에 대한 꿈의 실현 등으로 점차 변화하고 있다. 특히 자녀에게 더 나은 교육기회를 제공하고자 하는 동기가 주요한 북한 이탈의 원인 중 하나로 등장하고 있다.

북한 이탈 주민 수의 증가로 인하여 이들의 사회문화적 적응 및 지역사회 내에서의 갈등이 사회적 쟁점으로 대두되고 있다. 남한에서의 이들의 생활은 통일 후에 남북한 사람들이 얼마나 잘 적응할 수 있는지를 가늠해 볼 수 있는 잣대가 될 것이며 이들의 적응문제는 당대뿐 아니라 자녀세대에서도 매우 중요한 문제가 된다. 그러나 여러 연구에서 나타난 바에 따르면, 북한 이탈 청소년들은 학업적응이나 교우관계에서 실패하는 등 어려움을 겪고 있으며, 낮은 취학률과 높은 중도 탈락률을 보이고 있다(김홍운, 김두정, 2007).

2) 국제결혼 이주여성 가족

국제결혼 이민자는 2009년 말 기준으로 125,187명으로, 그중 여성이 109,211(87.3%), 남성이 15,876(12.7%)이다(법무부, 2009). 국제결혼 이민가족 중에서도 이주여성 가족은 그 비율이 높을 뿐 아니라 사회경제적으로 취약한 편이라 여러 가지 관심과 도움이 필요하다. 앞으로 1~2년 이내에 다문화가정 자녀의 학교적응과 진로발달 문제가 심각해질 것으로 예상되어, 결혼이민자들의 초 · 중 · 고에 재학하는 자녀의 교육문제는 교육자들이 직면해야 하는 새로운 과제가 되었다(김태호, 2008).

국적법 제6조에 따르면, 현재 우리나라 남자와 결혼한 국제결혼 이주여성은 혼인한 상태로 대한민국에서 2년 이상 주소가 있거나 혼인 후 3년이 경과하고 혼인한 상태로 대한민국에 1년 이상 주소가 있으면 우리나라 국적을 가질 수 있으며, 이들 가정에서 태어난 자녀는 출생 시부터 한국 국적을 가진다(조영달, 2006). 이들 다문화가족들은 한국어능력, 사회이해 및 적응능력의 부족으로 사회적 차별의 대상이 되고 있다. 증가하는 결혼이민 여성들의 안정적인 한국 사회정착을 돕기 위해 보건복지가족부, 법무부, 여성부, 교육인적자원부, 농림부 등 정부의 각 부처에서 산발적, 경쟁적으로 복지정책을 시행해 왔다.

최근에는 법무부가 외국인 관련 국적법 및 체류지원법과 관련하여 다문화가족 사회통합정책의 주무부서가 되면서 국제결혼 이주여성 지원사업이 어느 정도는 통합되어 가고 있다. 법무부는 인권옹호, 질서유지, 이민정책과 연계한 사회통합정책, ABT 대학을 통한 전문강사 양성, 열린강좌 및 각종 사회통합 프로그램 운영, 다문화사회통합연구소 개소, 국제이주기구의 이민정책연구교육원과 다국적 이민정책 공동연구 교육, 다문화사회 전문가 양성과정 개설, 사회통합을 위한 상담, 체류 및 근로이민 등에 관련된 이민전문가 양성 등의 다문화가족 지원사업을 시작하고 있다. 1970~1980년대의 미국처럼 우리나라에서도 우리 자신의 생존을 의하는 차원에서 다문화가족의 한국 사회적응과 자녀들의 교육문제에 대한 종합적 대처방안을 마련하는 것이 시급하다(김태호, 2008).

3) 외국인 이주 근로자

저출산과 고령 인구의 증가는 노동력 감소현상을 초래하였고 이에 따라 외국인 이주 근로자들이 국내로 대거 유입되었다. 1990년대 초 5만여 명에 불과했던 외국인 근로자의 규모는 지속적으로 증가하고 있다. 특히 산업연수생 제도와 2004년 발효된 외국인 근로자 '고용허가제' 에 의해 국내의 외국인력 고용이 합법화되면서 국내 외국인 근로자 고용 규모가 크게 확대되었다.

외국인 이주자들은 대한민국에 체류하면서 여러 문제들을 겪는데, 그 중에서도 자신의 고용상태 개선 및 근로자로서의 권익 증진과 아울러 자녀들의 교육문제가 특히 심각하다. 잘 살아보겠다고 이주한 근로자들이 소수민족에 대한 차별과 편견으로 인해 자기 세대에서 불이익을 받을 뿐 아니라 자녀들의 세대에게도 오히려 교육적 좌절을 물려 주어야 하는 형편이기 때문이다. 이주 근로자 자녀는 헌법 제6조 제2항 및 이주 근로자와 그 가족의 권리보호에 관한 국제협약 제30조에 의해 그 지위가 보장되고 해당 국민과의 평등한 대우를 기초로 하여 교육받을 권리를 갖는다. 그러나 우리나라는 이주 근로자와 그 가족의 권리보호에 관한 국제협약에 비준하지 않았기 때문에 이주 근로자 자녀는 법적 지위를 보장받을 수 없다.

이주 근로자의 자녀는 부모보다 한국어를 빨리 배우지만 생활언어와 학습언어가 다르기 때문에 생활언어를 잘하는 아동이라 할지라도 학습언어를 익히게 되기까지 많은 시간이 소요된다. 그래서 꾸준히 지도를 받아야 하지만 그럴 기회를 갖기 어렵다(김홍운, 김두정, 2007).

4) 외국인 유학생

대학 캠퍼스 내에서 해외 유학생과 만나게 되는 일은 더 이상 드문 경험이 아니다. 2008년 4월 기준으로 우리나라에 거주하는 해외 유학생의 수는 63,952명에 이른다. 이들의 출신 지역은 아시아를 중심으로 북미, 유럽, 아프리카, 남미, 오세아니아 등 6대륙으로 가히 세계적이다(교육과학기술부, 2008).

국내 대학들은 외국인 유학생 유치에 적극 나서고 있고, 외국인 유학생의 수는 해마다 증가하고 있다(교육과학기술부, 2008). 이제 해외 유학생의 유치는 국가적으로도 유학생을 통한 교육산업의 발전, 우수 인적 자원의 확보, 자국에 우호적인 세계인사 양성, 교육의 국제화를 위해 매우 중요한 사업으로 대두되고 있다(한영옥, 2007).

이러한 시각에서 본다면, 국내로 유학하는 해외 유학생의 규모는 앞으로 더 늘어날 수밖에 없으며, 양적 성장과 더불어 이들을 위한 질적 서비스의 제고 방안도 본격적으로 논의되어야 한다. 최근에 이루어진 한 연구에서는 한국의 유학생 유치 실적이 전 세계 고등교육 단계에 있는 학생의 0.4%에 불과할 정도로 저조하며, 이러한 상황은 우리나라가 비 영어 국가이기 때문에 갖게 되는 태생적 한계점으로 인한 것이기도 하다고 주장한다(한영옥, 2007). 우리나라는 비영어 국가이지만 해외 유학생의 유치가 국가와 학문 그리고 대학의 발전에 중요한 사안이기 때문에 앞으로도 해외 유학생 유치를 위한 관심과 노력은 계속될 것이다.

3. 국내외에서의 연구동향

다문화 관련 연구들은 점차 늘어나는 추세이며, 특히 교육인적자원부에서 2006년에 다문화가정 자녀 교육지원 정책을 제안한 이래로 매우 활성화되고 있다. 1990년대 이전부터 2008년까지 다문화 관련 연구를 3년 단위로 집계한 결과 학술연구정보 서비스, 국회도서관, 국립중앙도서관 전자도서실에서 제목을 중심으로 검색한 총 2,900여 건의 다문화 연구 중 38.2%가 2006년부터 2008년까지 이루어진 연구이지만, 학술지에 등재되거나 전국 단위로 출판된 진로상담 관련 연구는 매우 드물다(임은미, 정성진, 김은주, 2009).

1) 아시아계 미국인에 대한 상담 및 진로상담 관련 연구

미국은 인구 구성 자체가 다문화적이고, 현재 우리나라의 다문화 인구의 주류를 구성하는 동남아시아 사람들에 대한 연구를 앞서 진행한 바 있다. 우리나라 다문화가정은 주로 중국, 베트남, 필리핀, 일본 등의 이주민을 포함하고 있기 때문에 미국에서 이루어진 아시아계 이주민들에 대한 이해에서 도움을 받을 수 있다.

아시아계 내담자들은 상담이나 집단상담에서 심리적 문제를 말로 표현하는 것에 대해 매우 민감하고, 개인적 성취와 한계를 논의하라고 요청할 경우 표현을 하지 않는 경향이 있으며, 일반적인 상담의 역할과 성과에 대하여 현실적이지 않은 기대를 하는 경향이 있고, 공격적이라는 평가를 받지 않기 위해 권위 있는 사람들에 대해 수동적이고 비주장적이며, 비주장적인 행동을 수정하라는 요청에는 강하게 저항한다(Ivey, 1986; Kaneshige, 1979). 아시아계 내담자들은 조언과 제안을 제공하지만 대립은 피하는 경향이 있고, 동기 및 행동에 대한 직접적 해석을 피하며, 개인적 문제를 간접적으로 논의하는 것에 익숙하여, 상담자는 다소 형식을 갖춘 상호작용적 접근방법을 취해야 한다. 아시아 내담자들은 자연 치유 과정을 신뢰하는 경향이 강해서 상담자나 정신보건 사회복지사가 제공하는 도움을 받지 않으려고 한다는 점 등이 논의되고 있다(Zunker, 2006).

Fong(2003)은 아시아계 내담자들이 조력을 구하지 않을 가능성이 높은 이유에 대하여 그들은 자신에게 정신건강 문제가 존재한다는 점을 인정하지 않으려 하고, 도움을 청하면 무능하다고 낙인찍힐 것을 두려워하며, 자신들의 전통적 치료방법에 대하여 비판적인 평가를 받기 싫어하고, 상담자가 문화적으로 유능하지 않기 때문에 어차피 이해받기 어려울 것이라고 가정하며, 이중 문화나 이중 언어에 접근하지 않기 때문인 것으로 해석하고 있다. 동남 아시아계 학생들을 상담할 때는 행동주의적 접근방법이 효과적이며, 이들에게 언어적 반응을 과도하게 요구하는 상담기법을 사용하는 것을 부적절한 것으로 보는 시각도 있다(Fernandez, 1988).

중국계 미국인의 갈등에 대하여 Sue와 Sue(1990)가 관찰한 바는 첫째, 중국계 미국인 학생들은 감정 표현을 절제하고, 상담과정에 적극적으로 참여하지 않으며, 둘째, 감정문제를 드러내지 않고 억제해야 하는 것으로 학습되었고, 셋째, 비구조화된 상담모형보다 잘 구조화된 상담모형에 보다 더 호의적으로 반응한다.

아시아계 미국인들은 심리적 고충을 심리상담이나 심리치료로 해결하려는 경향이 일반 미국인들에 비해 현저히 낮은 데 비하여 학업이나 진로상담은 지나치게 선호한다는 연구보고가 있다(Zunker, 2006). 아시아계 미국인들의 이와 같은 상담과 심리치료에 대한 낮은 선호도는 아시아계 미국인들의 문화적 가치가 심리치료 본래의 가치와 상충되는 데 기인하며, 반면에 학업이나 진로상담의 본래 가치와는 부합하기 때문이라고 알려져 왔다. 예를 들어, 학업과 진로문제에 대하여 조언을 구하는 것은 전통적인 심리치료에 비하여 수치스럽지 않은 것일 수 있으며, 개인적인 문제를 낯선 상담자에게 털어놓지 않아도 되어 수치심과 죄의식도 갖지 않을 수 있다는 것이다(김태호, 2008; Atkinson, Lowe, & Matthews, 1995).

진로상담 분야에서의 다문화 연구는 내담자들의 진로에 대한 태도, 가치, 상황, 선호 직업 등의 차이를 출신 문화권별로 밝히는 작업을 중심으로 이루어졌다. 이들 중 아시아계에 대한 연구들을 중심으로 살펴보면 다음과 같다.

미국에서 아시아계는 교육에 높은 가치를 부여하는 집단이다. 아시아계 미국인들은 교육을 수직적 사회 이동의 수단으로 지각하며, 교육을 통해 사회문화적 장애들을 극복하려는 동기가 높다(Sue & Okazaki, 1990). Sue(1998)에 따르면 일부 아시아계 사람들이 교육성취도에서 탁월했고, 높은 임금을 획득했고, 명성 있는 직업들과 전문직에 고용되었다. 직업윤리가 강하고, 매우 근면하며, 진로개발에 교육을 이용하고, 경영, 공학, 과학 등에서 높은 성취를 보인다. 그러나 아시아계 미국인들 사이에서 교육성취도, 직업, 임금, 생활수준 등에 상당한 차이가 있어서, 다수의 아시아계 미국인들은 과소교육, 공공 부조에 의존한 생계, 혼잡한 도시 지역에 거주, 실업상태, 청소년 비행에 관련되어 있는 등 문화적으로 다양한 다른 집단들과 유사하게 집단 내 차이가 존재한다. 1세대 아시아계 이주민들을 위한 진로상담과정에서는 영어 능력 부족의 문제뿐 아니라 진로상담과정 중 이들에게 전환 가능한 기술이 필요하다는 것을 인식시키고, 관련 직업역사를 고려하며, 진로사다리의 개념을 이해시키고, 직업정보를 찾는 능력을 길러 주며, 이력서 작성이나 면접 방법 등의 기술 훈련의 기회를 제공하는 것이 중요하다는 연구결과도 있다(Zunker, 2006).

이외에도 아시아계 미국인들이 능력을 발휘하는 분야가 주로 과학이라는 자타의 고정관념은 의사소통 기술을 요구하는 진로로 이들이 진출하는 것을 막기도 하였다. 아시아계 미국인 청소년 학생들은 언어능력이 낮고, 성격특성이 수줍고 비사회적이며, 수학능력이 우수하므로 이공계나 공업계나 기술계로 진로를 선택하도록 돕는 것이 바람직하다는 논문들이 1980년대 중반까지 주류를 이루었다. 그러나 이와 같이 문화와 관련된 성격특성에 관한 지식은 선입견과 편견으로 작용되기 쉬우며, 학교상담교사들이 아시아계 미국인 학생들을 특성-요인이론에 입각하여 진로지도하고 상담하는 것은 다음과 같은 몇 가지 이유로 바람직하지 못하다. 첫째, 학생들은 성장과 발달이 매우 빠르게 이루어지는 청소년들이며, 둘째, 언어능력의 부족과 비사회적인 성격특성은 언어불편에서 비롯되는 것일 뿐 시간이 흐르면 해결될 수 있는 문제들로 볼 수 있고, 셋째, 문화와 관련된 측면에서 바람직한 인간이해의 방법은 특성이론보다는 발달이론이며, 발달과정상 자아정체감의 발달적 관점에서 진로를 선택하도록 도울 수 있어야 한다(김태호, 2008; Zunker, 2006).

지금까지 미국에서 수행된 다문화 연구의 대상들은 현재 우리나라 다문화 인구와 출신국가가 유사하다는 점에서, 우리나라 다문화사회를 이해하기 위해 미국의 다문화 연구들을 선행연구로는 참고할 만하다. 그러나 개인의 태도와 행동은 환경과의 상호작용을 통해 형성된다는 점을 고려할 때, 이들 다문화 인구들이 미국 사회에서 보여 주었던 진로상의 태도나 행동을 한국 사회에서도 똑같이 보여 주리라고 기대하기는 어려우므로 우리나라에서 현재 거주하고 있는 다문화 인구들에 대한 경험적 연구들이 활발하게 진행되어야 한다.

2) 진로상담 모형

Bingham과 Ward(1996)는 소수민 여성을 위한 다문화 진로상담 모형을 제안하였다. 이 모형에서는 진로선택을 제한하는 문화적 요인들과 진로발달을 막는 고정관념을 강조하고, 내담자-상담자 관계형성에서 중요한 변인인 인종적 정체감을 소개하고 있다.

(1) 1단계: 라포와 문화적으로 적절한 관계 형성

명확한 이해, 신뢰와 협동은 상담관계 형성의 필수적인 요인이며 상담자와 내담자가 서로 다른 민족적 배경을 가졌을 때는 특히 그렇다. 상담자와 내담자 간에 형성된 라포를 바탕으로 내담자가 자신이 이야기를 상담과정에서 자유롭게 표현하면, 그들은 문화적 정보제공자로서 상담자에게 탁월한 교사가 될 수도 있다. 문화적으로 적절한 상담관계를 형성하기 위해 상담자는 비언어적 행동이나 반응과 같은 구체적인 문화적 단서들을 인식해야 한다.

(2) 2단계: 진로 이슈 확인

상담자가 내담자의 세계관에 대해 이해하면 진로의사결정을 막는 장벽들에 대하여도 잘 이해할 수 있다. 차별을 경험하는 소수민들은 그들이 진로의사결정을 제한하는 장벽을 극복하지 못할 거라고 느끼기 쉽다. 소수민 내담자들은 다른 민족집단과 제한적인 경험만을 하게 되며, 남들이 자기들을 수용하지 않는다고 지각한다. 상담자는 문화집단들이 자신의 미래에 전망이 없다는 공동의 압박경험을 공유하고 있음을 깨달아야 한다. 소수민족 내담자들은 진로에 대한 책임감을 느끼는 동시에 과거와 현재의 내적, 외적 장애가 그들의 진로의사결정에 여러 방식으로 영향을 미친다는 것을 깨닫도록 도움을 받아야 한다. 이 과정의 중요한 목표는 내담자가 진로선택을 제한하는 경험들을 확인하도록 돕는 것이다.

환경과의 상호작용으로부터 소수민 내담자가 받아들이는 뚜렷한 메시지는 직업선택의 폭이 제한된다는 것이다. 어떤 내담자들은 충분히 알아보지도 않은 채 선택지들을 제한하기도 한다. 진로선택을 제한하는 세계관을 가지고 있는 소수민족 내담자들을 위한 진로상담은 다문화 진로상담자에게는 또 하나의 도전이 된다.

(3) 3단계: 문화적 변인들의 영향 평가

진로선택을 제한하는 문화적 요인들을 확인한다. 가정환경, 종교 그리고 문화적 역사가 미래에 대한 그들의 전망을 어떻게 형성하는지를 내담자가 이해하는 것이 중요하다. 어떤 민족집단들은 부모, 형제, 조부모, 아주머니와 삼촌들 그리고 심지어 대부를 포함하는 확대가족에게 영향을 받을 수 있다. 그래서 특히 1세대 소수민족에게 가족의 영향은 매우 강하고 포괄적일 수 있다. 내담자들은 그들이 추구하는 것과 가족이 적절하다고 보는 것 사이에서 결정을 하도록 요청받으면 갈등하게 된다. 또 하나의 관련 이슈는 각 민족집단에서 결정을 내리는 방식들이다. 어떤 소수집단에서는 가족 성원들 간에 내리는 집단적인 결정을 보다 적절하다고 여긴다.

(4) 4단계: 상담목표 설정

이 과정에서 상담자는 내담자가 만족스러운 성과를 추구하는 데 보다 적극적이 되도록 격려해야 한다. 어떤 소수민 내담자들은 자신이 상담과정에 순종적으로 참여해야 한다고 생각해서 모든 결정을 상담자에게 맡긴다. 내담자는 자신의 진정한 감정이나 경험을 공유하기 꺼려 하고 진로상담과정에 적극적으로 참여하는 것을 불편하게 여긴다. 상담자들은 내담자에게 상담과정에서 상담자와 내담자가 상담목표를 서로 협상하는 것이 적절한 행동이라는 것을 알려 주어야 한다.

Leong(1993)은 어떤 소수민들에게는 자아실현에 기반한 목표보다는 현실적인 목표가 실질적으로 더 적절하다고 제안한다. 집단주의적인 내담자들은 개인주의적인 내담자와 달리 자기보다 가족을 중요시하므로 진로가 가족에게 어떤 이익을 줄지에 대하여 훨씬 신중하게 고려한다. 아시아계 내담자들은 집단주의적 가치관이 강하기 때문에 가족의 욕구를 채워 주기 위해 직업에 즉각적으로 진입하기를 원하며, 장기 목표는 그다음에 고려하고자 계획할 수 있다. 그러나 성장배경이 진로상담의 목표와 방향을 결정하기는 해도, 상담자와 내담자가 서로 신뢰하고 존중하면 적절한 목표 합의에 더 잘 이를 수 있다.

(5) 5단계: 문화적으로 적절한 상담개입 실시

어떤 소수민 집단에게는 개입전략을 수립하고 전달할 때 가족의 승인과 참여가 필요하다. 이 경우에 내담자들은 스스로가 자유롭게 참여하기 전에 가족의 승인을 얻어야 하므로, 상담자가 어떤 가족 성원들이 내담자의 의사결정에 힘을 줄 수 있는지 알아보는 것은 매우 생산적이다.

어떤 문화집단에는 집단적 개입이 생산적이다. 영어를 배우려고 노력하는 내담자를 예로 들 때 내담자의 고유언어를 사용하는 집단상담 개입에 의해 가장 큰 서비스 혜택을 볼 수 있다. 집단상담의 진행을 촉진하기 위해 통역자를 투입하는 것도 유용할 수 있다. 집단 참가자가 동일 인종집단, 두 인종집단 그리고 지역사회 성원으로 구성되면 보다 효과적이다.

Bingham과 Ward(1996)는 상담개입이 여러 회기 필요할 수도 있다고 지적한다. 많은 소수집단이 하나의 계획에 도달하는 데 상당한 시간을 필요로 하기 때문이다. 마지막으로 개입전략을 수행하는 과정에 심리검사 등의 도구가 사용될 경우, 내담자의 인종/민족적 특징에 적절한 것이어야 한다.

(6) 6단계: 의사결정

내담자가 목표에 이르는 것을 방해하는 모든 장벽에서 자유로워지도록 하기 위해 의사결정과정을 지속적으로 점검하는 것이 필요하다. 어떤 장벽들은 없애기 어려울 수 있고, 어떤 내담자들은 상담자를 기쁘게 하기 위한 결정을 내리기도 한다. 내담자는 이 단계에서 당황하지 말고 의사결정과정을 충분한 수준까지 반복할 수 있도록 격려받아야 한다.

(7) 7단계: 수행과 추수지도

이 단계에서 내담자들은 설정한 상담목표를 수행하기 위해 정보를 찾고 있거나, 개인적 접촉을 하고 있거나 또는 의뢰된 조력 기관에서 과제를 수행하게 된다. 상담자는 내담자의 진전을 검토하고 그들이 상담에 다시 올 수 있음을 알려 주어야 한다.

Bingham과 Ward(1996)는 다문화 진로상담을 실시하는 과정에서 다음의 사항들을 지속적으로 숙지하라고 권고한다.

① 상담자는 다양한 세계관을 인식해야 한다.

② 상담자의 다문화 상담에 대한 준비는 Sue, Arrendondo, & McDavis (1992)[11)]의 권고에 따라야 한다.

③ 상담자는 내담자의 인종적 정체성을 완전히 이해해야 한다.

④ 상담자-내담자 관계는 집단주의적이어야 한다. 협상과 합의가 중요하다.

⑤ 의사결정과 상담과정에서 가족의 역할이 강조되어야 한다.

⑥ 세계관, 내담자의 역사, 지역의 사회정치적 이슈들 그리고 고정관념들이 충분히 토의되어야 한다.

⑦ 진로선택을 제한하는 인종/민족적 요인의 영향이 토의되어야 한다.

⑧ 내담자의 모국어로 집단에서 토의하는 것 같은 비전통적인 개입, 통역자를 사용하는 것, 그리고 통찰과 방향을 제시할 수 있는 지역사회 구성원을 참여시키는 것이 필요하다. 내담자가 두 인종 네트워크에 참여하도록 권장한다. 예를 들어, 아버지가 한국인이고 어머니가 베트남 이주여성인 경우 한국인으로 구성된 네트워크와 베트남인으로 구성된 네트워크에 참여하는 것이다.

⑨ 내담자-상담자 간의 상담과정은 상담이 진행되는 동안은 물론이고 상담이 종결된 이후에도 계속적으로 평가되어야 한다.

⑩ 광범위한 추수지도가 이루어져야 하고 필요하면 상담을 다시 시작해야 한다.

---

11) Sue, Arrendondo, & McDavis(1992)는 문화적으로 유능한 상담자가 되기 위한 기본적인 능력을 9가지 영역으로 제시하였다. 큰 범주의 세 개 영역은 ① 자신의 가정, 가치 그리고 편견을 이해하는 것, ② 문화적으로 다른 내담자의 세계관을 이해하는 것, ③ 적절한 개입 전략과 기술을 발달시키는 것이다. 이들 세 영역은 각각에 대한 신념과 태도, 지식 그리고 기술로 구성되어 있다. 구체적인 내용은 미국상담학회(American counseling association)의 홈페이지(www.counseling.org)에서 찾아볼 수 있다.

3) 우리나라 진로상담 연구

진로상담 연구의 범위를 어디까지 설정하느냐에 따라 달라질 수 있으나, 여기에서는 진로관련 실태조사에 대한 연구는 제외하고 진로발달에 도움을 주기 위한 상담 연구를 중심으로 소개하고자 한다. 진로상담은 구조화된 프로그램 형식으로 개발·보급되어 효과를 검증하고 있으며, 주로 북한 이탈 주민들을 대상으로 하고 있다(강일규, 김종우, 2006; 서장혁, 2003; 허은영, 2009).

(1) 북한 이탈 주민 취업지원 프로그램

노경란 등(2007)의 북한 이탈 주민 취업지원 프로그램은 북한 이탈 주민 성인 남녀의 한국 내 취업을 돕기 위한 프로그램이다. 북한 이탈 주민에 대한 정부 지원을 '보호'에서 '자립'으로 바꾸는 과정에서 북한 이탈 주민 스스로가 진로를 선택하고 취업할 수 있도록 돕기 위한 내용으로 구성되어 있다. 프로그램 참가 소요시간은 총 28시간이다. 주요 내용은 여는 장, 자기이해의 장, 직업세계 이해의 장, 경력계획 수립의 장, 함께 살아가는 장, 자기 관리의 장, 여미는 장으로 구성되어 있다. 여는 장은 분위기 조성과 프로그램 소개를 포함하고 자기이해의 장은 경제적 상황 분석 및 안정화를 위한 계획 수립, 기초 직업능력의 종류 이해, 직업가치관 탐색과 바람직한 직업관 형성(직업카드 활용), 직업의 다양성 및 종류 이해를 포함한다. 직업세계 이해의 장은 노동시장 및 직업동향(북한 이탈 주민 경력개발 동영상 자료 활용), 기업에 대한 이해(고용주, 인사담당자 등의 인터뷰 동영상 활용), 직업정보 탐색(각종 매체 활용방법 중심)를 포함하고, 경력계획 수립의 장은 의사결정기술(합리적 의사결정 및 의사결정 대차대조표), 경력 대안 찾아 경력 계획 수립하기(action plan 작성)를 포함한다. 또 함께 살아가는 장은 의사소통 기술(나-전달법), 문제해결능력(사막생존게임), 가족문제해결에 적용해 보기, 직장예절 익히기 등을 포함하며, 자기

관리의 장은 시간관리법, 이미지 메이킹, 건강관리법, 구직 네트워크 구축으로, 여미는 장은 마무리하기, 자신감 향상(장점폭격)으로 각각 구성되어 있다.

(2) 북한 이탈 청소년을 위한 진로지도 프로그램 개발

북한 이탈 청소년을 위한 진로지도 프로그램(허은영, 2009)은 북한 이탈 청소년이 한국 사회에서 진로발달을 이루어 가는 데서 부딪히는 각종 장벽들을 극복하고, 진로포부를 높이며 스스로의 진로를 설계할 수 있도록 돕기 위한 구조화 프로그램이다. 총 6회기 동안 프로그램을 진행하며 회기당 소요시간은 60분이다. 6회기의 하위 요소는 직업의 이해, 의사결정, 장애물 극복에 대한 것이며, 진로의식을 고취하기 위해서는 별도의 회기를 구성하지 않고 매 회기 10분간의 동기부여 동영상을 시청하도록 구성하였다. 직업의 이해 요소는 '직업! 너를 알고 싶어' 와 '아는 것이 힘이다' 의 2회기다. '직업! 너를 알고 싶어' 는 주요 진로관련 용어 이해, 남북한의 직업세계와 대처방식의 비교, 직업의 의미 이해로 구성되었고, '아는 것이 힘이다' 는 진로정보의 중요성 소개, 진로정보 검색 방법 소개, 미래 직업세계 안내로 구성되었다. 의사결정 요소는 '나의 꿈을 찾아라!' 와 '솔로몬의 선택' 의 2회기다. '나의 꿈을 찾아라!' 는 진로와 개인 특성의 관계, 인터넷 활용 심리검사 소개, 심리검사 실시로 구성되었고, '솔로몬의 선택' 은 합리적 의사결정 방법 소개, 합리적 의사결정 방법 실습, 목표의 실현 가능성 평가 실습으로 구성되었다. 장애물 극복 요소는 '걸림돌을 넘어서' 와 '꿈은 이루어진다' 의 2회기다. '걸림돌을 넘어서' 는 장애물 예측과 대처방법 찾기, 친구의 장점 찾아주기로 구성되었고, '꿈은 이루어진다' 는 세부 진로계획 수립, 비전 만들기 및 선언식, 프로그램 마무리로 구성되었다.

4. 한국 내담자에 대한 적용 가능성

다문화 인구들을 위한 민간이나 정부 차원의 현실적인 대처는 한글교육, 문화교육, 직업교육, 물질적 원조 등 여러 사업으로 펼쳐지고 있다. 이 현실적인 대처들이 이주민들에게 더욱 체계적으로 전달되고, 이주민들의 사회통합 및 자아실현을 도우며, 우리 사회의 발전으로 환류될 수 있도록 하는 체계를 구축하는 것이 매우 필요하다. 여기에서는 한국에 거주하는 소수민을 위한 다문화 진로상담에 요구되는 상담자의 자질과 상담 수행 시에 유의할 점들을 기술한다.

1) 다문화 진로상담자의 자질

진로상담자는 인종적 · 민족적 소수민들이 오랫동안 자신을 차별하고 주변화시켰던 학교나 일터로 진입하도록 돕는 사회정의 옹호자로서 봉사하는 독특한 위치에 있다(Flores & Heppener, 2002). Flores와 Heppener(2002)는 진로상담자들이 모든 내담자들의 힘을 북돋우기 원한다면, 내담자들의 일과 관련된 다양한 본질적인 이슈들을 이해하도록 훈련받아서 문화적으로 유능해져야 한다고 주장하면서 다문화 진로상담 전문가 양성과정에서 다루어야 할 핵심 영역들을 정리하였다.

(1) 다문화 인구의 동향 파악

어떤 민족 출신의 사람들이 어느 정도 이주해 오고 있는지, 이들의 인구통계학적 분포는 각각 어떠한지에 대하여 민감하게 이해하고 있어야 한다.

(2) 소수민족 출신 내담자의 일의 세계 이해

이주민들에게 있어서 일의 의미는 무엇이고 이들에게 익숙하거나 그렇지 않은 진로는 무엇이며, 각자의 직업적 상황에서 구성원이 경험하는 바는 무엇인가를 이해해야 한다. 면접, 고용 또는 협상에서 그들은 무엇을 경험하는가에 대한 지식도 가지고 있어야 한다.

(3) 문화적 역량과 진로상담 역량의 증진

다문화 상담능력과 진로상담능력을 동시에 갖추어야 한다. O'Brien, Heppner, Flores와 Bikos(1997)는 상담자 자기효능감 척도에서 치료과정과 관계형성 기술, 직업적 평가와 해석 기술, 다문화적 능력과 기술 그리고 일 · 윤리 · 진로연구의 최근 추세에 대한 지식 등 네 가지 주요 요인을 밝혔다. 이를 통해 보면, 경청, 반영 그리고 치료적 관계발달 등의 기본적 상담능력을 갖는 것은 다문화 진로상담능력 중 하나의 요인을 갖춘 것에 불과하다. 평가, 해석 그리고 평가결과를 진로 내담자에게 전달하는 능력도 있어야 한다. 다문화적 능력도 진로상담자들이 다양한 집단과 작업해야 하고 각 집단 출신의 개인이 진로발달과정에서 경험할 수 있는 특수한 이슈들을 인식해야 하기 때문에 진로상담능력의 한 부분이다. 마지막으로 '뜨는' 직업, 구식 직업, 노동력의 구조 등 직업시장의 추세와 직업심리학 분야 연구의 최근 추세, 특히 문화적으로 다양한 인구들을 대상으로 수행된 최근 연구들을 끊임없이 접하는 것은 또 하나의 진로상담 능력이다.

(4) 인종 정체감 발달과 문화화에 대한 이해

첫째가 인종 정체감 발달인데, 소수집단의 정체성은 순응, 부조화, 저항과 몰입, 자기성찰의 네 단계를 통해 발달한다(Atkinson, Morten, & Sue, 1993; Sue, 1981). 1단계인 순응의 단계(Conformity Stage)에서 개인은 자기비난을 하고 주요 문화가치에 동일시되는 것을 더 선호한다. 2단계인 부조화의 단계(Dissonance Stage)에서 개인은 주류 체제에 대해 갈등을 느끼고 문화적 혼돈상태에 있다. 3단계인 저항과 몰입의 단계(Resistance & Immersion Stage)에서 개인은 자신의 가치를 더 인정하고 주류사회를 거부한다. 4단계인 자기성찰의 단계(Introspection Stage)에서 개인은 자신과 주류사회에 관한 자신의 태도를 주의 깊게 평가한다.

둘째는 문화화로서 문화화란 소수집단 출신의 개인이 주류사회에 적응하는 과정을 의미한다. 문화화 이슈는 새로운 문화, 새로운 작업환경 그리고 상이한 의사소통과 상호작용 패턴에 적응하고 있는 1, 2세대 진로 내담자들에게 더 뚜렷하게 나타난다.

(5) 진로상담과정에 미치는 문화적 영향 이해

문화는 진로상담과정의 모든 측면에 영향을 미치므로 상담자는 문화의 특징이 상담과정과 어떻게 관련되는지에 대한 정보를 가져야 한다. 문화가 진로상담과정에 영향을 미치는 방식에 대하여는 다양한 의견이 오가고 있지만, 가장 중요한 예들은 다음과 같다.

① 다문화 내담자와 더욱 강한 작업동맹 형성하기. 내담자나 상담자의 인종적 · 민족적 배경과 상관없이 상담자는 유대감을 수립하고, 상담과정에 대한 내담자의 기대를 이해하고, 진로상담을 받으러 온 내담자의 욕구에 맞는 목표와 과제를 설정해서 내담자와 관계를 형성해야 한다.

② 창의적 불확실성의 자세를 유지하기. 내담자의 문화적 배경에 대하여 확실히 알지 못하면서 기존의 접근을 적용하려 하기보다는 창의적인 호기심을 가지고 밝혀 가야 한다.

③ 내담자의 인종적 특징의 강도 평가하기. 진로상담과정에서 상담자가 내담자의 인종적 특성 정도를 평가하는 것은 중요하다. 상담 초기에 내담자가 직업적 고정관념, 직무 차별 또는 진로 계획 과정에서 인종이 하나의 요인임을 어떻게 지각하는가를 이해하는 것은 매

우 중요하다(Helms & Piper, 1994).

④ 내담자의 환경을 명료화하기 위해 내담자 정보를 모으는 과정에서 내담자의 세계관, 문화화 수준, 인종 정체성 상태 등을 파악하기. 다문화 진로상담자는 이러한 중요한 구인들을 확인하고 평가하는 훈련을 받아야 한다. 예를 들어, 진로상담자는 인종 정체성 발달모형에서 많은 시사점들을 얻을 수 있다.

⑤ 사회적 네트워크와 역할모형을 이용하도록 격려하기. 사회적 네트워크와 역할 모형은 인종적 소수자인 내담자의 자기효능감을 증진시키는 데에 매우 중요하다. 자신과 유사하다고 여겨지는 역할 모형은 자신의 자기효능감 신념을 바꾸게 하는 강력한 동기유발제가 된다(Bandura, 1986). 진로상담은 내담자가 사회적 네트워크를 형성하고 사용하며, 유사한 역할 모형을 찾아내고, 모방하며, 활용하도록 도움으로써 크게 효과를 볼 수 있다.

⑥ 집단작업을 활용하고 진로상담과정에 확대가족을 포함할 것을 고려하기. 소수민족 출신의 내담자들은 보다 집단적이며 덜 개인주의적 세계관을 가지고 있다. 비구조화된 개인상담보다 진로탐색 집단과 같은 양식을 더 선호할 수 있다. 확대가족의 진로의사결정이 집단주의 문화에서는 가족의 결정으로 보이기 때문에 경우에 따라 확대가족을 상담에 초대하는 것도 가능하다.

⑦ 상담이 종결된 뒤에도 어려움을 경험한다면, 상담자를 다시 찾아오도록 격려하기. 이것은 직업 시장에서 인종적 편견이나 차별을 받을 우려가 있는 소수민족 내담자에게 특히 중요하다. 진로상담자는 내담자에게 내담자가 다시 찾아오는 것을 환영한다는 것을 분명히 알려야 한다. 이러한 초대는 진로 계획이 진행되면서 내담자가 보다 안전감을 느끼는 데 도움을 줄 것이다.

(6) 소수민을 위한 진로평가 기술 증진

내담자가 소수자인 경우 표준화 진로 측정치를 사용할 때는 특별한 주의가 필요하다. 많은 진로평가 도구들이 주류문화 출신의 개인들을 대상으로 개발되고 규준이 만들어졌기 때문이다. 윤리적인 다문화 평가와 연구는 연구자와 전문가가 복잡한 문화를 이해하여 개인의 반응과 행동들을 적절히 해석할 수 있을 때 실시해야 한다. 검사를 선택할 때는 측정되는 구인이 문화적으로 다른 개인들에게 동일한 의미를 갖느냐를 보아야 한다. 평가도구를 선정하기에 앞서, 진로상담자는 특정 측정치가 내담자의 의사결정과정에 유용한지를 결정하기 위해 내담자의 문화적 맥락에 대하여 충분히 조사해야 한다. 평가결과는 내담자들에게 반드시 해석해 주어야 하고, 평가결과에 대한 그들의 생각과 반응에 관하여 피드백을 요청해야 한다. 그래서 공식적 방법뿐 아니라 비공식적 방법으로도 정보를 모아야 한다. 비공식적 평가는 특히 그 민족을 대상으로 타당화 작업이 이루어지지 않은 측정치가 사용될 때 더욱 필요하다. 현재 우리나라의 연구 중에는 다문화 내담자를 대상으로 하여 표준화된 진로평가 도구들이 발견되지 않고 있다.

(7) 소수민의 진로장벽 이해

진로상담자들은 일의 세계에 자리 잡으려고 하는 소수민 내담자에게 많은 장벽들이 존재한다는 것을 알아야 한다. 이 장벽들 중 많은 것은 외적인 것이나 환경적인 것이며, 인종적 학대와 차별을 포함한다. 소수민의 사회경제적 수준은 매우 낮으며, 가난은 진로발달에 있어서는 심각한 장벽이다. 멘토나 역할 모형의 부족, 지지의 부족, 낮은 자기효능감과 낮은 결과기대 등도 유의해서 보아야 한다. 진로상담자는 내담자가 성공적인 진로 개발을 이루고 장벽을 극복하는 방법을 개발하기 위해 그들이 지각하는 장벽의 유형과 수준을 평가할 수 있도록 도와야 한다.

(8) 진로센터의 환경 검토

진로센터의 직원을 다양한 문화권 출신으로 구성하고, 내담자를 환영하는 물리적 환경을 조성한다. 소수민들은 다른 인종의 소수민들이 서비스를 이용하면, 그 서비스를 더 많이 이용하므로 적극적인 홍보도 중요하다(Flores & Heppner, 2002 재인용). 문화적으로 다양한 직원을 두게 되면, 다양한 문화권 출신 내담자들의 욕구 충족을 위한 센터의 서비스 개선방법에 대하여 지속적인 자문을 받는 것과 같은 효과가 있다(Heppner & Duan, 1995). 미술품, 포스터, 책과 비디오 등 다양성을 나타내는 자료들도 필요하다.

(9) 지속적인 전문성 발달

많은 상담자들이 문화적으로 다양한 내담자들을 상담하는 방법을 훈련받지 않은 채 대학원을 졸업하고 있다. 문화적 감수성과 역량은 일생에 걸쳐서 지속적으로 발달된다(Kiselica, 1999). 인종적 이슈를 중점으로 상담한 사례 컨퍼런스 참가, 다문화 역량에 초점을 둔 워크숍 참가, 소수민 진로발달에 대한 연구의 결과 탐구 등을 통해 상담자 자신의 문화와 내담자 문화의 차이를 발견할 수 있다.

2) 다문화 상담 수행 시의 주의사항

다문화 인구들을 위한 정책적 사업들이 활발하게 진행되고 있음에도 불구하고, 아직은 다문화 내담자와 작업해 본 경험이 있는 상담자보다 다문화 인구들을 접해 보지 못하고 다문화 인구를 대상으로 진행되는 경험적 연구와 사례연구 그리고 각종 세미나를 통해 간접적인 경험을 쌓고 있는 상담자들이 더 많다. 상담자마다 다문화 경험에 차이가 있지만 우리 사회의 다문화 과정이 급격히 진행되고 있는 만큼 다문화 내담자와 작업하는 데서의 시행착오를 줄이고 상담효과를 높이기 위해 다음과 같은 사항들에 대한 주의가 필요하다.

(1) 다문화 인구들에 대한 인식 전환

이주민과 그 자녀들을 포함하여 다문화 인구들은 생존과 자아실현을 위해 이 땅에서 '일'을 찾아야 할 사람들이라는 기초적인 인식이 확산되어야 한다. 이를 위해서는 전국민을 대상으로 하는 캠페인이 보다 적극적으로 실시되어야 한다. Flores와 Heppner(2002)의 주장대로라면 사회 환경을 개선하는 일도 진로상담자의 몫이다. 이주민들이 더 이상 '이주민'이라는 언어로 불리지 않을 정도까지 친숙해지는 작업이 지속되어야 한다. 일자리를 주거나 시혜를 베푸는 형식이 되어서는 안 된다. 이런 점에서 우리나라 사람의 일부 모습 중 우리 민족과 '다른' 사람을 보면 편치 않은 감정을 느끼고 명시적 · 묵시적으로 소외시키는 모습은 극복되어야 한다. 우리 민족을 대상으로 하는 진로상담이 자기 이해와 직업세계 이해를 바탕으로 합리적 의사결정을 할 수 있도록 돕는 것이라면 이들에게도 접근방법에서는 차이가 날지라도 취지만큼은 동일한 진로상담이 제공되어야 한다.

(2) 상담자의 평등의식과 인권의식 고양

상담자 자신의 평등의식과 인권의식도 고양되어야 한다. 모든 인류는 사고, 감정 그리고 행동에 대하여 유사한 능력을 가지고 있음을 인식해야 한다는 Axelson(1993)의 주장은 마음에 새겨 둘 만하다. 출신 문화가 다름으로 인해 내담자가 자신을 상담자에게 이해시키는 데 어려움을 느낄 수는 있지만 그에게도 존중과 공감과 순수한 대응이 필요하며, 직업을 통한 자기성장을 위해 노력하려는 성장동기가 있음을 잊지 않아야 할 것이다. 상담자에게 익숙하지 않은 직업에 관심을 보일지라도 인내심 있게 그 직업에 대한 정보를 내담자와 함께 탐색하고 진입방안과 적응방안을 모색해야 한다.

(3) 내담자 출신 문화권별 진로상의 특징 이해

상담자의 평등의식과 인권의식이 다문화 내담자들에게 실질적인 혜택으로 돌아가기 위해서는 상담자가 내담자의 출신 문화권별로 진로상의 특성에 대한 지식을 가지고 있어야 한다. 내담자의 문화권에서 촉망받는 직업은 무엇이며, 내담자는 어떤 경로를 통해 진로의사결정을 할 때 편안함을 느끼는지, 내담자 민족이 갖는 진로상의 주요 흥미 · 가치 · 적성은 어떤 것들인지에 대한 기초적인 지식들을 풍부히 가지고 있어야 내담자를 충분히 이해하고 적절한 개입방안을 마련할 수 있을 것이다. 이런 점에서 우리나라의 다문화 활동에서는 기초연구가 더 실시되어야 하고 상담자들 간에 활발히 공유되어야 한다.

(4) 다문화 상담과목 개설

다문화 진로상담을 유능하게 수행하는 상담자를 양성하기 위해서는 학부나 대학원의 상담자 교육과정에 다문화 상담과목이 포함되어야 한다. 이 과목에서는 현재 우리나라의 이주민을 구성하고 있는 문화권별로 각 나라의 진로관련 특징들을 탐구할 수 있는 자료들이 구체적으로 다루어져야 할 것이다. 물론 각 문화권별 진로상담자가 양성되면 더욱 좋겠지만, 이에 대하여는 차후 우리나라 이주민들의 동향을 고려하여 예비 상담전문가 각각의 선택에 맡겨야 할 듯하다. 특정 문화권 내담자를 다루는 상담전문가가 되기로 결정했다면, 그 문화권의 언어도 함께 배우도록 해야 할 것이다.

(5) 다문화 출신 상담자 고용

상담실에 다문화 출신의 상담원들을 고용하는 방안이 적극 고려되어야 할 것이다. 경우에 따라서는 상담자뿐 아니라 통역자나 교육자도 필요하다. 다수의 유학생이 있는 문화권에 대하여는 해당 문화권 출신의 상담자를 고용하는 방법도 유용할 것으로 보인다. 대학 상담소의 이러한 활동은 직접적으로는 대학 재학 중인 학생들의 복지 차원에서도 도움이 되며, 다문화 상담원들 및 내담자들을 통해 해당 문화권에 대한 지식들을 풍부하게 얻을 수 있을 것이다. 이러한 지식은 국제결혼 이주여성이나 외국인 근로자를 이해하고 상담하는 데 활용될 수 있을 것이다.

(6) 다양한 문화권별 심리검사 표준화

진로상담은 특성상 상담과정에서 심리검사 등의 상담도구와 직업정보들을 많이 다루게 된다. 심리검사 등의 상담도구들을 내담자의 언어와 문화에 맞게 표준화해야 하며, 직업정보들도 소수민들의 언어로 신속하게 해석하여 제공해야 한다. 이는 특히 이주 1세대 내담자들에게 절대적으로 필요한 일이며, 이주 2~3세대 내담자들에게도 이 작업은 필요하다. 이주 2~3세대일 경우, 어머니가 한국어에 익숙지 않아 부모의 진로지도를 받을 수 있게 하려면 부모의 출신국가 언어로 된 진로지도 방안 자료나 직업정보들이 필요하다.

❏❏ 요 약

다문화 진로상담은 하나의 독립된 이론이기보다는 모든 상담에서 반영해야 할 기본적 요소다. 이 장에서는 상담의 네 번째 힘으로서의 다문화 접근을 진로상담에 적용할 때 참고해야 할 사항들을 다문화 진로상담이론의 개관, 국내외 연구동향, 한국 내담자에 대한 적용 가능성으로 나누어 기술하였다.

다문화 상담이론의 개관에서는 교차문화 상담에서 다문화 상담으로의 변화과정과 현재 우리나라에서 다문화 상담이 왜 필요한지를 정리하였으며, 진로상담에 다문화적 시각을 보태 준 사회인지이론과 인종/성 생태학적 모형을 정리하고, 우리나라 주요 다문화 인구로서 북한 이탈 주민, 국제결혼 이주여성, 외국인 이주근로자, 외국인 유학생을 소개하였다. 다문화 진로상담에 대한 국내외 연구동향에서는 미국을 중심으로 한 아시아계 민족들의 문화적 특성과 상담의 관련성에 관한 연구들을 정리하고, Bingham과 Ward의 소수민 여성을 위한 다문화 진로상담 모형을 소개한 후 우리나라 다문화 진로상담 연구를 정리하였다.

한국 내담자에 대한 적용 원리에서는 문화적으로 유능한 진로상담자가 갖추어야 할 자질과 우리 사회에서 점차 늘어가는 다문화 상담의 요구들에 효과적으로 대처하기 위해 유의해야 할 사항들을 정리하였다.

현재 우리나라 여러 부처와 단체들에서는 다문화 사업을 경쟁적으로 벌이고 있어서 산발적이라는 느낌이 들 정도다. 이들 사업을 체계적으로 운영하려는 시도도 뒷받침되고 있으나 학문적인 연구는 최근 3년 동안에야 본격화되고 있다. 이에 이 장에서는 우리나라 다문화 상담 연구보다는 미국의 자료를 중심으로 시사점을 정리하는 데 그친 아쉬움이 있다. 그러나 다문화 관련 연구가 급속도로 진행되고 다문화가정 자녀들에 대한 관심이 높아지면서 진로상담 분야에서도 다문화 인구에 관심을 보이기 때문에, 차후로는 우리나라 연구들도 탄탄하게 축적되어 다문화 관련 사업이 내실을 기하는 데 기여할 것으로 보인다.

참고문헌

강일규, 김종우(2006). 새터민 직업훈련 프로그램 개발. 서울: 한국직업능력개발원.

교육과학기술부(2008). 2008 국내 외국인 유학생 통계. 서울: 교육과학기술부 국제협력국.

김태호(2008). 진로상담자의 다문화 상담능력 증진방안. 진로개발직업상담연구회 2008년 12월 콜로키움 자료집, 22-32.

김홍운, 김두정(2007). 한국 사회의 다문화 현상과 교육적 과제. 인문학 연구, 34(3), 153-176.

노경란, 김임태, 박봉수, 손종욱, 이로미, 전연숙, 편도인(2007). 새터민 취업지원 프로그램 개발 연구. 서울: 한국고용정보원.

법무부(2009). 자주 찾는 통계: 국적별 결혼이민자 체류현황. 법무부 출입국외국인 정책본부 자료실.

서장혁(2003). 탈북청소년의 진로성숙을 위한 진로집단상담 프로그램. 성균관대학교 석사학위 청구논문.

설기문(1993). 다문화주의의 입장에서 본 상담의 토착화와 한국적 상담의 가능성.

동아대학교 학생생활연구소. 학생연구, 21, 43-61.

임은미, 정성진, 김은주(2009). 국내 다문화 연구와 다문화 상담 연구의 현황. 상담학연구, 10(3), 1291-1304.

조영달(2006). 다문화가정의 자녀교육 실태조사. 서울: 교육인적자원부.

한영옥(2007). 유학생 유치규모 결정요인에 관한 연구. 서울대학교 석사학위 청구논문.

허은영(2009). 새터민 청소년을 위한 진로지도 프로그램 개발. 한국기술교육대학교 청구논문.

Atkinson, D, R., Lowe, S. L., & Matthews, L. (1995). Asian-American acculturation, gender, and willingness to seek counseling, *Journal of Multicultural Counseling and Development, 23* (3), 130-138.

Atkinson, D. R., Morten, G., & Sue, D. W. (1979). *Counseling American Minorities: A Cross-Cultural Perspective*. Dubuque, Iowa: Wm. C. Brown Co.

Atkinson, D. R., Morten, G., & Sue, D. W. (1993). *Counseling American minorities: A cross-cultural perspective* (5th ed., pp. 21-50). Dubuque, IA: McGraw-Hill.

Axelson, J. A. (1993). *Counseling and development in a multicultural society* (4th ed.). Pacific Grove, CA: Brooks/Cole.

Bandura, A. (1986). *Social foundations of thought and action: A social cognitive theory.* Englewood Cliffs, NJ: Prentice Hall.

Bingham, R. P., & Ward, C. M. (1996). Practical applications of career counseling with ethnic minority women. In M. L. Savickas & W. B. Walsh (Eds.), *Handbook of career counseling theory and practice* (pp. 291-351). Palo Alto, CA: Davies-Black.

Bronfenbrenner, U. (1977). Toward an experimental ecology of human development. *American Psychologist, 32* (7), 513-531.

Fernandez, M. S. (1988). Issues in counseling southeast Asian students. *Journal of Multicultural Counseling and Development, 16,* 157-166.

Flores, L. Y., & Heppner, M. J. (2002). Multicultural Career Counseling: Ten Essentials for Training. *Journal of Career Development, 28*(3), 181-202.

Fong, R. (2003). Cultural competence with Asian Americans. In D. Lum (Ed.), *Culturally competent practice* (2nd ed., pp. 261-282). Pacific Grove, CA: Brooks/Col Thomson Learning.

Gysbers, N. C., Heppner, M. J., & Johnston, J. A. (1998). *Career Counseling: Process, Issues On Techniques.* Boston: Allyn and Bacon.

Hackett, G., & Betz, N. E. (1981). A self-efficacy approach to the career development of women. *Journal of Vocational Behavior, 18,* 326-339.

Helms, J. E., & Piper, R. E. (1994). Implications of racial identity theory for vocational psychology. *Journal of Vocational Behavior, 44,* 124-136.

Heppner, M. J., & Duan, C. (1995). From a narrow to expansive world view: Making career centers a place for diverse students. *Journal of Career Development, 22,* 87-100.

Herr, E. L. (1989). *Counseling in a Dynamic Society: Opportunities and Challenges.* Alexandria, VA: American Association for Counseling and Development.

Ivey, A. E. (1986). *Development therapy.* San Francisco: Jossey-Bass.

Kaneshige, E. (1979). Cultural factors in group counseling and interaction. In G. Henderson (Ed.), *Understanding and counseling ethnic minorities* (pp. 457-467). Springfield, IL: Charles C. Thomas.

Kiselica, M. S. (1999). Preparing Anglos for the challenges and joys of multiculturalism. *The Counseling Psychologist, 26,* 5-21.

Landrine, H. (1995). Introduction: Cultural diversity, contexualism, and feminist psychology. In H. Landrine (ed.), *Bringing cultural diversity to feminist psychology: Theory, research, and practice* (pp. 1-20). Washington, DC: American Psychological Association.

Lee, C. C., & Richardson, B. L. (1991). Promise and pitfalls of multicultural counseling. In C. C. Lee and B. L. Richardson (des.), *Multicultural ichardsin C. C. Lee an New Approachrdsto Diversity.* Alexandria, VA: American Association for counseling and Development, 3-17.

Lent, R. W., Brown, S. D., & Hackett, G. (1994). Toward a unifying social cognitive theory of career and academic interest, choice, and performance. *Journal of Vocational Behavior, 45,* 79-122.

Leong, F. T. L. (1993). The career counseling process with racial/ethnic minorities: The case of Asian Americans. *Career Development Quarterly, 42,* 26-40.

Midgette, T. E., & Meggert, S. S. (1991). Multicultural counseling instruction: A counseling instruction: A challenge for faculties in the 21st century. *Journal of Counseling and Development, 70*(1), 136-141.

O'Brien, K. M., Heppner, M. J., Flores, L. Y., & Bikos, L. H. (1997). The career counseling self-efficacy scale: Instrument development and training applications. *Journal of Counseling Psychology, 44,* 20-31.

Pedersen, P. (1988). *A Handbook for Developing Multicultural Awareness.* Alexandria, VA: American Association for Counseling and Development.

Speight, S. L., Myers, L. J., Cox, C. L., & Highlen, P. S. (1991). A redefinition of multicultural counseling, *Journal of Counseling and Development, 70*(1), 29-36.

Sue, D. W. (1981). *Counseling the Culturally Different: Theory and Practice.* NY: John Wiley & Sons.

Sue, D. W. (1998). The interplay of sociocultural factors on the psychological development of Asians in America. In D. R. Atkinson, G. Morten, & D. W. Sue (Eds.), *Counseling American minorities* (5th ed., pp. 205-213). Boston: McGraw-Hill.

Sue, D. W., Arrendondo, P. A., & McDavis, R. J. (1992). Multicultural competencies/standards: A call to the profession. *Journal of Counseling and Development, 70*(4), 477-486.

Sue, D. W., Bernier, J. E., Durran, A., Feinberg, L., Pedersen, P., Smith, E. J., & VasgueZ-Nuttall, E. (1982). *Position paper: Cross-cultural competencies. The Counseling Psychologist,* 10, 1-8.

Sue, D. W., Ivey, A. E., & Pedersen, P. B. (2008). *Theory of multicultural counseling & therapy* (1st ed.). 다문화 상담의 이론과 실제(김태호, 임은미, 김인규, 은혁기, 김명식, 서혜석, 하혜숙, 김영혜, 김수아, 정성진 공역). 태영출판사. (원전은 1996년에 출판됨)

Sue, S., & Okazaki, S. (1990). Asian American educational achievements: A phenomenon in search of an explanation. *American Psychologist, 45*

(8), 913-920.

Sue, D. W., & Sue, D. (1990). *Counseling the culturally different: Theory and practice* (2nd ed.). New York: Wiley.

Zunker, V. G. (2006). *Career Counseling: A Holistic Approach* (7th ed.). Brooks/Cole Thomson Learning, 521-523.

제11장

진로상담 분야의 대안이론[12)]

대안이론은 합리성을 중시한 기존의 상담이론과는 다른 시각에서 진로결정과 선택과정을 이해하고자 한다. 이 장에서는 대안이론이 발생하게 된 배경과 함께 각 관점을 개략적으로 살펴보았다. 이어서 대안이론의 관점에서 진행된 연구결과들을 검토한 후 한국 내담자들에게 이 관점을 적용하게 되었을 때 고려해야 할 사항들을 연구의 측면과 실제의 측면에서 제시하였다.

1. 이론의 개관

1) 대안이론의 발생 배경

진로상담 분야에서는 1990년대를 전후로 하여, 기존의 진로상담이론[13)] 들이 갖고 있는 문제점을 지적하면서 대안이론을 제안하는 학자들이 생

12) 이 장의 일부 내용은 한국상담학회의 상담학 연구, 제10권 제1호(2009)에 '진로선택과정에서 우연 혹은 기회의 역할 고찰' 로 게재된 것임.

겨나기 시작하였다. 이들은 대안이론이 새로운 철학적 사조를 반영해야 하며, 최근의 변화하는 사회경제적 환경들을 설명해 줄 수 있어야 한다고 주장하였다. 또한 객관성에 치중하기보다는 개인적이고 주관적인 의미들을 담아 낼 수 있는 연구방법들을 개발해야 한다는 사실도 제시하고 있다. 이러한 주장들은 진로선택의 과정을 설명할 때 대표적으로 떠올리는 이론인 Parsons의 특성-요인이론에서 벗어나고자 하는 시도라 할 수 있다. Parsons 이후 많은 진로선택이론들이 나타나고 있지만(예를 들면, Gati, 1986; Peterson, Sampson, Reardon, & Lenz, 1996; Pitz & Harren, 1980), 대부분의 이론은 이성의 합리성을 신뢰하며, 충분한 양의 직업정보들을 수집함으로써 최적의 선택이 가능하다는 확신을 개인에게 심어준다. 이 이론들은 20세기에 팽배한 논리실증주의적이고 환원주의적인 전통을 그대로 반영한 것으로서, 진로결정과 발달과정에 관련되는 소수의 변인들에만 초점을 맞추고 있다(Bloch, 2005; Pryor & Bright, 2003). 환원주의적 패러다임에 따르면 전체는 부분으로 분리될 수 있으며, 부분의 이해를 통해서 전체의 이해가 가능하다. 원인과 결과는 직선적 인과관계에 있기 때문에 원인을 알게 되면 결과를 예상할 수 있고, 결과를 알면 원인을 추측할 수 있다는 점에서 결정론적이다. 실증주의적 패러다임에서는 실재란 이해될 수 있고, 가치중립적이며, 객관적으로 연구될 수 있음을 강조한다. 이러한 철학적 가정을 기초로 한 전통이론들은 이성, 객관성, 합리성에 상당히 높은 가치를 두고 그 외의 영향은 무시하는 관점을 내포하고 있다(Hartung & Blustein, 2002).

하지만 현재 우리가 사는 시대는 Parsons가 직업 보도국을 만들며 개인 특성과 직업 간의 매칭이 가능하다고 주장할 수 있던 시대가 아니다.

---

13) 이하 전통이론이라 칭한다. 어떤 이론들을 전통이론으로 볼 것인가에 대해서는 이견이 있을 수 있으나, 이 장에서는 Parsons의 특성-요인이론을 비롯하여, 진로의사결정의 합리성을 강조한 이론들을 전통이론으로 보았다.

과거에는 변화보다는 안정이, 개혁보다는 보수가 우선시될 수 있었지만, 급속하게 변화해 가는 현대 사회 속의 우리는 퇴보하지 않기 위해서 끊임없이 변화해야 하며, 계속되는 선택의 과정 속에서 유연한 적응을 요구받고 있다. 새로운 직업들이 끊임없이 만들어지고, 사라지는 시대에 살고 있는 현대인들에게는 기존의 진로이론들이 한계를 갖고 있기 때문에 새로운 이론이 요구된다.

새로운 이론은 어떤 철학을 반영해야 할 것인가? 학자에 따라 조금씩 견해를 달리하기는 하지만, 대체적으로 보다 맥락주의적(Young, Valach, & Collins, 1996)이고 사회구성주의적이어야 하며(Richardson, 1993), 복잡한 체제를 포괄할 수 있는 새로운 체제이론(Bloch, 2005)을 반영해야 한다는 쪽으로 의견이 수렴된다.

Pepper(1942)가 맥락주의라 이름 붙인 패러다임의 기본 개념은 발달적 변화가 능동적 유기체와 능동적 맥락 간의 양방향적 관계의 결과로 발생한다는 것이다. 즉, 맥락이 개인을 변화시키는 것과 마찬가지로 개인도 맥락을 변화시킨다. 맥락주의는 개인과 맥락의 상호 확장적인 특징을 강조하고, 환경으로부터 개인을 분리하는 것이 기본적으로 부적절하다는 점을 강조한다. 맥락은 인간의 내부에 존재하며 개인적으로 발생되지만, 맥락을 만드는 개인은 맥락적으로 만들어진다. 즉, 우리가 만드는 맥락은 우리를 만드는—제한함과 동시에 자유롭게 하는—맥락이다. 개인의 발달은 맥락의 일부이며, 개인이 발달함에 따라 개인들은 자기 자신에게 힘을 주고, 그 힘을 이끄는 맥락을 구성한다(Blank, 1986). 이러한 관점에서 Vonderacek, Lerner와 Schulenberg(1986)는 개인의 진로발달과정에서 안정과 변화를 산출하는 맥락과 개인 간의 상호작용을 강조한 바 있다. 따라서 발달의 보편성과 최종적인 결과에 초점을 두기보다는 개인의 진로발달과정에 관심을 두어야 하며, 특히 발달의 독특성에 보다 관심을 둘 필요가 있다. 이를 위해서는 개인이 자신을 둘러싼 맥락을 어떻게 이해하고 해석하고 있으며, 현상을 구성해 나가는지를 확인하려는 노력이 필요할 것이다. 따라서 보편적으로 구성된 맥락이 있는 것이 아니며, 개인적으로 이해하고 해석한 주관적인 맥락이 더 중요하기 때문에 연구방법의 적용에 있어서도 개인의 이야기, 자서전, 면담 등의 방법이 보다 의미 있는 결과를 산출하게 된다.

사회구성주의적 관점에서는 세상에 대한 우리의 지식이 객관적인 사실이라기보다는 우리가 어떻게 주관적으로 세상을 이해하고 해석하였는가, 즉 구성하였는가에 달려 있다고 주장한다. 현실은 너무 복잡하기 때문에 우리가 실제에 적응하고 기능하기 위해서는 우리 자신의 관점에 따라 선택하고 구성해 나갈 수밖에 없기 때문에 우리는 객관적인 사실에 영향을 받기보다는 주관적인 구성 또는 해석에 영향을 받는다. 따라서 Young, Valach와 Collins(1996)의 주장처럼 진로란 연속된 행동들을 꿰뚫는 구성의 과정이라 할 수 있으며, 행동을 설명하고 조직하는 일종의 틀이다. 또한 진로결정에 대한 개인의 주관적인 의미를 확인하고 다양한 맥락적 영향원을 파악해야 한다(Richardson, 1993). 우리는 진로결정과정에 대한 정형화된 틀을 제시할 수 없으며, 오히려 개인의 고유성과 독특성을 인정하고 일종의 호기심 어린 시선으로 개인의 진로선택과정에 접근해야 할 필요가 있다. 예를 들어, 전통이론에서는 진로결정이나 직업적 성공에 대해 한 가지 기준이나 관점을 적용하지만 사회구성주의적 관점에서는 개인에 따라, 문화에 따라 그리고 개인의 발달시기에 따라 그 의미가 달라질 수 있으며, 그 모두가 중요한 관점임을 인정한다. 즉, 기존의 규범지향적인 접근방법을 벗어나서 개인의 진로사에 보다 심층적으로 접근하여, 개인이 진로선택 및 적응과정에서 경험하는 모든 것을 담아 내려는 연구방법론을 선택하고자 한다. 이에 따라 기존에 무시되어 왔던 개인의 목소리와 삶에 대한 재인식이 필요하다는 사실을 인식하게 되었으며, 연구결과의 객관성을 지향하기보다는 면담자와 피면담자 간의 상호작용을 통한 상호이해 확장이라는 새로운 타당도가 필요하다. 즉, 객관성이 중요한 것이 아니라 상호 주관성 또는 상호 소통이 더 중요해지게 되었다.

시스템 이론에서는 환원주의적인 분석을 지양하며, 모든 실제가 복잡하게 상호 연결되어 있음을 보여 주려 한다(Kauffman, 1995). 따라서 순간적인 질서나 안정된 상태가 나타날 수 있어도 이것은 일시적인 현상에 불과하며, 지속적인 현상과정 속에 모든 체제가 놓여 있고, 복잡하고 역동적인 체제는 그 안정을 위해서 끊임없는 적응을 필요로 하게 된다. 세상은 닫힌 체제가 아니라 열려진 체제이기 때문이다. 각 요소들의 다양성과 상호 연결된 영향, 변화 가능성과 우연의 영향을 근본적으로 배제할 수 없으며, 최종적인 결과는 존재하지 않고 끝은 다시 시작으로 연결된다는 변증법적 해석을 기저에 깔고 있다(Stacey, 2001). 이에 따라 이 체제에서는 소위 우연 유인(strange attractor), 즉 예측할 수 없으며 분명히 산발적으로 발생하는 현상의 영향을 당위적으로 인정해야만 한다(Pryor & Bright, 2005).

이러한 배경에 기초하여 최근 형성되고 있는 새로운 주장 또는 이론을 어떻게 지칭할 것인지에 대해서는 학자들마다 그 견해를 달리하고 있다. Babany 등(2008)은 대안이론이 근본적으로 모호성과 불확실성에 대한 대처를 강조하고 있다는 점에서 '경험주의적인' 모형이라 주장한다. Hartung과 Blustein(2002)은 진로의사결정과정에서 내용, 합리성, 독립성과 객관성을 강조하는 전통이론에 비하여, 과정, 정서, 문화와 비인지적 요소를 강조하는 이론을 대안이론이라 칭한다. 어떤 이름으로 불리건 간에, 새로운 진로이론들은 그동안 전통이론에서 강조되어 왔던 합리성이나 객관성보다는 직관, 영성, 정서와 같은 비합리적 요소들의 영향에 주목하며, 우연한 사건이나 기회와 같은 통제할 수 없는 요인들의 역할과 기능에 관심을 둔다. 또한 천편일률적으로 부여되는 규범적 의미가 아니라 개인이 처한 맥락과 개인의 가치지향에 따라 다르게 해석되는 일의 의미를 중시하며, 그러한 의미화 과정에서 중요한 역할을 담당하는 진로상담자의 역할을 강조하려 한다.

2) 대안이론

그렇다면 '어떠한 이론들을 대안이론으로 볼 것인가'에 대해 명확하게 답하기는 힘들다. 이 절에서는 여러 대안이론 중에서 복잡하고 열린 체제 속에서 발생되는 개인의 진로행동에 주목한 진로 무질서이론과 우연, 직관, 정서 그리고 영성과 같은 비이성적 요인들의 역할에 주목한 비이성적 이론들을 중심으로 그 내용을 살펴보았다.

(1) 진로 무질서이론

① 진로 무질서이론의 주요 주장

무질서이론은 체제 내에서의 모든 요소들이 상호작용하며(Kellert, 1993) 복잡하게 엉켜 있기 때문에 이를 단순하게 설명할 수 없다는 전제에서 출발한다. 즉, 비예측성과 비선형성이 무질서이론의 특징이다. 인간의 경험 및 환경 모두가 복잡한 전체를 이루기 때문에 예측할 수 없는 사건이 나타날 가능성이 높아진다. 체제는 변화에 적응하려 노력하기 때문에 무질서하게 움직여 가며, 상당히 역동적인 특징을 지닌다. 또한 작은 변화라 할지라도 결국에는 체제에 아주 커다란 영향을 주게 된다. 진로발달에 무질서이론을 적용하게 되면, 개인을 복잡하고 역동적인 체제로 이해해야 하며, 진로는 체제로서의 개인이 나머지 세상(다층적으로 층화된 체제로 이해되어야 함)과 상호작용하면서 나타나는 확산적 특성으로 이해해야만 된다. 이러한 복잡하고 역동적인 체제로서의 인간을 이해하기 위해 Bloch(2005)는 다음과 같이 그 특징을 규정하고 있다.

- 자기 재생산: 인간은 지속적으로 자신의 진로를 변화시켜 나간다.
- 개방적인 상호교환: 본질적으로 인간은 세상과의 소통 속에 존재하며, 끊임없이 관계를 맺어 가면서 역동적이고도 복합적으로 형성되어 간다.

- 네트워크에의 참여: 인간의 물리적, 심리적, 영적 측면의 상호관계는 직선적이거나 일방적일 수 없으며, 상호 교차된 네트워크상에서 존재하게 된다.
- 부분: 개인의 진로는 그 사람 전체 생애 경험의 일부다.
- 질서와 무질서 간의 단계 이동: 개인은 변화 속에 던져져 있으며, 지속적으로 질서와 무질서 사이를 이동하게 된다.
- 최적의 적합성 추구: 개인은 단계 이동을 하는 과정에서 최적의 선택을 하고자 하지만 이는 항상 위험부담을 안고 있다.
- 비선형적 역동: 단계변화는 비선형적이다. 따라서 각 개인의 진로 경험들은 독특하게 이해되어야 한다.
- 작은 변화가 큰 결과를 야기할 가능성: 예측할 수 없는 작은 사건들이 진로상의 중요한 차이를 만든다.
- 성장을 제한하는 유인들(attractors): 개인의 진로발달은 여러 동인들의 제한을 받으며 이에는 목표 유인(point attractor), 진동 유인(pendurum attractor), 패턴 유인(torus attractor)이 속한다.
- 우연 유인의 출현과 그 역할: 우연 유인이 나타남으로 인해서 새로운 형태의 진로가 나타날 수 있다. 인생에는 예상치 못한 반전이 나타날 수 있으며, 경이로운 사건을 만남으로써 진로가 변화될 수 있다.

복잡하고 역동적인 체제가 변화에 민감하다는 점은(Lorenz, 1993) 나비효과에서 쉽게 드러난다. 어느 한 시점에서의 변화는 예측할 수 없는 커다란 결과로 귀결될 수 있다. 체제의 복잡성 때문에 어떤 변화나 단계상의 이동을 예측하는 것은 어려우며 불가능하다고도 할 수 있다. 때때로 질서나 안정상태가 나타날 수는 있지만 이는 순간적인 시점에서의 안정에 불과하기 때문에 본질적으로 불안정 속에서 잠깐 동안의 안정상태라 여겨야 한다. 이러한 점에서 변화에 대한 정확한 예측을 기대하기보다는 변화에 따른 적응을 기대하는 편이 낫다고 할 수 있다.

하지만 실증주의를 기반으로 한 진로상담이론은 변화보다는 안정을 가정하고 전개되었기 때문에 이론과 실제 양 측면에서 한계를 안고 있다. Pryor와 Bright(2003b)는 기존의 이론이 진로발달과 선택에 있어서 중요한 네 가지 요소를 적절하게 설명하지 못함을 지적하고 무질서이론이 이 한계를 극복할 수 있다고 주장한다. 그들의 주장은 다음과 같다. 첫째, 기존의 이론은 개인의 진로에 영향을 주는 잠재적 영향원을 충분히 포함하지 못하고 있으며 특히 객관적인 맥락뿐만 아니라 주관적인 맥락의 영향을 포괄하지 못하고 있다. 둘째, 기존 이론은 매칭 또는 조화의 역동에만 초점을 둔 편협한 관점으로서 인간의 상호작용적이고 적응적인 특성을 충분히 반영하지 못하고 있다. 셋째, 기존 이론은 인간이 현상과 경험을 새롭게 해석해 나가고, 의미를 부여할 수 있다는 점을 간과하고 있다. 넷째, 진로발달이 때때로 예상하지 못하였던 사건과 경험, 즉 우연에 의해 변화될 수 있으며, 때로는 그 영향이 결정적으로 중요할 수 있다는 사실을 기존의 이론은 담아 내지 못한다. 이러한 복잡성, 변화, 구성주의적 시각, 우연에 대한 강조는 진로발달과 선택과정에서 중요하게 고려해야 할 네 가지 요소라 할 수 있다.

전통이론이 가지는 이러한 한계를 무질서이론에서는 수렴적 특성이라 지칭하면서 새로운 이론은 보다 확산적인 특징을 지녀야 하며, 이를 통해 창의성과 직관, 개방적 선택지들이 자리할 여지를 마련할 수 있다고 보았다(Admundson, 2003). 무질서이론의 관점에서 보면 진로의사결정은 다음과 같은 확산적 특징들을 지니게 된다.

- 개인의 책임을 수용하기
- 선택하기
- 두려움을 이기고 행동화하기
- 긍정적인 행동을 유지하기
- 낙관적 태도와 경이감을 갖고 미래를 조망하기

- 새로운 지식들을 탐구하기
- 상황을 동시적으로 다양하게 설명하기
- 불확실성을 인식하고, 환영하기
- 불완전한 지식을 갖고 있음에도 계속적으로 일을 수행해 나가기
- 자신의 호기심에 반응하기
- 위험을 감수하기
- 실패로부터 학습하기
- 자신의 열정에 따라 행동하기
- 자기 내면의 직관에 귀 기울이기

무질서이론은 기본적으로 체제이론의 관점을 취하기 때문에 유인(attractor)이라 불리는 체제이론의 네 가지 일반적인 행동패턴을 가정한다(Bloch, 2005; Bright & Pryor, 2005). 여기에는 목표 유인, 진동 유인, 패턴 유인, 우연 유인이 속한다. 목표 유인이란 체제가 지향하는 궁극적인 상태로 움직여 가는 것을 의미한다. 진동 유인이란 두 개의 양 극단 사이에서 체제가 움직이는 것을 의미한다. 패턴 유인은 복잡하기는 하지만 시간이 흐름에 따라 일정한 패턴을 보이는 것을 의미한다. 마지막으로 우연 유인은 우연을 포함하는 개념으로서 복잡한 패턴의 이동이 특징이다. 즉, 우연 또는 기회에 의해 체제의 변화가 상당히 극적으로 나타날 수 있다. 무질서이론을 주장하는 학자들은 계획되지 않고 우연적인 사건이 진로행동에 상당히 큰 영향을 준다는 사실을 직시해야 하며(Bloch, 2005; Bright & Pryor, 2005; Bright, Pryor, & Harpham, 2005), 이를 상담실제에서 다루어야 한다고 주장한다. 진로 무질서이론에서는 우연 유인만이 우리가 살고 있는 현실과 진로변화를 적합하게 개념화해 줄 수 있다고 주장하기도 한다(Pryor & Bright, 2008).

② 진로 무질서이론의 상담기법

Pryor와 Bright와 같은 진로 무질서이론 주창자들은 다양한 상담방법을 제안하고, 그 결과들을 제시하면서 자기 이론의 유용성을 홍보하려고 노력하고 있다(Borg, Bright, & Pryor, 2006; Bright & Pryor, 2005; Pryor & Bright, 2006; Pryor, Admundson, & Bright, 2008). 이들이 제안한 기법과 상담활동을 간단하게 살펴보면 다음과 같다.

현실 체크리스트(Reality Checklist) 개인에게 체크리스트를 준 후 각각의 문항에 응답하게 한다. 이 리스트에는 예를 들면 "예기치 않은 사건이 당신의 삶에 영향을 미친 적이 있는가?" "어떤 것을 몰랐기 때문에 이득을 얻었던 적이 있는가?"와 같은 질문이 포함되어 있다. 이후 '그렇다'란 반응이 많이 나온 질문을 중심으로 토의한 연후에 '아니다' 란 응답이 나온 질문을 대상으로 서로의 생각을 나누도록 상담자가 집단을 이끈다.

복잡성 지각 지표 복잡성 지각 지표는 계속적인 변화에 대한 개인의 전형적인 반응을 측정하기 위하여 고안되었다. 이 지표에는 지속적인 변화, 비선형성, 단계변화와 같은 진로 무질서이론의 주요 개념들이 포함되어 있다. 이 지표를 통해 내담자의 열려진 사고를 확인할 수 있으며, 변화에 대한 수용도를 측정할 수 있다.

행운 준비도 지표 행운 준비도란 우연에 의해 만들어진 결과와 기회를 인식하고 활용하며 적응하는 능력을 의미한다. 이 지표에는 8개의 차원이 포함되어 있다. 융통성, 낙관주의, 위험감수, 호기심, 인내, 전략, 효능감 그리고 행운이 그것이다. 이러한 특징들은 개인이 불확실성을 감내할 수 있는 능력과 관련된다.

기회 카드(Chance Card) 이 작업에서는 내담자들이 '때때로…… 상황에서 마술이 일어난다면……' 이란 질문이 적혀진 기회 카드를 뽑은 후

의견을 나누게 한다. 이를 통해 내담자들은 자신이 예상하지 못하였던 여러 사건을 어떻게 받아들이고, 이에 대처할 수 있을지를 생각해 볼 수 있게 된다.

매체 활용 〈당신이 잠든 사이〉 또는 〈Butterfly Effect〉와 같이 예측할 수 없는 사건의 영향을 다룬 영화들을 보여 주고 토론하게 함으로써, 진로 무질서이론의 기본 가정을 내담자들이 이해할 수 있도록 돕는다.

이들이 제안한 상담기법들은 공통적으로 네 가지 특징을 갖고 있다. 첫째, 내담자들에게 자신이 살고 있는 현실이 무질서하다는 것을 인식시키려 한다. 둘째, 우리가 살고 있는 세상이 복잡하고 무질서하기 때문에 우리가 모든 것을 알고 진로의사결정을 할 수 없다는 사실을 깨닫도록 도우려 한다. 셋째, 작은 변화가 큰 결과를 만들 수 있으며, 세상에는 많은 우연한 사건이 발생하므로, 이를 활용하여 기회로 만들 수 있는 능력을 북돋우려 한다. 넷째, 내담자가 미처 기억해 내지 못한 과거 경험을 적극적으로 발굴해 냄으로써, 경험을 통한 학습기회를 제공하고 적극적으로 관점을 전환시키려 한다.

(2) 비이성적 이론

지금까지 수십 년간 진로의사결정에 있어서 합리성과 계획성이 중시되어 왔다면 새로운 의사결정이론은 비합리성과 직관적 사고의 활용을 중시한다(Babany et al,, 2008; Hartung & Blustein, 2002; Krieshok, 2001). 과거에는 의사결정과정에서 되도록 체계적인 방법을 활용하고 정보를 수집 분석한 연후에 미래의 결과를 예측하여, 이를 토대로 의사결정하는 방식이 장점을 갖고 있었다. 하지만 실제 개인의 의사결정과정은 합리적이거나 체계적이기보다는 비합리적이고 직관적으로 이루어지는 경우가 많으며(Heppner & Krauskopf, 1987; Phillips, 1997), 의사결정과정에서 정보의 왜곡이 매우 많이 발생한다. 개인의 직업 선택과정을 2단계로 설명하는 학자도 있다(Neisser, 1967). Neisser(1967)는 첫 번째 단계에서는 현상을 무의식적으로 해석하고, 두 번째 단계에 가서야 의식적인 검열이 일어난다고 주장한다. 우리가 일상에서 하는 대개의 결정은 2단계에 가기 전에 이루어지는데, 진로결정과정도 이러한 범주에서 벗어나기 어렵다(Bluestein & Strohmer, 1987). 따라서 의식적인 선택을 지나치게 강조하는 현재의 경향에서 탈피하여(Krieshok, 2001), 현명한 무의식(Bargh & Barndollar, 1996), 즉 직관에 무게를 두어야 한다는 주장도 제기되고 있다. 이러한 주장들은 개인이 과연 합리적으로 의사결정을 하고 있는 것인가에 대한 문제제기라 할 수 있다(Krieshok, 2001에서 재인용).

급속히 변화하고 발전하는 현대 사회에서 개인이 미래를 예측하는 것은 불가능할뿐더러 유연하게 변화에 동참하고 적응할 수 있는 능력을 퇴보시키는 결과를 낳을 수 있다. 이 시대에는 계획성과 합리성을 강조하기보다는 개인으로 하여금 변화에 민감하게 반응하고, 불확실성과 모호함을 견디면서 적응적인 반응양식을 새롭게 개발할 수 있도록 도와주는 것이 진로상담자의 과제일 수 있다. 이러한 관점에서 새로운 진로의사결정 이론은 비합리성과 직관, 불확실성에 대한 긍정적인 태도를 그 내용에 포함해야 하며, 주관적 의미 만들기를 강조하는 후기구성주의적 시각들을 수용해야 한다(Savickas, 1993).

① 긍정적 불확실성 이론

Gelatt(1989)의 긍정적 불확실성 이론에서는 의사결정자들이 확실성과 합리성에 대한 맹목적인 추구에서 벗어나 보다 유연한 태도로 의사결정 과정에 임할 것을 강조한다. 의사결정과정에서는 예측할 수 있는 사태보다는 예측할 수 없는 사태의 영향이 더 크게 나타날 수 있다. 따라서 그는 의사결정과정이란 정보를 활용하여 선택하고 활동하도록 배열하는 과정이라고 정의 내리고, 과거와는 다른 정보수집, 의사결정과정, 행동화를 요구한다. 이를 보다 자세히 살펴보면 다음과 같다.

첫째, 정보에 대한 인식을 바꾸어야 한다. 모든 정보는 급속하게 구식이 되기 때문에, 완벽한 정보란 존재하지 않는다. 오늘 유용했던 정보는 내일이면 폐기되어야 할 정보가 될 수 있다. 정보를 더 많이 수집한다고 해서 확실성이 높아지는 것도 아니다. 오히려 불확실성이 더 증가할 수도 있다. 정보를 더 많이 가질수록 우리가 모른다는 사실만 더욱 분명해질 뿐이다. 사실상 객관적인 정보란 존재하지 않는다. 주관적인 평가에 따라 그 유용성이 달라질 뿐이다. 따라서 정보수집도 의사결정과정의 일부이기는 하지만 상담자는 내담자로 하여금 자신의 안목을 활용하여 정보의 경중을 평가하고, 어느 시점에서는 독창적인 판단에 의해 의사결정에 임할 수 있도록 도와야 할 것이다.

둘째, 의사결정과정에서도 과거의 패러다임을 수정해야 한다. 즉, 객관적이고 합리적인 의사결정, 명확한 목표설정과 현실 인식을 토대로 한 의사결정만이 최고는 아니며, 때로는 자기 기만이나 환상도 유용한 대처방식이 될 수 있다. 따라서 상담자는 내담자로 하여금 자신의 주관을 개발하도록 지원하고, 자신의 고루한 신념을 바꾸어 도전적인 태도를 지니도록 격려할 필요가 있다. 즉, 과거를 기억하고, 경험에서 배울 것은 배우되, 미래에 대한 꿈을 꾸고 상상력을 현실화할 수 있도록 내담자를 북돋우어야 한다.

셋째, 행동화과정에서는 합리성과 융통성의 조화가 필요하다. 이성적 판단에 편향되거나 직관적 판단에만 전적으로 의존하기보다는 이 둘 간의 적절한 조화를 통한 선택과정이 필요하다. 상담자는 내담자로 하여금 과거를 기억하고, 미래를 상상하며, 융통성을 발휘할 수 있도록 격려할 필요가 있다. 변화에 부응함과 동시에 변화를 만들 수 있는 능력을 인식하도록 해야 한다. 이러한 인식은 과거의 낡은 습관을 파기하고 새롭고 적극적인 행동양식을 내담자가 만들어 낼 수 있는 토대가 되므로, 상담자는 이 과정을 도와주어야 할 것이다.

Gelatt(1989)가 새로운 의사결정이론이라고 제안한 긍정적 불확실성 개념은 의사결정자의 태도에 대한 당위론이다. 변화하는 사회에서 살고 있는 우리가 적극적으로 변하면서 역동적인 삶을 유지하게 만드는 것은 삶에 대한 태도다. 역설적이게도 끊임없는 변화 속에서 유일하게 변하지 말아야 할 것이 불확실성에 대한 긍정적 수용이다. 그렇다면 상담자는 내담자에게서, 그리고 상담자의 삶 속에서 이러한 낙관적이고 적극적인 태도가 자리 잡을 수 있는 토양을 마련하고, 이를 지원, 격려해야 할 것이다.

② 정서중심이론과 영성이론

분노, 걱정, 열정, 불안과 같은 정서가 우리를 움직여 나간다는 사실을 알고 있음에도 불구하고, 진로상담 영역에서는 정서와 진로행동 또는 일의 관계에 대해 거의 관심을 두지 않아 왔다. 전통이론이 인지 또는 이성적인 판단을 중요시하는 서구의 합리적 철학사조의 영향을 상당히 받았기 때문이다. 하지만 실제로 일과 관련된 직업 영역에서 우리는 우리의 감정에 따라, 또는 때로는 감정을 억누르면서 행동하고 있다는 사실을 익히 알고 있다.

Weiss와 Cropanzano(1996)와 같은 학자들은 정서의 역할에 주목하여 '정서이론' 을 주창하였다. 이들은 특정한 일과 관련된 사건에 대한 명확한 반응을 정서라 칭하면서, 특정한 정서반응이 후속적으로 일과 관련된 여러 가지 일화를 이끌어 낸다는 사실을 강조한다. 우리의 진로결정행동에는 은연중에 정서가 상당히 중요한 역할을 하고 있으며, 직장에서의 태도, 일과 관련된 경험이나 행동에 있어서도 정서가 그 주도적 기능을 담당하고 있다. Kidd(1996)의 진로결정과정에 대한 3각 이론에서도 정서가 중요한 한 축에 놓여 있다. 그가 제안한 진로결정의 세 가지 축은 진로의사결정 기술, 진로관리 기술, 진로 탄성이다. 진로결정 기술은 자기 자신과 직업 기회에 대한 자각과 관련된 지식과 기술을 의미하며, 진로관리

기술은 정체감 명료화, 가치와 목표에 대한 지속적인 평가, 자기와 상황에 대한 감독과 탐색, 그리고 조직적인 진로 체계를 관리하는 대인 기술과 조정 기술을 포함한다. 마지막으로 진로 탄성은 주로 태도적인 측면과 정서적인 측면을 포괄하는 개념으로써 불확실성을 인내하고, 낙관적인 태도로 자존감을 유지하면서 미래에 대한 융통성 있는 포부를 발전시켜 나가는 정서적인 능력을 의미한다.

정서중심이론은 진로결정이나 진로발달과정에서 인지적 영역만을 강조하는 데서 벗어나 정서, 인지, 행동 간의 조화로운 역동을 고려해야 하며, 행동의 결정과정에서 더 중요한 것은 인지가 아니라 다른 무엇, 예를 들면 정서이거나 삶에 대한 태도일 수 있음을 보여 주려 한다. 이런 점에서 영성과 일의 관계를 제안한 주장에도 귀 기울여야 한다. 그동안 전통이론이 영성, 의식, 목적이 일에서 차지하는 의미를 탐구하는 데 소홀하였다는 Savickas(1997)의 문제제기에 부응한 연구자들도 있는데, 이들은 영성과 일을 관련지으려 한다.

Bloch(2005)는 체제이론의 관점에서 복잡하고 적응적인 체제가 상호연결되게 만드는 것은 결국 영성이라 주장하면서, 진로상담이란 곧 영성상담이 되어야 한다고 권고한다. Kinjerski와 Skrypnek(2008)도 일에서의 영성은 일을 통해 의미를 찾고 공헌하며, 타인에 봉사하려는 개인의 내면생활을 의미한다고 언급하였다. 이들은 진로상담자가 해야 할 일은 내담자들이 일을 통해 점차 충족감을 느껴 갈 수 있도록 돕는 것이라 보았다. 진로상담을 일에서의 영성을 확인하도록 돕는 작업으로 이해했으며, 영성상담과 진로상담의 지향점을 같게 보았다는 측면에서 Bloch(2005)의 관점과 동일하다 할 수 있다.

일에서의 영성이 어떤 경로를 통해서 획득되는지를 확인하기 위하여 Kinjerski와 Skypnek(2008)는 각자의 직업에서 전문가라 할 수 있는 사람들을 면담하였다. 그 결과 이들은 직장에서 영성을 획득하는 네 가지 경로를 확인하였는데, 이곳이 내가 있어야 할 곳이라는 소명의식, 자신의 모든 내면적 힘이 합일하는 느낌, 변화를 일으키는 결정적인 계기, 자신이 속해 있는 맥락에 대한 민감성 등이 그것이다. 탐색적인 연구를 통해 추출된 이상의 네 가지 경로는 Bloch와 Richmond(1998)가 제안한 일과 영성 사이를 연결하는 7가지 고리들과 상당히 중복된다. 이들이 제시한 7가지 연결고리는 다음과 같다.

- 변화: 자기 자신과 자신을 둘러싼 세상의 변화에 개방적인 자세
- 균형: 자기 삶의 여러 영역에서 이루어지는 활동 사이의 균형
- 에너지: 자신이 원하는 바를 실행하기에 충분한 감정
- 공동체 의식: 공동체의 일원으로서 함께 작업하기
- 소명: 자신에게는 지금 이 일이 천직이라는 믿음
- 조화: 자기 자신의 재능, 흥미, 가치들의 조화
- 일치: 일이란 단순히 돈벌이 이상의 목적을 가진다는 믿음

영성을 중심으로 한 이론들은 공통적으로 변화를 강조하고 있으며, 그 변화의 계기가 된 사건을 중요시한다. 이 이론들은 이전에 제시한 대안이론의 관점과 그 궤를 같이한다. 다시 말해 변화의 계기가 되는 사건들을 조우하면서 인간은 성장하고, 또 질적인 변화를 경험하게 되며, 그 과정에서 상담자들이 해야 할 일은 내담자들이 위기를 바라보는 시각을 긍정적으로 조정하고, 적극적으로 행동화할 수 있도록 조력해야 한다는 사실을 우리에게 알려 주고 있다.

2. 국내외에서의 연구동향

이 절에서는 국내 연구 현황을 소개해야 하지만, 대안이론의 경우에는 국내 연구가 거의 없기 때문에 그 대상을 확대하여 국내외에서 대안이론

과 관련되는 연구결과들을 살펴보았다. 대안이론과 관련되는 연구물들은 크게 두 가지 부류로 구분하였다. 하나는 대안이론의 하나인 무질서이론을 다루고 있는 연구결과들을 살펴보았다. 다른 하나는 대안이론에서 핵심개념으로 이해되고 있는 우연 또는 우연 유인의 영향을 다룬 연구물들을 개관하였다.

진로 무질서이론을 경험적으로 증명하려고 한 연구물들은 소수에 불과하지만 모두 진로 무질서이론의 유용성을 검증해 주고 있다. McKay, Bright와 Pryor(2005)는 매칭이론을 적용한 집단과 진로 무질서이론을 적용한 집단 간의 차이를 연구하였다. 이들은 3개의 집단(진로 무질서 집단, 특성요인 집단, 통제 집단)을 구분한 후 상담 이전, 상담 직후, 상담 1개월 이후에 상담 만족도, 진로의사결정 효능감, 진로관련 비합리적 사고의 정도를 측정하였다. 무질서이론을 적용한 집단에게는 변화, 우연, 불확실성, 복잡성들의 영향을 상담 중에 교육하였으나, 매칭 집단에게는 진로선택지를 줄여 나가는 과정에서 매칭이론에 근거한 상담을 실시하였다. 그 결과 무질서이론을 적용한 집단의 상담 만족도와 진로의사결정 효능감이 더 높았으며 이는 1개월 이후까지 지속하는 것으로 나타났다. 매칭이론을 적용한 집단의 상담 만족도는 상담 직후에는 어느 정도 높게 나타났지만, 1개월이 지난 시점에서는 그 효과가 상당부분 사라졌다. 이는 비합리적 사고의 정도를 측정한 결과에서도 동일하게 나타났다.

Davey 등(2005)은 대학 학부생들을 대상으로 진로 무질서 상담의 효과를 연구하였다. 이 연구에서는 비디오가 활용되었으며, 무질서이론의 개념들을 강조한 사례들을 비디오로 만들어 학생들에게 시청하게 하였다. 비디오 매체의 활용은 성공적이었으며, 학생들의 진로의사결정 효능감과 진로탐색행동을 증가시킨 것으로 나타났다.

진로의사결정과정에 미치는 우연의 영향을 검토한 연구물도 소수 찾아볼 수 있다(Betsworth & Hansen, 1996; Bright, Pryor, & Harpham, 2005; Budescu & Bruderman, 1990; Hart, Rayner, & Christensen, 1971; Salomone

& Slaney, 1981; Scott & Hatalla, 1990; Williams et al., 1998). 그 연구들 중에서 방법적인 측면에서나 결과적인 측면에서 가장 주목할 만한 논문은 Williams 등(1998)의 논문이다. 이들은 13명의 유명한 여성 상담 심리학자들을 대상으로 진로선택과정에서 우연의 영향을 얼마나, 그리고 어떤 식으로 받았는지를 면담방법으로 연구하였다. 연구에 참여한 상담심리학자들은 최소한 3개 이상의 우연적인 사건을 언급하였고, 상당히 중요한 영향을 주었던 사건을 하나 이상씩 거론하였다. 그리고 우연적인 사건으로 말미암아 자신의 직업 경로가 바뀌었고, 또 다른 기회가 생겼다고 응답하였다. 이들의 연구는 성공한 사람은 우연의 영향을 과소평가하고, 자신의 능력과 기술의 영향을 과대평가한다(Budescu & Bruderman, 1990)는 기존의 예측과 상반되는 것이다. 이는 진로상담자가 내담자에게 계획에 따른 준비된 자세와 함께, 예측 불가능한 것들에 대한 수용을 토대로 한 적극적인 대처방법을 가르쳐야 함을 시사한다.

Williams 등(1998)의 연구 이전에도 간헐적으로 우연의 영향을 추적한 연구들은 있었다. 중년기 성인 237명을 대상으로 한 Betworth와 Hansen (1996)의 연구에서는 남성의 63%, 여성의 58%, 즉 약 2/3의 피험자가 우연의 영향을 받았다고 보고하였다. Scott와 Hatalla(1990)의 연구에서도 비슷한 결과가 도출되었다. 이들의 연구에서는 대학교육을 받은 94명의 여성 피험자 중(46~62세) 63% 이상이 예상하지 못한 개인적 사건으로 인해 직업 경로가 달라졌다고 보고하고 있다. 좀 오래된 연구이긴 하지만 Baumgardner(1977)는 대학을 갓 졸업한 학생들의 진로결정을 연구하였는데, 72%의 피험자들이 부분적으로 또는 전적으로 예상하지 못한 사건들의 영향을 받았다고 진술한 바 있다. 흥미롭게도 거의 30년 이후에 이루어진 Bright, Pryor와 Harpham(2005)의 연구결과도 비슷한 수치를 보이고 있다. Bright, Pryor와 Harpham(2005)은 772명의 고등학생과 대학생들을 대상으로 진로결정에 영향을 준 요인들을 연구하였는데, 69.1%의 학생들이 우연의 영향을 보고하였다. 이렇게 상당한 시간 간격에도 불구하고, 우연의 영향이 비슷하게 나타난 것을 보면 우리의 진로결정과정에는 비이성적 요인이나 우연의 영향이 더 크거나(Baumgardner, 1982; Bloch, 2005; Bubady et al., 2008; Krieshok, 2001; Pryor & Bright, 2003), 아니면 두 가지 체제의 사고과정이 작용한다(Kahneman, 2003)는 주장이 어느 정도는 일리가 있음을 보여 준다.

우연과 계획적 준비의 영향력을 비교한 연구도 있다. Hart, Rayner와 Christensen(1971)은 성인 60명의 진로사를 연구하였다. 이들은 전문직, 숙련직, 반숙련직의 입문과정에서 계획, 사전준비, 우연적 사건의 영향을 조사하였는데, 숙련직 또는 반숙련직에서는 우연의 영향이 전문직에 비해 더 높게 나타났다. 이와는 달리 Salomone과 Slaney(1981)의 연구에서는 비전문적인 직업군에서 우연보다는 계획의 영향이 더 크게 나타났다. 이상의 연구들은 우연의 영향을 우선 인정한 상태에서 그 상대적 크기를 비교한 것이기 때문에 진로결정과정에서 우연의 영향을 무시해야 된다는 의미로 해석될 수는 없다. 하지만 실제적인 영향의 측면에서 과연 어떤 영향들이 더 크게 나타나는지는 후속연구에서 밝힐 필요가 있을 것이다. 이러한 점에서 내외 통제성에 따라 우연의 영향력을 검토한 Bright, Pryor와 Harpham(2004)의 연구결과는 반복검증을 요구한다. 이들은 우연의 영향을 통제하는 중재변인으로 내외 통제성을 연구하였는데, 외적 통제경향을 지닌 사람이 우연의 영향을 더 많이 보고하고 있었다. 따라서 개인의 성격특성에 따라서 우연의 영향이 과대하게 또는 과소하게 추정되는지도 연구할 필요가 있다.

3. 한국 내담자에 대한 적용 가능성

오랜 기간 여러 학자에 의해 발전해 온 전통이론에 비해 대안이론의 관점은 어설프게 보이며, 곳곳에서 논리적인 취약성을 드러내기도 한다. 하지만 한 가지 분명한 것은 대안이론은 그동안 전통이론에서 무시하였거나, 아니면 간과하였던 중요한 사실들을 발굴하고, 이를 재조명하려 시도한다는 것이다.

그동안의 진로상담이 지나치게 어떻게 먹고 살 것인가의 영역에 치중해왔다면, 대안이론의 관점은 '살이(Living)' 이전의 '살림(Encouragement)' 문제에 보다 초점을 맞추어야 함을 역설하고 있다. 우리네 삶이 결국 '살림살이' 의 문제라고 한다면 '살이' 보다 더 중요한 것은 '기 살림' 인 것을 그동안 잊고 지내 왔다. 대안이론의 관점은 우리의 전통문화에서 그동안 누누이 얘기해 왔던 살림의 문제를 거론하고 있다. 내담자들을 어떻게 '살릴' 것인가 '살이' 의 문제에만 집착하고 있는 내담자들에게 어떻게 '살림' 의 영역이 보다 더 중요할 수 있음을 각성시킬 수 있을지 그 방법론적 논의가 필요한 시점에서 대안이론은 우리 인생의 무질서함 속에 산재한 우연에 주목할 것을 화두로 던진다. 우연이 기회가 될 것인가, 아니면 그냥 스쳐 지나가는 단순한 해프닝으로 끝나게 될 것인가는 우리가 이를 어떻게 이해하고, 적극적으로 활용하는가에 달려 있다. 내 '뜻 밖' 에서 내 뜻과는 관계없이 발생하였던 우연적 사건이 결국은 내 '뜻 안' 의 기회로 귀결될 수 있는 것이다. 내 뜻 밖에서 통제할 수 없는 형태로 벌어진 사건이 나의 노력과 열성을 통해서 결국 내가 원하던 성과로 구체화될 수 있다면 그 변화의 주체는 나여야 하고, 나일 수밖에 없다. 구성주의적인 시각에서 본다면 똑같은 사태가 전혀 다른 결과로 해석될 수 있으며, 전혀 다른 형태로 활용될 가능성은 항상 열려 있다. 나의 가능성 범위를 확장함으로써 바깥에서 발생된다고 생각한 일을 안으로 들여올 수 있게 되는 것이다.

이러한 대안이론의 관점에 대한 이해를 토대로 그 주장이 한국의 상담현장에, 그리고 상담 연구영역에 어떻게 적용될 수 있을지 그 가능성을 살펴보면 다음과 같다. 첫째, 그동안 과도하게 양적 연구에 치중되어 왔던 방법론적 편향을 조정하여, 보다 다양한 연구방법론의 도입이 요구된다. 이를 위해서는 대안이론의 관점에 대한 보다 많은 담론을 요구하며, 전통이론의 주장에 대한 비판적 검토작업이 필요할 것이다. 이미 한국 상황에서 유럽의 실증주의적 전통을 기초로 만들어진 진로심리학 또는 진로상담이론이 얼마나 유효할 것인가에 대한 논의는 활발하게 이루어지고 있다. 서구의 직업적 전통과 한국인 특유의 직업적 전통에는 차이가 있기 때문에 굳이 실증주의 철학의 한계를 지적하지 않더라도 문화 차이로 인해 나타나는 전통이론의 제한점은 상담현장에서, 그리고 여러 상담 연구에서 드러나고 있다. 그렇지만 기존 이론의 한계가 단순히 수치상의 차이로만 제시되어서는 안 될 것이다. 기존에 실증주의적 전통을 기초로 이루어진 전통이론의 결과들은 수치로만 이해되거나, 때로는 개인적으로 별다른 의미를 갖지 않은 평균치의 사실만을 알려 줄 때가 많았다. 대안이론이 터하고 있는 사회구성주의적 철학에서는 보다 많은 예화와 이야기에 담겨 있는 숨겨진 진실을 찾아내려 노력하고 있으며, 일반화를 지향하기보다는 개별화를 지향하여 일과 관련된 개인적 의미화과정을 탐색하려 한다. 따라서 개별 사례들을 심층적으로 연구할 수 있는 방법론적 세련화가 필요하며, 보다 많은 질적 연구들이 시행되고 전파될 필요가 있다.

둘째, 그동안 무비판적으로 수용되어 왔던 진로관련 개념에 대한 재인식이 요구되며, 진로 무질서이론에서 제시되고 있는 유인(attractor)의 의미에 대한 보다 명확한 정의가 필요하다. 진로 무질서이론의 관점이나 긍정적 불확실성의 관점에서 본다면 그동안 당연하게 받아들여 왔던 진로관련 개념들, 예를 들면 진로성숙, 진로결정, 진로만족의 개념이 전혀 다른 의미로 이해될 수 있다. 또한 부정적인 의미를 함축한 것으로 당연시되던 개념이 긍정적 의미로 전환될 수도 있다. 그 대표적인 것이 우연이나 진로미결정과 같은 개념이라 할 수 있다. 예를 들면, 기회나 우연 유인의 경우 예상치 못한 사건을 통칭하는 용어로 여러 연구에서 이해되고 있다. 하지만 결과적인 측면에서 구분했을 때, 우연이 항상 긍정적인 결과를 야기하는 것은 아니기 때문에 구인에 대한 개념적인 정리작업이 필요하며, 이와 더불어 진로 성과와의 관련성을 추적하는 연구도 추가로 필요하다. 또한 내담자의 특성에 따라 우연을 기회로 전환하는 데 요구되는 기술들이 다르게 나타날 수 있으므로 이를 구별해 내는 연구가 필요하다. 이 과정에서 중요한 역할을 하는 매개변인 또는 중개변인에 대한 연구도 요구된다. 이에 덧붙여 면담방법이나 조사방법 이외에 최근에 개발된 여러 질적 연구방법론(예를 들어, 개념도 접근법 등)의 도입도 고려해 볼 필요가 있다.

셋째, 진로선택과정에서 우연을 비롯한 여타 변인들의 역할을 규명하려는 연구들이 더 많아져야 한다. 예를 들면, 우연의 영향에 대한 연구들은 소수에 불과하며, 대부분의 연구도 간단한 조사를 통해 이루어졌다. 따라서 그 영향의 정도가 얼마나 큰지, 개인적으로 어떤 노력을 통해 우연을 기회로 변화시켰는지에 대한 구체적인 정보를 연구를 통해 추론하기 힘들다. 또한 성에 따라, 직업군에 따라, 인종, 사회경제적 계급, 결혼 유무 등에 따라 그 영향의 차이를 검증한 연구도 이루어지지 않고 있다(Mitchell, Levin, & Krumboltz, 1999). 한국 내담자를 중심으로 한 연구들이 축적된다면 상담자들은 보다 풍부한 정보들을 토대로 내담자들이 갖고 있는 불안을 잠재우고, 적극적으로 미래를 준비하려는 도전적인 자세를 함양할 수 있을 것이다. 이론가들도 자신의 주장이 부족한 근거에서 출발한 공허한 주장이나 구호라는 비판에서 자유로워질 수 있으며, 이론의 타당성도 폭넓게 확보될 수 있을 것이다. 이에 더하여 생애 단계에 따라, 그리고 개인이 처한 맥락의 변화에 따라 일과 관련된 경험의 의미가 다르게 해석될 수 있으므로, 이러한 의미 변화과정을 종단적으로 연구할 필요도 있다.

넷째, 개인의 진로결정과정에 우연적 사건들이 영향을 준다면, 진로상담자들은 이의 활용방법을 숙고해야 하며, 자신들의 가치관과 자세를 점검해 볼 필요가 있다. 우선 진로상담자 자신의 관점부터 확장되고 열려져야 한다(Krieshok, 2008; Krumboltz, 1998; Miller, 1983, 1995). 예를 들어,

진로결정이라는 최종적인 결과물에 집착하거나 미결정이나 우유부단에 대해 부정적으로 평가하는 자세는 그대로 내담자에게 전염되어 내담자를 위축시킨다. 끊임없이 변화하는 세상을 살아가야 하는 우리에게 결정이란 마침표가 아니라 잠시간의 쉼표일 뿐이며, 또 다른 변화를 시작해야 한다는 출발점을 예고한다. 어떤 시점에서의 결정이나 미결정은 단지 과정적인 의미만을 지닌다. 그동안 진로상담 영역에서 부정적으로 이해하였던 환상 또는 착각조차도 진로 영역에서는 좋은 대처도구로 해석될 수 있다(Gelatt, 1989). 착각이 때로는 예측 가능하지 않은 미래에 대해 희망을 품게 하고, 우리를 동기화시킬 수도 있다. 진로상담자들은 내담자의 주관성을 개발하고, 도전을 격려해야 하며, 그들의 고정된 확신을 변화시킬 수 있도록 도움을 주어야 한다. 새로운 상담의 틀은 반성, 융통성 그리고 이성적/직관적 사고의 병행을 필요로 하며, 상담자가 해야 할 일은 긍정적 불확실성을 갖게 해 주는 것일 수도 있다(Gelatt, 1989). 상담자는 내담자가 변화와 모호성을 다룰 있도록 도와주어야 하고, 불확실성과 비일관성을 수용하고, 진로 선택에 있어서 비이성적이고 직관적인 측면을 이해할 수 있도록 도와야 한다.

다섯째, 상담현장에서 내담자로 하여금 합리성에 집착하기보다는 보다 열려진 자세로 삶이 던져 주는 여러 기회를 활용하도록 교육하려면 다양한 예화를 발굴할 필요가 있다. 개인의 기억은 질문의 형태에 따라 상당히 변형된다. 기억은 고정된 것이 아니라 재구성되는 특징을 지닌다. 때때로 과거 기억을 회상할 때 그 시점에서의 비합리성을 드러내기보다는 논리적이고 이성적인 이유를 덧붙이는 경향이 있다(Bright, Pryor, & Harpham, 2004). 잘 구성된 상담자의 질문은 내담자가 미처 기억해 내지 못한 우연 또는 기회의 영향을 회상하도록 자극할 수 있다. 예를 들면, Memon(1999)이 제안한 인지적 면담방법을 통해 내담자들은 보다 상세하게 자신의 기억을 진술하고, 상담자와의 대화를 통해 자신의 관점을 적극적으로 전환할 수 있을 것이다. Pryor, Amundson과 Bright(2008)도 비슷한 제안을 한 바 있다. 그들은 예를 들어 "운 때문이라고 생각했지만, 본인이 적극적으로 노력했다면 결과가 달라졌을 법한 사건들이 있는가?" 라고 내담자에게 질문함으로써 내담자가 기존에 갖고 있던 수동성에서 벗어나 보다 능동적인 자세로 우연에 대응할 수 있도록 상담자가 격려해야 한다고 주장한다. 이렇듯 개인의 진로사를 검토함으로써 예화들을 발굴하고 이를 상담현장에서 적극 활용해야 한다.

여섯째, 상담자는 내담자에게 경험을 통해 학습하는 방법을 가르쳐야 한다. 예를 들어, 진로 무질서이론에서는 계획되지 않은 사건의 영향을 도외시할 것이 아니라 이를 적극 인정해야 하며, 이러한 우연적 사건에 의해 인생의 커다란 변화가 가능하다는 사실을 내담자에게 교육해야 한다고 주장한다. 진로상의 불안정성이나 비예측성을 강조함으로써 내담자에게 삶에 대한 불안이나 미래에 대한 두려움을 갖게 하려는 것은 아니다. 역설적이고 실존적 의미에서 한계의 인식은 한계 내에서의 도전이라는 적극성을 유발할 수 있다고 진로 무질서이론가들은 믿는다. 따라서 내담자가 보다 적극적으로 인생의 여러 사태를 받아들이고, 현명한 판단을 통해 창의적으로 진로상의 어려움을 극복해 나갈 수 있다는 깨달음을 얻도록 도와야 한다. 직업선택 및 진로결정과 적응 과정에서 수많은 우연적 사건을 접하게 되므로, 내담자들을 준비시키고 이에 대처하도록 도와주어야 할 것이다(Miller, 1993). 우연적인 사건에서 무언가 배울거리 또는 이득이 될 만한 것을 얻어 내는 방법을 가르쳐야 하며(Krumboltz, 1998; Mitchells, Levin, & Krumboltz, 1999), 더 나아가 적극적으로 우연을 만들어 내도록 가르칠 필요도 있다. 일종의 모순처럼 들리지만, 예상하지 못한 일은 우리가 통제할 수 있는 범위의 밖에서 발생하지만, 과거 경험에 대한 탐색과 반추를 통해서 우리가 그 혜택을 얻어 낼 수 있다는 사실을 잊어서는 안 된다. 진로 무질서이론에서는 이러한 통찰을 '진로 지혜' 라 칭하며, 우리 삶의 불완전성을 받아들여 적극적인 존재로 변화하였을 때 나타난다고 제시한 바 있다. 따라서 이러한 변화를 촉진시키기 위해서는 무질서이론에서 제안한 여러 상담방법론을 현장에서 활용해 본 연후에 그 효과성을 평가해 보는 작업도 요구된다.

❏❏ 요 약

이 장에서는 합리성을 기반으로 한 전통적인 진로상담이론과는 다른 시각에서 진로관련 현상들을 이해하고자 한 대안적인 진로상담이론을 살펴보았다. 전통적인 진로상담이론이 논리실증주의적이고 환원주의적인 전통을 반영하고 있다면 대안적인 이론은 맥락주의적이고 사회구성주의적인 관점에서 여러 진로 현상들을 이해하고자 노력한다. 또한 인간과 환경의 복잡한 상호 연결을 강조한 시스템 이론의 관점도 일정 부분 반영하고 있다.

대안이론의 범위와 그 철학적 사조에 대해서는 논란의 여지가 있을 수 있으나, 대개의 경우 직관, 영성, 우연, 정서와 같은 비합리적 요소의 영향에 주목하고 있으며, 개인이 처한 맥락과 가치지향에 따라 주관적으로 이해될 수 있는 일과 직업의 의미를 도출하고자 노력한다.

무질서이론에서는 본질적으로 우리가 사는 세상이 복잡하게 얽혀져 있으며, 우리 자신도 복잡한 전체로 이해되어야 함을 강조한다. 진로는 체제로서의 개인이 나머지 세상과 상호작용하면서 나타나는 여러 복잡한 현상 중의 하나로 이해될 필요가 있다. 불안정성을 기본으로 하는 현실에서 안정을 토대로 한 예측을 추구하기보다는 불안정한 상태에 대한 건강한 적응을 조력하는 것이 진로상담자의 목표가 되어야 할 것이다. 진로의사결정과정에서 합리성을 요구하기보다는 긍정적이고 낙관적인 태도로 불확실성을 환영하는 편이 나은 대처방식이다. 작은 변화가 큰 결과를 만들 수 있으며, 새로운 시도를 통하여 개인의 변혁이 가능하므로 주저함보다는 위험을 감수하는 적극적인 행동이 필요하다.

긍정적 불확실성이론에서는 확실성과 합리성을 추구하기보다는 보다 유연한 태도로 의사결정과정에 임해야 하며, 그 과정에서 예측할 수 없는 사태의 영향을 수용함과 동시에 이를 적극적으로 활용할 수 있는 능력을 배양해야 함을 제안하고 있다. 비합리성에 대한 강조는 정서중심이론과 영성이론에서도 나타나고 있다. 정서중심이론에서는 이성보다는 열정, 분노, 불안과 같은 정서가 진로결정과정에서 중요한 역할을 한다는 사실을 강조한다. 영성 이론에서는 진로상담을 일에서의 영성을 확인하도록 돕는 작업으로 보고 영성상담과 진로상담의 목표가 동일한 것으로 이해하고 있다.

대안이론의 주장은 진로상담자로 하여금 그동안 상담과정에서 주목하지 않았던 우연, 직관, 영성, 정서와 같은 변인의 영향을 내담자와 함께 검토해 보아야 함을 제안하고 있으며, 그 과정에서 내담자가 미처 깨닫지 못하였던 강점과 잠재력들이 발굴될 수 있음을 시사하고 있다. 내담자가 적극적으로 행동함으로써 자신이 속한 세계를 변화시켜 나갈 수 있으며, 동시에 자신이 만들어 갈 수 있는 무한한 가능성의 세계가 더 크게 열릴 수 있다는 사실도 보여 주려 한다.

참고문헌

Admundson, N. E. (2003). *Active engagement: Enhancing the career counseling process*. Richmond, BC: Ergon.

Babany, S. T., Krieshok, T. S., Black, M. D., & McKay, R. A. (2008). College students' perspectives on their career decision making. *Journal of Career Assessment, 16,* 177-197.

Bargh, J. A., & Barndollar, K. (1996). The unconscious as repository of chronic goals and motives. In P. M. Gollwitzer & J. A. Bargh (Eds.), *The psychology of action*. New York: Guilford Press.

Baumgardner, S. R. (1977). Vocational planning: The great swindle. *The Personnel and Guidance Journal, 56,* 17-22.

Baumgardner, S. R. (1982). Coping with disillusionment, abstract image, and uncertainty in career decision making. *The Personnel and Guidance Journal, 61,* 213-217.

Betsworth, D. G., & Hansen, J. I. C. (1996). The categorization of serendipitous career development events. *Journal of Career Assessment, 4,* 91-98.

Blank, T. O. (1986). Contextual and relational perspectives on adult psychology. In R. L. Rosnow & M. Georgoudi (Eds.), *Contextualism and understanding in behavioral science: Implications for research ant theory* (pp. 105–124). New York: Praeger.

Bloch, D. P. (2005). Complexity, chaos, and nonlinear dynamics: A new perspective on career development theory. *The Career Development Quarterly, 53*, 194–207.

Bloch, D. P., & Richmond, L. J. (1998). *SoulWork: Finding the work you love, loving the work you have.* Palo Alto, CA: Davis-Black.

Blustein, D. L., & Strohmer, D. C. (1987). Vocational hypothesis testing in career decision making. *Journal of Vocational Behavior, 31*, 45–62.

Borg, T., Bright, J. E. H., & Pryor, R. G. L. (2006). The butterfly model of careers: Illustrating how planning and chance can be integrated in the careers of secondary school students. *Australian Journal of Career Development, 15*, 54–59.

Bright, J. E. H., & Pryor, R. G. L. (2005). The chaos theory of careers: A user's guide. *The Career Development Quarterly, 53*, 291–305.

Bright, J. E. H., Pryor, R. G. L., & Harpham, L. (2005). The role of chance events in career decision making. *Journal of Vocational Behavior, 66*, 561–576.

Bubany, S. T., Krieshok, T. S., Black, M. D., & McKay, R. A. (2008). College students' perspectives on their career decision making. *Journal of Career Assessment, 16*, 177–197.

Budescu, D. V., & Bruderman, M. (1990). The relationship between the illusion of control and the desirability bias. *Journal of Behavioral Decision Making, 8*, 109–125.

Cabral A. C., & Salomone, P. R. (1990). Chance and careers: Normative versus contextual development. *The Career Development Quarterly, 39*, 5–17.

Davey, R. P., Bright, J. E. H., Pryor, R. G. L., & Levin, K. (2005). Of never quite knowing what I might be: Using chaos counseling with university students. *Austrailian Journal of Career Development, 14* (2), 53–62.

Gati, I. (1986). Making career decisions–A sequential elimination approach.

Journal of Counseling Psychology, 33, 408–417.

Gelatt, H. B. (1989). Positive uncertainty: A new decision-making framework for counseling. *Journal of Counseling Psychology, 36*, 252–256.

Hart, D. H., Rayner, K., & Christensen, E. R. (1971). Planning, preparaion, and chance in occupational entry. *Journal of Vocational Behavior, 1*, 279–285.

Hartung, P. J., & Blustein, D. L. (2002). Reason, intuition, and social justice; Elaborating on Parson's career decision-making model. *Journal of Counseling Development, 80*, 41–47.

Heppner, P. P., & Krauskopf, C. J. (1987). An information-processing approach to personal problem solving. *The Counseling Psychologist, 15*, 371–447.

Kahneman, D. (2003). A perspective on judgement and choice: Mapping bounded rationality. *American Psychologist, 58*, 297–720.

Kauffman, S. A. (1995). *At home in universe*. New York, NY: Oxford University Press.

Kellert, S. (1993). *In the wake of chaos: Unpredictable order in dynamical systems*. Chicago: University of Chicago Press.

Kidd, J. M. (1996). Career Development work with individuals. In R. Woolfe & W. Dryden (Eds.), *Handbook of counselling psychology* (pp. 460–484). London: Sage.

Kinjerski, V., & Skrypnek, B. J. (2008). Four path to spirit at work journeys of personal meaning, fulfillment, well-being, and transcendence through work. *The Career Development Quarterly, 56*, 319–329.

Krieshok, T. S. (2001). How the decision-making literature might inform career center practice. *Journal of Career Development, 27*, 207–216.

Krieshk, T. S. (2008). How the decision-making literature might inform career center practice. *Journal of Career Development, 27*, 207–216.

Krumboltz, J. D. (1998). Serendipity is not serendipitous. *Journal of Counseling Psychology, 45*, 390–392.

Lorenz, E. W. (1993). *The essence of chaos*. Seattle, WA: University of

Washington Press.

McKay, H., Bright, J. E. H., & Pryor, R. G. L. (2005). Finding order and direction from chaos: A comparison of chaos career counseling and trait matching counseling. *Journal of employment counseling, 42,* 98-112.

Memon, A. (1999). Interviewing witness: The cognitive interview. In A. Memon, & R. Bull (Eds.), *Handbook of the psychology of interviewing* (pp. 343-356). London: John Wiley.

Miller, M. J. (1983). The role of happenstance in career choice. *The Vocational Guidance Quarterly, 32,* 16-20.

Miller, M. J. (1995). A case for uncertainty in career counseling. *Counseling and Values, 39,* 162-168.

Mitchell, K. E., Levin, A. S., & Krumboltz, J. D. (1999). Planned happenstance: Constructing unexpected career opportunities. *Journal of Counseling & Development, 77,* 115-123.

Neisser, U. (1967). *Cognitive psychology.* New York: Appleton-Century-Crofts.

Pepper, S. C. (1942). *Word hypotheses: A study in evidence.* Berkerly: University of California Press.

Peterson, G. W., Sampson, J. P., Reardon, C., & Lenz, J. G. (1996). A cognitive information processing approach to career problem solving and decision making. In D. Brown & L. Brooks (Eds.), *Career choice and development* (3rd ed., pp. 423-275). San Francisco: Jossey-Bass.

Phillips, S. D. (1997). Toward an expanded definition of adaption decision-making. *Career Development Quarterly, 45,* 275-287.

Pitz, G. F., & Harren, V. A. (1980). An analysis of career decision-making from the point of view of information processing and decision theory. *Journal of Vocational Behavior, 16,* 320-346.

Pryor, R. G. L., Admundson, N. E., & Bright, J. E. H. (2008). Probabilities and possibilities: The Strategic counseling implications of chaos theory of careers. *The Career Development Quarterly, 56,* 309-318.

Pryor, R. G. L., & Bright, J. E. H. (2003a). The chaos theory of careers.

Australian Journal of Career Development, 12, 12–20.

Pryor, R. G. L., & Bright, J. E. H. (2003b). Orders and Chaos: A twenty-first century formulation of careers. *Australian Journal of Psychology, 55,* 121–128.

Pryor, R. G. L., & Bright, J. E. H. (2005). Chaos in practice: Techniques for career counselors. *Australian Journal of Career Development, 14,* 18–28.

Pryor, R. G. L., & Bright, J. E. H. (2006). Counseling chaos: Techniques for practitioners. *Journal of Employment Counseling, 43,* 2–16.

Pryor, R. G. L., & Bright, J. E. H. (2008). Archetypal narratives in career counselling: A chaos theory application. *International International Journal for Educational and Vocational Guidance, 8,* 71–82.

Richadson, M. S. (1993). Work in people's lives: A location for counseling psychologists. *Journal of Counseling Psychology, 40,* 425–433.

Salomone, P. R., & Slaney, R. B. (1981). The influence of chance and contingency factors on career patterns on college-educated women. *Journal of Vocational Behavior, 19,* 25–35.

Savickas, M. L. (1993). Career counseling in the post-modern era. *Journal of Cognitive Psychotherapy: An International Quarterly, 7,* 205–215.

Savickas, M. L. (1997). The spirit in career counseling: Fostering self-completion through work. In D. P. Bloch & L. J. Richmond (Eds.), *Connections between spirit and work in career development: New approaches and practical perspectives* (pp. 3–25). Palo Alto, CA: Davies-Black.

Savickas., M. L. (2005, September, 14–16). *New challenges and tasks in career construction.* Address given at IAEVG International Conference, Lisbon, Portugal.

Scott, J., & Hatallo, J. (1990). The influence of chance and contingency factors on the vocational behavior. *Career Development Quarterly, 39,* 18–30.

Stacey, R. D. (2001). *Complex responsive process in organizations: Learning and knowledge creation.* London: Routledge.

Vonderacek, F. W., Lerner, R. M., & Schulenberg, J. E. (1986). *Career development: A life-span development approach*. Hillsdale, NJ: Erlbaum.

Weiss, H. M., & Cropanzano, R. (1996). Affective events theory: A theoretical discussion of the structure, cause and consequences of affective experiences at work. *Research in Organizational Behavior, 18,* 1-74.

Williams, E. N., Soeprapto, E., Like, K., Touradji, P., Hess, S., & Hill, C. E. (1998). Perceptions of serendipity: Career paths of prominent academic women in counseling psychology. *Journal of Counseling Psychology, 45,* 379-389.

Young, R. A., Valach, L., & Collins, A. (1996). A contextual explanation of career. In D. Brown, L. Brooks & Associates (Eds.), *Career choice and development* (3rd ed., pp. 477-512). San Francisco: Jossey-Bass.

찾아보기

《인 명》

《내 용》

저자 소개(집필 순서)

_ 김봉환 숙명여자대학교 교육학부 교수

_ 이제경 한국기술교육대학교 테크노인력개발전문대학원 교수

_ 유현실 단국대학교 사범대학 교직교육과 교수

_ 황매향 경인교육대학교 교육학과 교수

_ 공윤정 경인교육대학교 교육학과 교수

_ 손진희 선문대학교 상담 · 산업심리학과 교수

_ 강혜영 한국기술교육대학교 테크노인력개발전문대학원 교수

_ 김지현 홍익대학교 교육학과 교수

_ 유정이 안양대학교 교육대학원 교수

_ 임은미 전북대학교 교육학과 교수

_ 손은령 충남대학교 교육학과 교수

진로상담이론

한국 내담자에 대한 적용

2010년 3월 12일 1판 1쇄 발행
2022년 8월 10일 1판 12쇄 발행

지은이 • 김봉환 · 이제경 · 유현실 · 황매향 · 공윤정 · 손진희
강혜영 · 김지현 · 유정이 · 임은미 · 손은령

펴낸이 • 김 진 환

펴낸곳 • (주) 학지사
04031 서울특별시 마포구 양화로 15길 20 마인드월드빌딩 5층

대표전화 • 02) 330-5114   팩스 • 02) 324-2345

등록번호 • 제313-2006-000265호

홈페이지 • http://www.hakjisa.co.kr
페이스북 • https://www.facebook.com/hakjisabook

ISBN 978-89-6330-318-5 93180

정가 17,000원